Franz Josef Krafeld

Grundlagen und Methoden aufsuchender Jugendarbeit

Franz Josef Krafeld

Grundlagen und Methoden aufsuchender Jugendarbeit

Eine Einführung

VS VERLAG FÜR SOZIALWISSENSCHAFTEN

VS Verlag für Sozialwissenschaften
Entstanden mit Beginn des Jahres 2004 aus den beiden Häusern
Leske+Budrich und Westdeutscher Verlag.
Die breite Basis für sozialwissenschaftliches Publizieren

Bibliografische Information Der Deutschen Bibliothek
Die Deutsche Bibliothek verzeichnet diese Publikation in der Deutschen Nationalbibliografie; detaillierte bibliografische Daten sind im Internet über <http://dnb.ddb.de> abrufbar.

1. Auflage Mai 2004

Der VS Verlag für Sozialwissenschaften ist ein Unternehmen von Springer Science+Business Media.
www.vs-verlag.de

Umschlaggestaltung: KünkelLopka Medienentwicklung, Heidelberg
Satz: Beate Glaubitz, Redaktion und Satz, Leverkusen
Druck und buchbinderische Verarbeitung: Lengericher Handelsdruckerei, Lengerich
Gedruckt auf säurefreiem und chlorfrei gebleichtem Papier
Printed in Germany

ISBN 3-8100-4152-1

Inhalt

Einleitung

Aufsuchende Jugendarbeit hat sich als Sammelbegriff für all jene Ansätze von Jugendarbeit entwickelt, die darauf setzen, zu den Jugendlichen hin zu gehen, also dorthin, wo sie sich in der Freizeit aufhalten – statt darauf zu warten, dass die Jugendlichen vielleicht zu einem kommen, in eine Jugendeinrichtung, zu Aktivitätenangeboten der Jugendarbeit oder auch in eine Jugendorganisation. Solche Ansätze sind nicht neu. Wurzeln lassen sich bis in die USA der 20er Jahre des letzten Jahrhunderts zurückverfolgen und in Westdeutschland jedenfalls bis in die 60er Jahre. Erst seit den späten 80er oder frühen 90er Jahren jedoch hat sich nach und nach in der Fachdiskussion die Auffassung breit gemacht, aufsuchende Angebote künftig zu den *Standard*angeboten von Jugendarbeit zu zählen – und nicht mehr lediglich als Spezialangebote für extreme Zielgruppen an extremen Orten anzusehen. *Prinzipiell* wird dieses gewandelte Verständnis inzwischen immer seltener abgelehnt. Trotzdem hapert es nach wie vor sehr an der praktischen Umsetzung. Schuld daran sind wohl vor allem immense Ängste und Verunsicherungen – weit mehr jedenfalls als die meist als wichtigstes angeführten fehlenden Ressourcen.

Viele Kritikerinnen und Kritiker allerdings sehen aufsuchende Jugendarbeit – zumal in Zeiten knapper Kassen und wachsender gesellschaftlicher Krisenerscheinungen – letztlich primär als getarntes Billigmodell von Jugendarbeit an oder als Auswechslung emanzipatorischer Bildungsansprüche durch ordnungspolitische Interventionen. Und zweitens fühlen sich viele Jugendarbeiterinnen und Jugendarbeiter durch Erwartungen, zukünftig – zumindest auch – aufsuchend zu arbeiten, erheblich verunsichert und bedroht, gerade so, wie es wohl z.B. auch Lehrern ergehen würde, würde sie ihr Arbeitgeber ab morgen vielleicht zeitweise in einem Jugendzentrum einsetzen wollen. Das würden sich wahrscheinlich auch die allerwenigsten Lehrer vorstellen können. Das ist natürlich zu einem Gutteil eine Frage der Qualifizierung. Denn wer vielleicht qualifizierte einrichtungsgebundene Angebote machen kann, der oder die muss deshalb noch lange nicht automatisch auch für die Arbeit auf der Straße qualifiziert sein. Genauso wichtig wie die Qualifizierung (und eventuelle Weiterqualifizierung) des Fachpersonals ist aber auch die Schaffung pädagogisch vertretbarer Arbeits- und Rahmenbedingungen. In manch kriseninterventionistischem Billigmodell von aufsuchender Jugendarbeit oder Streetwork fehlt es aber praktisch an allem, was für fachlich vertretbare Arbeit unerlässlich ist. Und die Kritiker fühlen sich erneut bestätigt.

Trotz aller Hindernisse, Barrieren, Risiken und Abwehrmuster in der Praxis hat sich die aufsuchende Jugendarbeit inzwischen zum wohl bedeutendsten methodischen Modernisierungsschub entwickelt, den die Jugendarbeit sei langem erfahren hat. Und sie ist – nebenbei bemerkt – inzwischen auch fast der einzige Bereich von Jugendarbeit, der auch gegenwärtig vielfach noch expandiert, während sonst überall eingespart und gestrichen wird. Gerade das löst gleichermaßen immense Erwartungen und Befürchtungen aus, von denen zwei von besonders zentraler Bedeutung sind:

- *Erwartet* wird vor allem (und zwar von *außerhalb* der Jugendarbeit), dass es aufsuchender Jugendarbeit gelinge, extrem anstößig auftretende Jugendliche zu erreichen und anpassungsorientiert zu ändern, jene, an denen sich andere in der Gesellschaft bislang mehr oder weniger vergeblich abgemüht haben.
- *Befürchtet* wird vor allem (und zwar von *innen*, aus den Reihen der Mitarbeiterinnen und Mitarbeiter), dass aus Jugendarbeit schrittweise eine Kriseninterventionstruppe zum Einsatz in gesellschaftlich produzierten Problemlagen gemacht werden soll – zu Lasten „bewährter Arbeit" in Jugendhäusern und Jugendverbänden, die sich an *alle* Jugendlichen richte, und nicht nur an auffällige Randgruppen.

Den Kern der Modernisierung, der in der aufsuchenden Jugendarbeit steckt, trifft das allerdings beides letztlich nicht, weder die Erwartungen noch die Befürchtungen. Denn das eigentlich Zentrale liegt erstens darin, dass aufsuchende Arbeit den Anspruch der Lebensweltorientierung in der Jugendarbeit endlich wirklich konkret macht und praktisch umsetzt – und damit ein Ziel, das seit den 80er Jahren in der Sozialen Arbeit insgesamt als zentraler Anspruch formuliert wird. (Vgl. Galuske 1998, S. 250; Thole 2000, S. 266f.) Und das zweite zentrale Merkmal aufsuchender Arbeit besteht darin, dass sie die produktive Aneignung von Umwelt als unverzichtbares Element der Entwicklung junger Menschen sieht und entsprechend fördert. Entsprechende Prozesse absichtsvoll und gezielt zu fördern, das wird immer wichtiger in einer Zeit, in der solche Prozesse jungen Menschen immer schwerer gemacht werden. Denn junge Menschen wachsen heute in einer Umwelt auf, in der fast sämtliche Räume und Flächen in den letzten Jahrzehnten hochgradig monofunktionalisiert wurden. Junge Menschen wurden damit immer mehr aus öffentlichen und halböffentlichen Räumen verdrängt in speziell für sie geschaffene (Rest-)zonen.

Aufsuchend ausgerichtete Jugendarbeit legt damit eine Sichtweise zugrunde, die sich fundamental von bisher gängigen Sichtweisen in der Jugendarbeit unterscheidet, ob

- von jenem „raus aus dem Alltag“, wie es die Jugendbewegung seit den Anfängen des Wandervogels zu Beginn des 20.Jahrhunderts leitete und wie es teilweise bis heute Jugendverbände anstreben,
- von jenem „Freiräume schaffen“ und „jugendeigene Räume bieten“ als zentralem Motiv von Jugendhäusern und Jugendzentren seit ihren Anfängen nach 1945,
- von jenem „sinnvoll beschäftigen“ behütender Jugendpflege,
- bis hin zu jenen – bis heute oft kulturpessimistisch geleiteten – Konkurrenzangeboten zum kommerziellen Markt.

Aufsuchende Arbeit sieht vielmehr – wie der damals sehr bedeutende, nach seinem frühen Tod inzwischen aber fast vergessene Jugendforscher Hellmut Lessing schon vor über zwanzig Jahren programmatisch formulierte – die Orte von Jugendarbeit „überall dort, wo sich der alltägliche Lebenszusammenhang der Jugendlichen entfaltet.“ (Lessing 1982, S. 81) Jugendarbeit mit aufsuchendem Ansatz beschränkt sich demnach nicht mehr auf diejenigen Jugendlichen, die zu ihr, in ihre pädagogisch vordefinierten Einrichtungen, Veranstaltungen und Gruppen kommen, sondern geht (zumindest auch!) dahin, wo Jugendliche sich in ihrer freien Zeit auf ihre Weise ihre Lebenswelten erschließen, ihre Entfaltung, ihre sozialen Zusammenhänge und ihre gesellschaftliche Teilhabe organisieren und gestalten. Die Nutzung pädagogischer Eigenwelten in spezifischen Einrichtungen und in spezifischen Aktions- und Organisationsformen ist dann im Rahmen von Lebensweltorientierung *eine*, in längeren Prozessverläufen meist auch sehr wichtige Möglichkeit. Sie gilt aber nicht mehr als unverzichtbare *Voraussetzung* und Grundlage jeder Jugendarbeit. Und umgekehrt richten sich in diesem Sinne dann aufsuchende Angebote auch nicht ausschließlich nur an solche Jugendliche, die anders überhaupt nicht zu erreichen sind. So steht etwa der Begriff der hinausreichenden Arbeit speziell für jene Ansätze aufsuchender Arbeit, die einrichtungsbezogene Arbeit *ergänzen*.

Der aufsuchende Ansatz reagiert letztlich auf veränderte Bedingungen des Aufwachsens, vor allem auf die Entstrukturierung der Lebensphase Jugend und die Pluralisierung biographischer Lebensentwürfe, auf den Bedeutungsverlust sozialer Milieus, auf die Pluralisierung von Lebensstilen und den Bedeutungszuwachs jugendkultureller Entfaltungen – und nicht zuletzt auf die Monofunktionalisierung von Territorien und Räumen, die Kinder und Jugendliche heute vielfach überall zu Störfaktoren abstempeln lässt, wo deren Anwesenheit nicht ausdrücklich gewollt ist. Aufsuchender Jugendarbeit geht es entsprechend nicht nur darum, zu den Jugendlichen zu gehen („Gehstruktur“), statt im konventionellen Sinne darauf zu setzen und (manchmal allerdings auch vergeblich) darauf zu warten, dass welche kommen („Kommstruktur“). Ganz zentral ist für sie gleichzeitig vielmehr auch, Jugendliche bei der (Wieder-)aneignung von Umwelt (Lessing 1984) zu begleiten und zu unterstützen und sich beratend und moderierend in entsprechende (Konflikt-) szenarien einzumischen.

Der aufsuchende Ansatz geht mit seinem grundlegenden lebensweltbezogenen und aneignungsorientierten Anspruch also weit über das hinaus, was sich in der Sozialen Arbeit bislang schon längst unter den Begriffen Straßensozialarbeit bzw. Streetwork etabliert hat: Straßensozialarbeit bzw. Streetwork im klassischen Sinne konzentrierte und konzentriert sich speziell auf solche Zielgruppen, die mit extremen Problemlagen und/oder mit extremem Belästigungs-, Randale- und Gewaltverhalten primär „auf der Straße“ anzutreffen sind. Dabei geht es überwiegend, aber längst nicht überall um die Altersgruppe junger Menschen. Man denke daneben nur an die Arbeit mit Wohnungslosen, unter denen besonders viele Männer im mittleren und im fortgeschrittenen Alter sind, oder mit Drogenabhängigen, deren Altersspektrum beträchtlich in mittlere Altersstufen reicht.

Neben der klassischen Streetworkarbeit existiert schon seit 1970 im Westen Deutschlands die *mobile Jugendarbeit.* Diese entstand zunächst im Stuttgarter Raum. Ihr kommt vor allem das Verdienst zu, als erste konsequent ausgebrochen zu sein aus der Gleichsetzung von Jugendarbeit mit Arbeit in Jugendhäusern oder Verbänden und sich gemeinwesenorientiert geöffnet zu haben. Inwieweit und wie sich dann aber tatsächlich Lebensweltorientierung entfaltet und Aneignungsprozesse[1] gefördert werden, das ließ und lässt dieser Ansatz an sich noch sehr offen.

Wenn es um die *Praxis* aufsuchender Jugendarbeit geht, dann wird zumeist ausschließlich an *spezielle* Projekte aufsuchender Arbeit gedacht, nicht an eine Methode, die prinzipiell in unterschiedlichen Kontexten eingesetzt werden kann. Das liegt sicherlich zu einem ganz erheblichen Teil daran, dass in den allermeisten etablierten Bereichen der konventionellen Jugendarbeit in Westdeutschland (vor allem in der offenen Jugendarbeit der Jugendhäuser, Jugendzentren, Jugendfreizeitheime oder Offenen Türen) bis heute in den meisten Regionen eine fast durchgängige Ablehnungsfront gegen aufsuchende Anteile existiert. Entsprechend wenig präsent ist dann oft, dass zur aufsuchenden Arbeit im lebensweltlichen Sinne neben spezifischen, ausschließlich aufsuchend angelegten Projekten aber auch Ansätze der hinausreichenden Jugendarbeit (oder Outreach-Arbeit) zu zählen sind oder Ansätze mit dem (erstmals von Thiersch schon 1985 formulierten) Anspruch, Jugendeinrichtungen als wichtige *Stützpunkte* zur Wiederaneignung von Umwelt zu betrachten (Thiersch 1985, S. 17). Schließlich sei erwähnt, dass es gerade in ländlichen Gebieten mit wenigen Jugendeinrichtungen schon seit Jahrzehnten kaum beachtete Stränge aufsuchender kommunaler Jugendpflege gibt, die in unterschiedlichsten Formen selbstorganisierte Aktivitäten junger Menschen und milieugetragene jugendfördernde Prozesse beraten, begleiten und unterstützen. Und – ebenfalls von der Konzeptionsdiskussion in der Jugendarbeit meist wenig beachtet – gibt es schon seit den 70er Jahren im Bereich der so-

1 Den Aneignungsbegriff – ursprünglich von Leontjew entwickelt – hat vor allem Ulrich Deinet für die Jugendarbeit erschlossen. Gleichermaßen theoretisch fundiert und sehr praxisbezogen konkretisiert findet sich das vor allem in: Deinet 1999, S. 25ff.

zio-kulturellen Arbeit mit Kindern sehr spannende lebensweltorientierte spielpädagogische Ansätze, die im Rahmen lebensweltaneignender Aktivitäten immer wieder auch aufsuchende Elemente einbeziehen. In diesem Sinne richtungsweisend waren und sind sicherlich vor allem entsprechende Aktivitäten der Pädagogischen Aktion München. (Vgl. z.B.: Spielraum für Spielräume 1987 oder zahlreiche andere Publikationen ihres „geistigen Vaters“ Wolfgang Zacharias.)

Momentan zählt die aufsuchende Arbeit – wie erwähnt – zu den ganz wenigen Bereichen in der Sozialen Arbeit, in denen es insgesamt auch in den letzten Jahren noch eine relevante Zunahme eingesetzter Ressourcen gab – auch wenn die Ausstattung der jeweiligen Einzelprojekte trotzdem vielfach extrem schlecht ist und sich der Gesamtanteil aufsuchender Jugendarbeit an kommunalen Etats für Jugendarbeit meist trotzdem bestenfalls im tiefen einstelligen Bereich bewegt. Typisch für die allermeisten Aktivitäten aufsuchender Arbeit ist dabei erstens, dass sie pragmatisch „als letzte Möglichkeit“ zur Bewältigung besonderer Problemeskalationen begonnen werden, nicht aus konzeptionellen Grundüberlegungen einer lebensweltorientiert angelegten Jugendarbeit heraus. Meist gilt als entscheidend, dass Jugendliche erreicht werden sollen, an denen besonders heftig Anstoß genommen wird[2] und die sich mit konventionellen Ansätzen nicht erreichen lassen. Typisch ist zweitens, dass die allermeisten Projekte aufsuchender Jugendarbeit nicht primär deshalb gestartet werden, damit sie *den Jugendlichen* nützen (die ja die eigentlichen Adressaten des KJHG sind), sondern damit sie *deren Umfeld* Nutzen bringen durch Abbau von Konflikten, Aggressivität, Randale und Gewalt. Entsprechend groß ist der Handlungs- und Erwartungsdruck von außen für solche Projekte. Typisch für aufsuchende Arbeit ist drittens, dass sie sehr häufig von ungewöhnlich engagierten, aber oft ohne ausreichende Vorarbeiten, Qualifizierungen und Ressourcenausstattungen „ins kalte Wasser

---

2 Ich versuche, den gängigen Begriff „auffällige Jugendliche“ eher zu vermeiden. Denn erstens demonstriert der Umgang mit diesem Begriff jenes verbreitete Verhalten von Erwachsenen Kindern und Jugendlichen gegenüber, ganz selbstverständlich immer häufiger nur noch das an ihnen wahrzunehmen, was stört. Denn auffällig könnte ja auch positiv empfundenes Verhalten sein, wird aber mit diesem Begriff *tatsächlich* nie gemeint. Zweitens orientiert sich der Begriff „auffälliges Verhalten“, gerade so wie der Begriff „abweichendes Verhalten“, in einer Weise an den Normen der jeweiligen Dominanzkultur, dass die Frage nach deren Begründung und Berechtigung solcher Zuschreibungen vollständig ausblendet und in die Definitionsmacht derer legt, die die Begriffe einsetzen. Der von mir, in Anlehnung an Roland Girtlers „Theorie der Unanständigkeit“ (Girtler 1995, insbesondere S. 19-40) inzwischen stattdessen bevorzugte Begriff des „anstößigen“ oder „anstoßerregenden Verhaltens“ macht dagegen unüberhörbar deutlich, dass es bei der negativen Bewertung jeweils um sehr subjektiv geprägte Zuschreibungen von außen geht, die durchaus nicht dem jeweiligen Verhalten wirklich angemessen sein müssen. Der Begriff der Anstößigkeit *ersetzt* damit nicht die Auseinandersetzung mit der Frage, wer warum welches Verhaltern wie (negativ) empfindet und bewertet, sondern fordert eher, in die Auseinandersetzung darum auch *tatsächlich* hineinzugehen.

springenden“ Mitarbeiterinnen und Mitarbeitern begonnen wird. Entsprechend groß sind dann natürlich auch die Risiken des Scheiterns (vgl. dazu Krafeld 2003). Und andere trauen sich u.a. deshalb gar nicht daran, aufsuchende Arbeit überhaupt zu versuchen und zu beginnen.

Auch die bisherige Fachliteratur weist erhebliche Schwächen und Mängel auf. Zwar liegt inzwischen eine ungeheure Fülle von Erfahrungsberichten und Projektauswertungen aus den verschiedensten Feldern aufsuchender Arbeit vor, sowie zahlreiche Beiträge zu spezifischen Teilaspekten oder Problemen. Auch erste Standards und erste Ansätze von Evaluation und Selbstevaluation wurden längst erarbeitet. Von einer systematischen Entwicklung von Grundlagen und Methoden aufsuchender Arbeit ist aber all das noch sehr weit entfernt. Symptomatisch dafür ist, dass die entsprechende Fachliteratur bis heute fast ausschließlich aus kurzen Einzelbeiträgen zu speziellen Projekten oder Teilaspekten besteht. Selbst Publikationen, die mit einem grundlegenden Anspruch antreten, wie das „Handbuch Aufsuchende Jugend- und Sozialarbeit“ (Becker/Simon 1995), die europäische Streetwork-Explorationsstudie von Klose und Steffan (1997) oder das schon klassische Standardwerk „Straßensozialarbeit“ von Steffan (1989) bieten letztlich kaum mehr als die Ansammlung einer Vielzahl von meist unverbunden und teils zufällig wirkenden Aneinanderreihungen vieler kleinerer, meist berichtender Beiträge aus diesem Feld (mit teils sehr unterschiedlicher Qualität). Und auch die auf fünf Bände angeschwollene wissenschaftliche Auswertung des Aktionsprogramms der Bundesregierung gegen Aggression und Gewalt (AgAG), das 1992-96 in Ostdeutschland durchgeführt wurde, leistet für eine grundlegende fachliche Fundierung aufsuchender Jugendarbeit nur sehr, sehr wenig. (Das Aktionsprogramm 1997) Einen sehr beachtenswerten Lichtblick stellt dagegen die soeben erschienene Studie von Bodenmüller und Piepel (2003) dar, die auf der Grundlage ihrer langjährigen Streetworkarbeit sehr differenziert Entwicklungsprozesse wohnungsloser Jugendlicher und junger Erwachsener (die oft verkürzt als Straßenkinder bezeichnet werden) untersuchen, um daraus dann ebenso fundiert Handlungsanforderungen, Handlungsansätze und Handlungsmaximen entsprechender Angebote von Streetwork und Überlebenshilfen abzuleiten.

Angeregt durch Erfahrungen aus vielen Fortbildungen und Praxisberatungen zur aufsuchenden Jugendarbeit und gerade erst ermutigt durch die Resonanz auf meinen kürzlich publizierten Versuch, systematisch typische Ursachen und Hintergründe für gescheiterte Projekte aufsuchender Arbeit herauszuarbeiten, um aus bisherigen Schwachstellen und Fehlern zu lernen, (vgl. Krafeld 2003) will ich nun einen – wie ich hoffe – großen Schritt weitergehen und im Folgenden versuchen, eine möglichst systematische praxisnahe Einführung und Grundlegung aufsuchender Jugendarbeit zu entfalten. Meine eigenen Erfahrungen mit dem Aufbau und der langjährigen Begleitung etlicher entsprechender Projekte sowie entsprechender regionaler und bundesweiter Vernetzungszusammenhänge, mein Austausch mit vielen Praktikerinnen und Praktikern in zahllosen Praxisberatungen und Fortbildungsveranstaltungen, meine Kooperation mit Praktikerinnen und Praktikern bei unterschiedlichsten Forschungs-, Entwicklungs- und Weiterbildungsvorhaben und – nicht zuletzt – meine langjährige praxisbezogene Forschung zur aufsuchenden Jugendarbeit geben mir eine relativ breite Basis dafür. Und ich hoffe, dass all dies mir dabei hilft, *gleichzeitig* Grundlegendes systematisch zu entfalten und dabei doch so konkret und praxisbezogen zu bleiben, dass der Text gerade auch Einsteigerinnen und Einsteigern in die aufsuchende Jugendarbeit und „theoriegeschädigten" Mitarbeiterinnen und Mitarbeitern etliches zu bieten vermag und lesenswert erscheint.

Insgesamt verfolge ich damit als Ziel, die fachliche Fundierung und Weiterentwicklung dieses Praxisfeldes, und zwar sowohl hinsichtlich ihrer konzeptionellen Grundlagen wie hinsichtlich ihrer zentralen methodischen Handlungsmuster voranzubringen. Letztlich geht es dabei vor allem um die Fragen danach,

- wie man möglichst gezielt und fundiert Projekte aufsuchender Jugendarbeit beginnt,
- wie man dieses Aufgabenfeld in das Spektrum von Jugendarbeit einordnet und sein spezifisches Profil konkret macht,
- wie man zu entsprechenden jungen Menschen aufsuchend Kontakt aufnehmen und mit ihnen professionelle Beziehungen aufbauen kann,
- wie eigene Selbstorganisationsformen junger Menschen, ihre Cliquen und Szenen, dabei produktiv einbezogen werden können,
- wie deren eigenen Prozesse der Aneignung von Umwelt durch Einmischungen in deren Umwelt begleitet werden können,
- welche Qualifikationen und Arbeitsbedingungen dabei von zentraler Bedeutung sind,
- wie in diesem Kontext der Umgang mit der für Sicherheit und Ordnung zuständigen Institution, der Polizei, gestaltet werden kann, und schließlich,
- wo sich Grenzen entsprechender Sozialer Arbeit abzeichnen.

Diese zentralen Fragen geben für den weiteren Text die Struktur ab – und damit auch das Grundgerüst für dessen Gliederung. Dabei habe ich natürlich, angesichts meines Erfahrungshintergrundes, primär aufsuchende Jugendarbeit mit unterschiedlichen auffälligen Cliquen und Szenen, gemeinwesenorientierte Ansätze und Koppelungen von aufsuchender und einrichtungsbezogener Arbeit im Blick, weniger dagegen die Arbeit mit problemdefinierten Gruppen, etwa mit Drogenabhängigen, mit Prostituierten, in der Aids-Prophylaxe usw. Gerade Fachleute aus diesen letzten Bereichen wären damit auch aufgerufen, kritisch zu reflektieren, inwieweit meine Ausführungen auch tatsächlich insgesamt auf die jeweiligen Spezifika ihrer Arbeitsfelder bezogen werden können.

Auch auf alle aktuellen Entwicklungstendenzen aufsuchender Arbeit werde ich nicht umfassend eingehen können, zumal sich vieles erst andeutet. Die ganz aktuellen gesellschaftlichen und sozialpolitischen Entwicklungen hin zum aktivierenden Staat lassen allerdings vermuten, dass ökonomisch und politisch in den nächsten Jahren so einschneidende Veränderungen durchgesetzt werden, wie sie sich viele im Moment noch gar nicht vorstellen können.[3] Es würde an dieser Stelle allerdings zu weit führen, die Diskussion dieser anstehenden Veränderungen gleich mit zu leisten und grundlegende Einschätzungen dann auch noch „bis auf die Ebene der Praxis herunterdeklinieren" zu wollen.

Schließlich bleibt anzumerken, dass der vorliegende Text so angelegt ist, dass auch problemlos Einzelkapitel herausgegriffen werden können und den Leserinnen und Lesern auch jeweils für sich allein verständlich sein sollen. Denn der Nutzen einer solchen Einführung und Grundlegung kann sich gerade für Praktikerinnen und Praktiker nur dann entfalten, wenn der Text nicht zwingend auf systematisches Durcharbeiten von Anfang bis Ende angelegt ist, sondern auch situationsbezogen immer mal wieder „auch mal kurz" zum Nachlesen und Nachschlagen verwendet werden kann. Da kann die Darstellung in den einzelnen Kapiteln dann auch mal konkreter, ausführlicher und praxisbezogener ausfallen, statt immer straffen zu müssen. Dass dabei dann manche Aspekte in verschiedenen Zusammenhängen wiederholt aufgegriffen werden, entspricht zwar nicht immer abstrakt-logischer Stringenz, fördert aber wahrscheinlich auch eher die Lernprozesse der Lesenden, die den Text auf dem Hintergrund *ihrer* Erfahrungen, *ihrer* Vorstellungen und *ihrer* Erwartungen in die Hand nehmen werden und für *sie* Wichtiges und Anregendes suchen. Vor allem das Schlagwortverzeichnis am Ende des Buches soll das unterstützen. Und die vielen Schaubilder, Thesenblöcke und systematischen Auflistungen (die meist ursprünglich für Vortrags- und Seminarveranstaltungen entstanden sind), werden im Übrigen hoffentlich besondere Anregungen geben, sich – vielleicht auch mit anderen gemeinsam – reflektierend damit zu beschäftigen, was das jeweils für die *eigene* Praxis bedeuten könnte und wie sich also Selbstverständnisse und Grundlagen der *eigenen* Praxis weiterentwickeln und konkretisieren lassen. Nicht zuletzt erhoffe und wünsche ich mir solchen Effekt auch gerade bei denjenigen Leserinnen und Lesern, die bislang *nicht* aufsuchend arbeiten, sondern z.B. in Jugendzentren oder Jugendhäusern tätig sind und für die Frage offen sind, ob sie ihre Arbeit mit hinausreichenden Anteilen bereichern wollen und können.

---

3 Vgl. dazu z.B. die Erklärung des 5.Bundeskongresses Soziale Arbeit vom 25-27.9.2003 in Kassel. In: neue praxis, 33.Jg., H.5/2003, S. 508f.

1. Aufsuchende Jugendarbeit beginnen – warum und wie?

1.1 Zum Grundverständnis aufsuchender Jugendarbeit

Zwar sind im deutschsprachigen Raum für das Arbeitsfeld, um das es hier geht, ganz unterschiedliche Bezeichnungen in Gebrauch, sei es aufsuchende Jugendarbeit (oder auch: aufsuchende Jugendsozialarbeit), Streetwork bzw. Straßensozialarbeit, mobile Jugendarbeit, hinausreichende Arbeit bzw. Outreach-Arbeit oder in der Schweiz der Begriff Gassenarbeit. Meist werden diese Begriffe – abgesehen vom Begriff hinausreichende Arbeit – aber mehr oder weniger identisch benutzt. Jedenfalls kann oft der jeweils verwandte Begriff allenfalls ein kleines Indiz, aber sicherlich kein wichtiger Hinweis dafür sein, welches Verständnis von entsprechender Arbeit hier zugrunde gelegt wird. Letztlich gehen im Übrigen alle Verständnisse bislang fast durchweg von ein und demselben Punkt aus: Dass es junge Menschen gibt, um die sich Jugendarbeit bzw. Jugendhilfe dringend kümmern müsse, die aber von vorhandenen institutionellen Angeboten nicht erreicht werden. Die Methode des Aufsuchens soll dann dazu dienen, eine entsprechende Leistungslücke zu schließen. Damit hängt der aufsuchenden Arbeit natürlich auch immer so etwas wie ein Ersatzcharakter an – Ersatz für eigentlich favorisierte institutionszentrierte Angebote. Aufsuchen wird denn auch immer wieder verstanden als bloße Methode des Zugangs, die es möglichst schnell zu überwinden gelte, um dann in einer zweiten Phase einrichtungsgebunden effektiver arbeiten zu können. Andererseits schwebt bei diesem Verständnis den vorhandenen Einrichtungen gegenüber natürlich auch immer ein latenter pauschaler Versagensvorwurf im Raum, weil man unterstellt, eine wirklich gute Einrichtung mit wirklich qualifizierten und engagierten Fachkräften müsse es doch schaffen, alle relevanten Zielgruppen erreichen zu können. Und gerade diese wirklichkeitsfremde Vorstellung belastet viele Flexibilisierungs- und Kooperationsbemühungen in der Praxis.

Das bislang in der Fachdiskussion meist sehr allgemein gehaltene Verständnis von aufsuchender Arbeit hat aber auch den Vorteil, dass der Begriff damit erst einmal alles umfassen kann, was jenseits konventioneller einrichtungsfixierter Verständnisse praktiziert wird. Das ist vor allem zu spüren, seit der 8. Jugendbericht der Bundesregierung (1990) eine „lebensweltorientierte Jugendhilfe" eingefordert, der 10. Jugendbericht (1998) den Einsatz für eine

„Kultur des Aufwachsens“ propagiert hat und zur gleichen Zeit etwa die „Sozialraumorientierung“ zu einem zentralen politischen Leitbegriff und Planungsbegriff wurde. Mit allen dreien wird auf die veränderten Bedingungen des Aufwachsens junger Menschen reagiert und daraus die Zielsetzung abgeleitet, dass sich Jugendarbeit auch direkt in die lebensweltlichen Zusammenhänge des Aufwachsens junger Menschen begeben, also Gehstrukturen entwickeln müsse. Das gilt also nicht nur dann, wenn die jeweiligen Zielgruppen anders nicht zu erreichen sind, sondern, weil die veränderten Bedingungen des Aufwachsens junger Menschen solch ein methodisches Handeln *prinzipiell* immer mehr nötig machen.

Aufsuchende Jugendarbeit lässt sich denn auch – wie in der Einleitung schon kurz angeklungen – so definieren:

> Das zentrale Wesensmerkmal aufsuchender Arbeit ist, dass sie erstens den Anspruch der Lebensweltorientierung konkret in praktisches Handeln umsetzt und zweitens, dass sie die Förderung der Aneignung von Umwelt als unverzichtbaren Bestandteil der Entwicklung junger Menschen behandelt. Damit reagiert sie auf tiefgreifende Veränderungen der Bedingungen des Aufwachsens junger Menschen. Diese lassen sich vor allem an einer weit fortgeschrittenen Entstrukturierung der Lebensphase Jugend mit einer zunehmenden Erosion normalbiographischer Lebenskonzepte festmachen, sowie an der parallel verlaufenen Verdrängung junger Menschen aus immer größeren Teilen ihrer Umwelt (durch die fortgeschrittene Monofunktionalisierung von Räumen und Territorien). Aufsuchende Arbeit wird demnach als Methode zur Förderung der Entwicklung junger Menschen (im Sinne des KJHG §1) immer wichtiger in Zeiten,
>
> – in denen sich deren Streben nach gesellschaftlicher Teilhabe und biographischer Lebensentfaltung immer weniger auf strukturierte und kalkulierbare Muster stützen kann und
> – in denen jene gleichzeitig im sozialräumlichen Sinne immer weniger Platz zur eigenen Entfaltung finden – was lebensweltliche Aneignungs- und Entfaltungsprozesse von Kindern und Jugendlichen in dieser Gesellschaft immer konflikträchtiger macht.

Als Zielsetzung aufsuchender Arbeit ist demnach nicht nur zentral, auffällige junge Menschen erreichen zu wollen, die anders nicht oder nicht mehr zu erreichen sind, sondern inzwischen mindestens ebenso, junge Menschen bei der (Wieder-)aneignung von Umwelt zu begleiten und zu unterstützen. Denn junge Menschen wachsen inzwischen unter Bedingungen auf, die einerseits komplexe subjektgeleitete lebensweltliche Aneignungsprozesse besonders wichtig machen angesichts der fortgeschrittenen Entstrukturierung und Entstandardisierung der Lebensphase Jugend, in denen andererseits aber die sozialräumlichen Möglichkeiten dazu immer mehr beschnitten werden, vor allem durch eine monofunktionale Umgestaltung von Umwelt, die junge Menschen zunehmend überall zu Störenfrieden macht, wo nicht ausdrücklich begrenzte (und meist gleichzeitig vordefinierte, nur zeitlich begrenzt nutzbare und kontrollierte) Räume und Territorien speziell für sie ausgewiesen sind (Spielplätze, Kinder- und Jugendeinrichtungen, Sportgelände usw.).

Die seit den 90er Jahren erfolgte immense Ausweitung aufsuchender Arbeit lässt sich denn auch gesellschaftsanalytisch so interpretieren, dass sich darin eine angemessene und überfällige Reaktion auf jene Veränderungen niederschlägt, während bisherige einrichtungszentrierte Angebote von Jugendhilfe diesen veränderten Bedingungen immer weniger gerecht werden. Aufsuchende Angebote sind damit auch nicht lediglich *ergänzende* Angebote zur etablierten Jugendhilfe, sondern setzen gleichzeitig auch wichtige Impulse zu überfälligen Veränderungen in der Jugendhilfe insgesamt. Ihre zentrale *Grundlage* (nicht nur ihr *Anspruch*) ist eine praktisch werdende Lebensweltorientierung, die sich neben der *Methode* des Aufsuchens vor allem in einer produktiv entfalteten Verbindung von personalen Angeboten für ihre Zielgruppen und Einmischungen in deren Bedingungen des Aufwachsens konkretisiert. Und diese Methode lässt sich dann natürlich auch nicht mehr scheinbar selbstverständlich als ausschließliche Angelegenheit eines darauf spezialisierten Arbeitsfeldes betrachten – wie es bis heute fast gängig ist.

Dass gerade auffällige Jugendliche von herkömmlichen Jugendhilfeangeboten immer weniger erreicht werden, das ist dagegen *nicht* ursächlich für die Wichtigkeit aufsuchender Arbeit heute, sondern das ist vielmehr ein wichtiges *Symptom* dafür, dass die herkömmlichen Jugendhilfeangebote immer weniger adäquat sind. Denn solche Symptome zeigen sich immer zunächst an vergleichsweise wenig angepassten Zielgruppen. Demnach kann aufsuchende Arbeit, soweit sie mit der Methode des Aufsuchens lediglich Defizite und Schwächen herkömmlicher Jugendhilfe kompensieren soll (oder zunehmend auch anderer Bereiche wie Schule, Berufsintegration usw.), auch kaum sinnvoll und effektiv sein.

Das hier formulierte lebensweltorientiert (und damit relativ breit angelegte) Verständnis von aufsuchender Jugendarbeit reicht weit über den gängigen Stand der Fachdiskussion hinaus. Meist finden wir in der Fachliteratur und in der Praxis bislang sehr viel enger gefasste Verständnisse, vor allem weitgehend die konzeptionelle Beschränkung der Zielgruppe auf jene, die auffällig sind und anders nicht – oder nicht mehr – erreicht werden. Manchmal signalisieren das schon die verwandten Bezeichnungen. Nicht durchweg, aber doch relativ häufig, wird dann nämlich nicht von aufsuchender Jugendarbeit, sondern von Streetwork oder von Straßensozialarbeit gesprochen. So bezeichnet die BAG Streetwork/Mobile Jugendarbeit relativ eingegrenzt diejenigen Menschen als Zielgruppe, „für die der öffentliche Raum zum überwiegenden Lebensort wird“. (Standards 1999, S.1) Sehr viel weiter ist demgegenüber z.B. die Zielgruppendefinition in dem vom Bremer Senat verabschiedeten Konzept „Aufsuchende Arbeit mit Cliquen“. Dort heißt es: „Zielgruppe (...) sind informelle Cliquen, die von anderen Formen der Jugendsozialarbeit nicht erreicht werden und die allein erhebliche Schwierigkeiten bei der Artikulation und Durchsetzung ihrer Interessen haben.“ (Müller/Schwarz 1997, S. 103) Andererseits bezieht sich diese zweite Definition ausdrücklich nur auf junge Menschen, während Teilbereiche von Streetwork – wie schon erwähnt – durchaus nicht nur an junge Menschen gebunden sind.

Bei genauer Hinsicht lassen sich also die gängigen Bezeichnungen für dieses Arbeitsfeld auch durchaus voneinander abgrenzen und in je spezifischer Weise inhaltlich füllen. Der Begriff der aufsuchenden Jugendarbeit wird offenbar eher dort bevorzugt, wo der konzeptionelle Zusammenhang von Bedingungen des Aufwachsens und den Anforderungen an Jugendarbeit betont werden soll, während der Begriff Streetwork (oder Straßensozialarbeit) eher dann verwandt wird, wenn jenseits der *allgemeinen* Aufgabenbereiche von Jugendarbeit mit *spezifischen* Angeboten auf „Randgruppen" im „Lebensraum Straße" reagiert werden soll. Und das betrifft dann jeweils nur einen Teilbereich dessen, was hier als konzeptionelles Grundverständnis aufsuchender Arbeit definiert wurde, und zwar denjenigen Teil, auf den sich die Praxis bislang fast immer konzentriert hat. – Hier allerdings würde es zu weit führen, den Entstehungszusammenhängen und den Bedeutungsgehalten der einzelnen Begriffe differenzierender nachzugehen, da ein Streit um Begriffe das Praxisfeld gegenwärtig wohl kaum weiter bringen würde. Hier wird vielmehr darauf gesetzt, dass eine fachliche Qualifizierung und Weiterentwicklung der Praxis dann auch irgendwann in eine deutlichere Präzisierung von Begriffen münden wird. An dieser Stelle ist daher – ergänzend zur oben herausgehobenen eigenen Definition – erst einmal nur die beschreibende Feststellung wichtig, dass die Begriffe Streetwork, bzw. Straßensozialarbeit, aufsuchende Arbeit und mobile Jugendarbeit in der Praxis, aber auch in der Fachliteratur, bislang sehr verschieden und teils sogar scheinbar beliebig verwandt werden, selbst in Standardwerken.[4] Die 1999 für dieses Arbeitsfeld gegründete Bundesarbeitsgemeinschaft führt gar die Doppelbezeichnung „Streetwork/Mobile Jugendarbeit", wohl auch deshalb, um ganz pragmatisch unterschiedlichen Verständnissen gerecht zu werden und nicht dem Feld eine begriffliche Eindeutigkeit überzustülpen, die seinem heutigen Facettenreichtum nicht gerecht würde. Deshalb wohl auch werden in ihren Papieren die beiden Leitbegriffe nicht eindeutig definiert oder Aussagen dazu getroffen, ob – und gegebenenfalls – inwiefern sie Unterschiedliches bezeichnen sollen. (Vgl. Bundesarbeitsgemeinschaft Streetwork 1999; Standards 1999)[5] Denn in der Praxis findet sich beides. So spricht die Mobile Jugendarbeit Stuttgart, das bis heute unstrittige Zentrum Mobiler Jugendarbeit, ausdrücklich von Streetwork als *einer* ihrer vier Angebotsformen, die sich – so eine weitere

4 So wird in dem 1995 von Gerd Becker und Titus Simon herausgegebenen „Handbuch Aufsuchende Jugend- und Sozialarbeit" schon in der Einleitung fortwährend zwischen den Begriffen hin- und hergesprungen, nicht selten sogar im gleichen Satz. Oder Andreas Klose und Werner Steffan legten 1997 eine Studie „Streetwork und Mobile Jugendarbeit in Europa" vor, in der unter diesem Doppeltitel tatsächlich nur von Streetwork gesprochen wird – abgesehen von 16 von 470 Seiten über „Mobile Jugendarbeit in Baden-Württemberg".

5 Weitere Texte dazu finden sich vor allem auf den Internet-Seiten:
www.bundesarbeitsgemeinschaft-streetwork-mobile-jugendarbeit.de;
www.fh-potsdam.de/~Sozwes/Projekte/steffan/final/archiv.htm;
www.bagejsa.de/fachinfo/mobile_jugendarbeit/steimle_wilde.htm

Begriffskoppelung – als „aufsuchende Straßensozialarbeit“ realisiere. (Mobile 2002, S. 3). Und Walter Specht, einer der Initiatoren der BAG und einst der „Vater“ der Mobilen Jugendarbeit, unterscheidet in seinen Publikationen zwischen einer gemeinwesenorientierten Ausrichtung Mobiler Jugendarbeit und einer szene- oder zielgruppenorientierten Streetwork-Arbeit.

1.2 Klärung der Erwartungen an ein neues Projekt

Aufbau und Verlauf von Projekten aufsuchender Jugendarbeit werden zumeist in kaum zu überschätzender Weise belastet durch überzogene und unrealistische Erwartungen. Insbesondere von Erwartungen und Ansprüchen der Umwelt geht oft ein immenser Druck aus, noch verstärkt durch eine ungeheure Ungeduld, mit der „alles anders werden soll“. Solche Einforderung von „Knopfdrucklösungen“ reduziert fast immer den Blick auf Ergebnisse, die die jeweilige Umwelt wünscht. Und je wichtiger diese ihre Wunsch-Ergebnisse nimmt, umso weniger ist sie meist bereit, sich mit der Schwierigkeit der Entwicklung von Wegen dorthin überhaupt zu befassen. Und erst recht haben für sie dann sozialpädagogische Selbstverständlichkeiten keinen Platz – wie z.B. die, dass Entwicklungs- und Veränderungsprozesse meist viel Zeit brauchen und von denen ausgehen müssen, die sich entwikkeln und verändern sollen. Und derartige Tendenzen nehmen immer mehr zu. Denn

- je häufiger in unserer Gesellschaft Kinder- und Jugendliche überall als störend gelten, wo sich mehrere von ihnen irgendwo aufhalten, ohne dass diese Räume und Flächen *ganz speziell* für sie ausgewiesen sind, und
- je weniger es noch intensivere Kommunikation zwischen Erwachsenen und Kindern gibt, die über Belehrungen und Zurechtweisungen hinaus geht,

umso *unrealistischer* werden gleichzeitig die Erwartungen Erwachsener an junge Menschen und an diejenigen Institutionen, die mit jenen arbeiten. Es sind dann vor allem folgende Erwartungen, die meist eine ganz wichtige Rolle spielen:

- *Die Erwartung, dass Sozialarbeit einen selbst von eigenen Konfliktbewältigungsbemühungen befreie*
  ... und erst recht vom Druck zu entsprechenden Zugeständnissen und Kompromissen.
- *Die Erwartung einer Allzuständigkeit von Sozialarbeit*
  Um alles, was die „Mitte der Gesellschaft“ an nicht gleichberechtigt integrierten gesellschaftlichen Gruppen als störend empfindet, solle sie sich kümmern, am besten Tag und Nacht und überall (selbst mit einem 10-Stunden-Honorarvertrag).

- *Die Vorstellung oder Phantasie einer erzieherischen Allmacht von Sozialarbeit (jenseits der angeblichen Ohnmacht aller anderen)*
  Je weniger man von anstößigen Gruppen weiß und je weniger Bereitschaft zur Kommunikation mit solchen Gruppen da ist, umso gigantischer werden oft die Erwartungen an Pädagogik: Sie solle mit der richtigen Intervention wie auf Knopfdruck Menschen ändern und umprogrammieren, Sofort-, Rundum- und Totallösungen bieten. (Pädagogik ist aber etwas anderes als das Auswechseln der Software auf der inneren Festplatte anstößiger Jugendlicher!)
- *Die Erwartung eines selbstverständlichen Anspruchs auf ein 100%iges Durchsetzen der eigenen Sichtweisen Erwachsener*
  Institutionen sehen sich oft allenfalls untereinander als Konkurrenten um eine akzeptable „Lösung", während schon die Frage nach legitimen Ansprüchen und Interessen von anstößigen Kindern und Jugendlichen ausgeblendet wird.
- *Die Erwartung einer (Ersatz-)Zuständigkeit von Sozialarbeit für alle Bereiche, in denen Erwachsene mit Kindern und Jugendlichen „nicht fertig werden"*
  Jugendarbeit ist aber dem KJHG, und damit den Jugendlichen gegenüber verpflichtet. Vergessen wird oft (gerade in Zeiten, in denen alles unter Prävention subsumiert werden soll), dass Erwachsene und gesellschaftliche Institutionen nicht zu den Leistungsberechtigten von Jugendhilfe zählen. Trotzdem wird immer öfter als eine der zentralen Aufgaben aufsuchender Jugendarbeit beschrieben, sich im Gemeinwesen in die verschiedensten Konflikte einzumischen, wenn Kinder und Jugendliche an ihnen beteiligt sind. Und ebenso häufig wird auch das Expertenwissen Sozialer Arbeit (und Mitarbeiterinnen und Mitarbeiter der aufsuchenden Jugendarbeit sind meist besondere Experten für junge Menschen und deren Lebenslagen) eingefordert, um damit nichts als die Arbeit anderer Institutionen zu effektivieren.
- *Die Erwartung eines Anspruchs auf Leistungen Sozialer Arbeit zum Null-Tarif*
  Weithin gilt es als selbstverständlich, dass alle, die von der aufsuchenden Jugendarbeit etwas wollen, das ohne jede Gegenleistung erhalten wollen. In unserer Leistungsgesellschaft wird aber durchweg unentgeltliche Leistung gering geachtet. Und gleichzeitig können andere oft nie genug davon kriegen. Jugendarbeit zum Nulltarif produziert also oft noch überhöhten Außendruck mit. (Ein großer Träger aufsuchender Jugendarbeit ist daher dazu übergegangen, sich nur noch für solche Projekte zu entscheiden, in denen die *Relation* zwischen seiner Eigenleistung und den Beiträgen von Kooperationspartnern besonders günstig ist.)
- *Die Erwartung eines Anspruchs auf Leistungen von Kindern und Jugendlichen zum Null-Tarif*
  Sehr viele Erwachsene tun immer wieder so, als ob sie den selbstverständlichen Anspruch hätten, sich von Kindern und Jugendlichen nicht

gestört zu fühlen. Da bleibt das Recht von Kindern und Jugendlichen auf angemessene und gleichberechtigte gesellschaftliche Teilhabe unausweichlich auf der Strecke, ja, von vornherein ausgeblendet. Solche Erwartungen kann und darf Jugendarbeit daher nicht zur Handlungsgrundlage machen. Dafür sorgen allerdings anstößige Jugendliche auch unübergehbar selbst. Sie zwingen ihre Umwelt oft dazu, nicht einfach übergangen oder an den Rand gedrängt zu werden.

- *Die Erwartung von „Feuerwehr"-Einsätzen in extremen Problemsituationen*
  Die Effektivität von Leistungen der Jugendarbeit hängt von ganz anderen Faktoren weit mehr ab als von der Größe und Aktualität eines Problems. Viel entscheidender sind vor allem eine aufgabenadäquate Kontinuität und Stabilität beziehungsgetragener Arbeit und eine optimierte Nutzung personaler und materieller Ressourcen (einschließlich der von Kooperationspartnern eingebrachten Ressourcen und Unterstützungen). Und damit sieht es bei Feuerwehreinsätzen meist besonders schlecht aus.
- *Die Erwartung der Fortsetzung der vielfach gescheiterten „Staubsaugerpädagogik" der offenen Jugendarbeit mit andere Mitteln*
  Zur wichtigsten Aufgabe der offenen Jugendarbeit ist aus Sicht der Kommunen und aus Sicht großer Teile des sozialen Umfeldes von Jugendeinrichtungen längst geworden, *die* Kinder und Jugendlichen eines Einzugsbereiches möglichst vollzählig und vollständig „von der Straße zu holen" (und von überall her sonst, wo sich Erwachsene von ihnen gestört fühlen). Wo sie das nicht befriedigend schafft, da wird immer häufiger nach aufsuchender Jugendarbeit gerufen. Mit „Förderung der Entwicklung junger Menschen" (KJHG §1) hat aber beides nicht das Geringste zu tun, ganz oft aber sehr viel mit dem Entzug von fundamentalen Bedingungen des Aufwachsens.
- *Die Erwartung des sozialen Umfeldes anstößig auftretender Jugendlicher, es von jeder direkten Kommunikation mit jenen zu verschonen*
  Immer wieder wird versucht, der Sozialarbeit eine Stellvertreterrolle in Konfliktszenarien zuzuweisen, sich selbst also jeden direkten Kontakt mit „solchen Typen" ersparen zu können – und erst recht natürlich jede Akzeptanzbereitschaft denen gegenüber. Einmischung in Konflikte macht aber nur da Sinn, wo beide Konfliktseiten zumindest prinzipielle Bereitschaft haben, sich dem Konflikt zu stellen. Sonst lässt sich Soziale Arbeit allenfalls den „schwarzen Peter" zuschieben.

Nur wenn es gelingt, bei der Auseinandersetzung mit solchen Erwartungen immer wieder zu unterscheiden zwischen *wünschenswerten* Vorstellungsänderungen bei den Kooperationspartnern einerseits und der Schaffung und Sicherung *notwendiger* Handlungsräume für den *aktuellen* Alltag einer fachlich vertretbaren Jugendarbeit andererseits, gibt es Chancen, sich von der geradezu saugnapfbesetzten achtarmigen Krake der Außenerwartungen nicht fangen und erdrücken zu lassen. Wer dagegen darauf setzt, dass die schwierigen Kooperationspartner erst einmal „einsichtig werden", um dann „vernünftig loslegen zu können", wird das bis zum St. Nimmerleinstag nicht erreichen.

1.3 Klärung der Zielsetzungen und Herangehensweisen

Die Erwartungen an aufsuchende Jugendarbeit, vor allem die Erwartungen von außen, werden vielfach direkt und unmittelbar in Zielsetzungen übersetzt – ohne auch nur darüber *nachzudenken*, inwieweit sich entsprechende Problemlagen durch sozialarbeiterische Interventionen überhaupt abbauen oder gar bewältigen lassen (und wenn, dann durch welche und wie). Vielmehr wird von außen oft lediglich auf jene tradierten Allmachtsphantasien von Pädagogik zurückgegriffen, nach denen von qualifizierter Pädagogik und von kompetenten Fachkräften selbstverständlich erwartet werden könne, dass sie junge Menschen „in der richtigen Weise" forme, präge oder gar zurechtbiege. Und was als richtig gilt, das beansprucht jene Umwelt zu definieren, die sich an den gewachsenen und vorfindlichen Orientierungs-, Deutungs- und Verhaltensmustern der jeweiligen Zielgruppe stößt. Da gilt dann selbst oft schon die *Frage* als Affront, ob das, was Erwachsene aus dem Umfeld fordern oder anstreben, den jeweiligen Kindern und Jugendlichen überhaupt nützlich und hilfreich sein wird bei deren Alltags- und Lebensbewältigung.

Solche Erwartungsmuster und Ansprüche lassen sich natürlich in den allermeisten Fällen nicht auf das pädagogisch Machbare herunterdeklinieren. Umso wichtiger ist es, jedenfalls mit dem Träger und mit den Financiers realistische und überprüfbare Zielsetzungen zu vereinbaren, die möglichst konkret die jeweiligen Umstände und Bedingungen berücksichtigen, um dann für diese möglichst viel Rückhalt bei Kooperationspartnern und in der lokalen Öffentlichkeit zu suchen. Kaum zu überschätzen – in fachlicher wie in strategischer Hinsicht – ist dabei, zunächst für die konkreten Zielsetzungen jenen Rahmen zu nehmen, den das Kinder- und Jugendhilfegesetz im SGB VIII vorgibt, und sich auf den immer wieder ausdrücklich und konkret zu beziehen:

> „Jeder junge Mensch hat ein Recht auf Förderung seiner Entwicklung und auf Erziehung zu einer eigenverantwortlichen und gesellschaftsfähigen Persönlichkeit." (§1 KJHG)

Das Gesetz sieht *ausschließlich* Leistungen für *junge* Menschen vor, aber keinerlei Leistungen für deren Umfeld (abgesehen von der Beratung und Unterstützung von Eltern und anderen Erziehungsberechtigten bei der Erziehung – §1, Abs. 3, Punkt 3). Und auf die zitierten Leistungen haben *alle* jungen Menschen Anspruch, und das heißt: auch Straftäter, Rechtsextremisten usw. Denn diesen Anspruch kann man nicht verwirken (selbst dann nicht, wenn gleichzeitig andere Instanzen – z.B. Polizei und Justiz – gefordert sind).

Anspruchsberechtigt nach dem KJHG sind dagegen all jene *nicht*, die in ihren Alltagswelten an Kindern oder Jugendlichen Anstoß nehmen – auch wenn in der Praxis immer wieder ein ganz anderer Eindruck erweckt wird. Eine neue Qualität haben diese Versuche der Inpflichtnahme von Jugendhilfe für andere gesellschaftliche Aufgaben in den letzten Jahren erreicht. Mit dem in Mode gekommenen Ruf nach Prävention als angeblich oberster Aufgabe von Jugendhilfe wir in letzter Zeit immer wieder versucht, die klare und eindeutige Zielsetzung des KJHG auf den Kopf zu stellen und Jugendhilfe in einen verlängerten Arm von Ordnungs- und Sicherheitsarbeit umzufunktionieren, deren Nutznießer dann vor allem das Erwachsenenumfeld von jungen Menschen wäre.

Klar zu unterscheiden von solchen Inpflichtnahmen ist natürlich die Erwartung, dass eine gelingende Förderung von Kindern und Jugendlichen in aller Regel auch sozial verträgliche Handlungsmuster fördert und Konflikte abbaut – wovon dann natürlich auch die Umgebung der jungen Menschen profitiert. Konkret lässt sich diese Zielrichtung der Jugendhilfe allerdings meist nur dann durchsetzen, wenn die Zielbeschreibungen in der Konzeption oder im Arbeitsauftrag keine blumigen Wiedergaben von *Wunsch*zielen darstellen, sondern sachlich abgrenzbare, zeitlich terminierbare und vor allem überprüfbare Ziele formuliert werden. Dazu haben die Forschungen und Praxiserprobungen zur Qualitätsentwicklung in der Jugendarbeit in den letzten Jahren etliche Anregungen gegeben. (Vgl. z.B.: v. Spiegel 2000; Qualitätsmanagement 2000; Standards im Streetwork 1999; Gangway 2001)

In Anlehnung an von Spiegel lassen sich vor allem unterscheiden:

- Kurz-, mittel- und langfristige *Wirkungs*ziele
  (wobei die Langfristigkeit an der voraussichtlichen Projektdauer und/ oder Begleitungs- und Betreuungsdauer mit diesen jeweiligen Jugendlichen festzumachen ist, ggf. aber auch am Bewilligungszeitraum).
- Kurz-, mittel und langfristige *Handlungs*ziele,
  - die auf förderliche Arrangements von Gelegenheiten, Umfeldbedingungen, Arbeitsbedingungen und andere sogenannte Rahmenbedingungen zielen,
  - und die die angestrebte Qualität des Angebotenen beschreiben.

Um zu klaren und realistischen Zielsetzungen zu gelangen, sind vor allem folgende Schritte notwendig:

- Analyse der Ausgangssituation
- Sammlung von Erwartungen
- Bildung von Konsenszielen
- Zielpyramiden entwickeln
- Bestimmung von Indikatoren für die jeweilige Zielerreichung
- Ausdifferenzierung von Handlungszielen in
  - Handlungsschritte
  - Arbeitsprinzipien und Handlungsregeln (vgl. dazu ausführlich: v. Spiegel 2000, S. 28ff.).

1.4 Entscheidung zwischen unterschiedlichen Grundmustern

Bei der Planung von Projekten aufsuchender Jugendarbeit passiert es immer wieder, dass man scheinbar selbstverständlich ein bestimmtes Grundmuster im Hinterkopf hat, wie diese Arbeit aussehen soll – und dann manchmal erst viel zu spät merkt, dass dieses Muster auf die konkrete Situation vielleicht gar nicht passt, dass man also eigentlich ganz anders hätte anfangen und einsteigen müssen. Deshalb sollen im Folgenden je nach den jeweiligen Anforderungen und Bedingungen von Praxis vier Grundmuster aufsuchender Jugendarbeit unterschieden werden. Alle vier haben ihre eigenen Grundverständnisse, Charakteristika und geschichtlichen Entwicklungen. Das folgende Schaubild gibt zunächst eine Übersicht über diese Grundmuster, ehe sie im Weiteren näher dargestellt und erläutert werden:

Grundmuster aufsuchender Jugendarbeit

problem-orientierterTypus	**jugendkulturell orientierter Typus**	**gemeinwesen-orientierter Typus**	**hinausreichender oder mobiler Typus**
(Adressaten sind Menschen mit gleichen Problemlagen: Drogenabhängige, Prostituierte, Obdachlose, demotivierte jugendliche Arbeitslose u.a.)	(Adressaten sind auffällige, meist anstoßerregende Cliquen und Szenen)	(Adressaten sind soziale Brennpunkte oder Problemgebiete – mit besonderer Konzentration auf dort lebende Kinder und Jugendliche)	(Adressaten sind Jugendliche, die ergänzend zu jugendhausbezogener Arbeit oder in deren Vorfeld erreicht werden sollen)

Der problemorientierte Typus

Der problemorientierte Typus aufsuchender Jugendarbeit ist geschichtlich der älteste und zeigt sich schon in den ersten Ansätzen von Streetwork 1927 in Chicago. Die Zielgruppe *und* die primäre Zielsetzung werden an einem bestimmten Problem festgemacht, angefangen von den Morden in den Chicagoer Bandenkriegen bis hin zur heutigen Arbeit mit Drogenabhängigen, mit Prostituierten, mit Strichern – oder neuerdings mit demotivierten jugendlichen Arbeitslosen. Es geht im Kern immer darum, an einem bestimmten, relativ klar definierten Problem zu arbeiten – wenn auch mit teils sehr unterschiedlichen Zielsetzungen und mit unterschiedlichem Erwartungsdruck von außen. Ob sich die Zielgruppe dieser Arbeit überhaupt kennt oder ob sie sich gar ein eigenes soziales Netz geschaffen hat, das ist dabei erst einmal nebensächlich. Zur Zielgruppe gehört, bei wem sich – innerhalb eines territorialen Zuständigkeitsbereichs – ein bestimmtes gravierendes Problem ausmachen lässt, das von außen definiert wird.

Bei dem problemorientierten Typus nimmt Einzelfallarbeit eine besonders große Bedeutung ein, da nur sehr partiell und begrenzt unterstützende Potenziale sozialer Netze (Cliquen, Szenen, Freunde usw.) einbezogen werden können. Zweitens findet diese Arbeit in besonders hohem Maße wortwörtlich auf der Straße, also in öffentlichen (Verkehrs-)räumen, also im „Lebensraum Straße“ statt, meist unter den Augen vieler anderer. Drittens werden bei diesem Typus Raumangebote eher funktionsbezogen gemacht: für intensive Beratungsgespräche, zum Frühstücken, Duschen, Wäsche waschen, Spritzentausch, als Notschlafstelle usw.[6]

Der jugendkulturell orientierte Typus

Dieser Typus aufsuchender Arbeit steht in Deutschland seit Ende der 80er Jahre im Mittelpunkt der Aufmerksamkeit, auch wenn es ihn weit früher gab, z.B. in der Rockerarbeit der 60er und 70er Jahre, und er sich bis in die Arbeit mit Banden im Chicago der späten 20er Jahre zurückverfolgen lässt. Kennzeichnend ist hier die Arbeit in und mit Cliquen oder Szenen als personal getragenen relativ dichten Sozialsystemen[7], die sich Jugendliche selbst geschaffen haben und die ihnen ganz wichtig sind, ihnen oft sogar als Kern sozialer Einbindung und Zugehörigkeit gelten. Fast immer geht es dabei bislang um Cliquen und Szenen mit expressiver – und von außen als extrem empfundener – jugendkultureller Ausprägung (auch wenn es z.B. aus vielerlei Gründen sehr erstrebenswert wäre, aufsuchende cliquenorientierte Angebote auch an nicht auffällige Cliquen heranzutragen). Im Unterschied zum ersten Typus geht es in cliquen- und szeneorientierten Ansätzen von vornherein durchweg um sehr verschiedenartige Problemlagen.

Am Anfang von aufsuchender Arbeit nach dem jugendkulturell orientierten Typus steht immer die Aufgabe, insgesamt Zugang zu der jeweiligen Clique und Szene zu finden und deren Vertrauen zu gewinnen. Die Kontaktaufnahme findet in der Regel so statt, dass die Jugendlichen an ihren primären Treffpunkten aufgesucht werden. Meist sind diese draußen und unter

---

6 Die schon erwähnte, gerade erst erschienene Studie von Bodenmüller und Piepel (2003) stellt für die Arbeit mit diesem problemorientierten Typus, auf den ich selbst hier *keinen* Schwerpunkt setze, eine ausgezeichnete Einführung und Grundlegung dar – und sei daher Praktikerinnen und Praktikern mit entsprechendem Arbeitsschwerpunkt nachdrücklich empfohlen.

7 Als Cliquen werden hier selbstgeschaffene informelle Gleichaltrigengruppierungen mit personal überschaubaren komplexen Beziehungsgeflechten verstanden, in denen alle mit allen kommunizieren (können), als Szenen sozial-räumlich gebundene informelle Organisationsformen jugendkultureller Orientierungen, in denen aber nicht mehr jeder jeden persönlich kennt – oder gar näher kennt. Vgl. ausführlicher dazu: Krafeld 1992, S. 29f.

freiem Himmel, aber längst nicht immer „auf der Straße“ oder in zentralen öffentlichen Bereichen. Das können auch eher versteckte Bereiche (oder auch nichtöffentliche Räume) sein. – Zentraler Inhalt der Anfangskontakte sind fast durchgängig Konflikte um akzeptierte informelle Treffmöglichkeiten, das Streben nach einem konfliktarm nutzbaren Treffpunkt (der durchaus nicht immer überdacht und beheizt, und erst recht nicht immer pädagogisch betreut sein soll). Und im Weiteren wird vielfach (allerdings begründeter Weise nicht immer![8]) versucht, im Rahmen aufsuchender Jugendarbeit sporadisch oder regelmäßig eigene umbaute Räume für diese Clique oder Szene – und/oder für die pädagogische Arbeit mit ihr – zu finden. Und das wiederum führt dazu, dass dann ein Teil jener Jugendarbeit raumgebunden stattfindet (und sich fast unvermeidlich Tendenzen einschleichen werden, dann aufsuchende Anteile mehr und mehr zurück zu schrauben).

Einzelfallarbeit, aber auch Untergruppen- oder Paararbeit, entwickeln sich bei diesem Typus meist erst im Zuge der Vertrauensbildung und über den Weg in die Clique oder Szene hinein. Funktionsspezifische Angebote sind bei diesem Typus eher selten. Dafür spielen aktivitätenbezogene Angebote oft eine wesentliche Rolle (allerdings kaum je als Einstiegsmethode, sondern erfolgreich erst auf der Basis bereits geschaffener vertrauensvoller Beziehungen und meist eng gebunden an die jeweiligen jugendkulturellen Entfaltungsinteressen).

Der gemeinwesenorientierte Typus

Beim gemeinwesenorientierten Typus wird vielfach von Sozialarbeiterinnen und Sozialarbeitern als anfängliches Hauptproblem empfunden, dass erst einmal gar nicht klar oder nicht entschieden ist, mit wem eigentlich intensiver gearbeitet werden soll. Denn Ausgangspunkt ist hier, dass ein bestimmtes Gemeinwesen, z.B. ein Stadtteil mit Wohnblocks, als besonderer sozialer Brennpunkt gilt, in dem aufsuchende Arbeit dazu beitragen soll, Probleme zu reduzieren und Lebensqualität und Lebenschancen des Aufwachsens zu verbessern. Nicht selten ist aber erst einmal unbekannt, wo tatsächlich entsprechend „bedürftige“ Jugendliche und/oder auffällige Cliquen zu finden sind. Oder es ist überhaupt noch nicht entschieden, mit wem aus welchen Gründen wie gearbeitet werden soll – selbst manchmal nicht, mit welchen Generationen in welchem Umfang.

Gerade der gemeinwesenorientierte Typus zwingt zudem besonders deutlich dazu, aufsuchende Arbeit nicht gleichzusetzen mit pädagogischer Arbeit mit Jugendlichen (plus einem evtl. kleinen Prozentsatz an Verwaltungs- und Vernetzungsarbeit). Nur, wenn sich Sozialarbeit intensiv ein-

---

8 Z.B. dann nicht, wenn in so einer Clique ein organisierter Rechtsextremist ist, der diese Räumlichkeiten für seine politischen Zwecke instrumentalisieren könnte, um es zu schaffen, die Clique „zu sich rüber zu ziehen“.

mischt in die Bedingungen des Aufwachsens, in die Lebenswelten der Jugendlichen insgesamt, dann lassen sich erstens Ursachen von wachsenden Problemlagen angehen und zweitens im Gemeinwesen vorfindbare Kompetenzen und Ressourcen (re-)aktivieren.

Der gemeinwesenorientierte Typus entstand im Wesentlichen in der Blütezeit der Gemeinwesenarbeit in den frühen 70er Jahren und führte danach lange Zeit eher ein Schattendasein, in der Praxis wie in der Fachdiskussion. Erst seit Mitte der 90er Jahre scheint sich das wieder deutlicher zu ändern. Dafür stehen vor allem Begriffe wie Lebensweltorientierung, Sozialraumorientierung oder Milieuaktivierung, die weit über den Bereich Sozialer Arbeit hinaus zu vieldiskutierten Leitbegriffen von Planung und Politik wurden.

Der hinausreichende oder mobile Typus

Dieser Typus ist ausdrücklich als *Ergänzung* einrichtungszentrierter Arbeit angelegt und definiert sein Kernverständnis zunächst einmal negativ: dass nämlich das konventionell übliche einrichtungszentrierte Verständnis von Jugendarbeit unzulänglich sei, Jugendarbeit vielmehr in den Lebenswelten Jugendlicher auch unmittelbar präsent sein müsse. Der seit den späten 80er und frühen 90er Jahren aus den USA übernommene hinausreichende Ansatz (Outreach) zielt darauf, dass bestehende Jugendfreizeiteinrichtungen ihr Angebotsspektrum unmittelbar und direkt in die Lebenswelten ihrer tatsächlichen oder möglichen Adressaten verlängern. In Einzelfällen wird für diese Aufgabe spezielles Personal eingesetzt. Dem Kerngedanken hinausreichender Arbeit aber entspricht es eher, wenn zumindest einige der im Haus tätigen Personen einen Teil ihrer Arbeitsleistungen außerhalb der Einrichtungen verbringen. Insbesondere an folgende Aufgaben wird dabei immer wieder gedacht:

- Vermeidung des quasi automatischen Abbruchs sinnvoller Betreuungs- und Begleitungsprozesse, wenn die entsprechenden Jugendlichen immer weniger oder gar nicht mehr „ins Haus kommen",
- Erreichen von Zielgruppen, die – aus welchen Gründen auch immer – das Haus meiden,
- Einmischung in lebenswelt*aneignende* Prozesse junger Menschen, insbesondere
  - zur Förderung und Unterstützung selbstorganisierter Vorhaben und Projekte,
  - zur Förderung von Prozessen der gegenseitigen Selbsthilfe und Peer-Education in Cliquen,
  - zur Beratung und Moderation von Konflikten mit der Umwelt,
  - zur Verbesserung der Lebensqualität der Lebenswelten der Jugendlichen.

Der hinausreichende Ansatz wird in der Praxis vielfach als Luxuspädagogik angesehen (und ins Reich unrealisierbarer Vorstellungen verwiesen), die man sich nur mit zusätzlichem Personal leisten könne. Hinausreichende Arbeit versteht sich aber nicht als additives Zusatzangebot (oder als Weg zur Füllung momentan zu wenig genutzter Jugendhäuser), sondern als ein Handlungskonzept, das Prioritäten neu setzt. Denn nicht alles, was in der Jugendarbeit nachgefragt ist oder als selbstverständlich gilt, ist allein deshalb schon gut und wichtig – auch wenn das z.B. die Standardargumentation gegen Veränderungen und gegen alle Mittelumschichtungen und – kürzungen ist.

Im Unterschied zur hinausreichenden Arbeit geht die mobile Jugendarbeit nicht von bestehenden Einrichtungen aus, sondern sucht – jedenfalls ihrem Grundverständnis nach – aus der aufsuchenden Arbeit einrichtungsbezogene Angebote zu entwickeln. Typisch ist für die Mobile Jugendarbeit[9] in dem Sinne, wie sie seit 1970 im Stuttgarter Raum entwickelt wurde, ein Dreiphasen-Modell:

- aufsuchende Zugänge zu Kindern und Jugendlichen im Gemeinwesen entwickeln,
- mit diesen Kindern und Jugendlichen qualifizierte Projekte und Aktionen im Gemeinwesen angehen,
- Anstreben und Realisieren einer eigenen Jugendeinrichtung für das Gemeinwesen, an deren Trägerschaft möglichst viele relevante Organisationen und Institutionen im Gemeinwesen beteiligt sein sollen – und für die durch die ersten beiden Phasen Nutzergruppen bereits erreicht und aktiviert sind.

Eine weitere Besonderheit der Mobilen Jugendarbeit liegt darin, dass sie ihre Adressatinnen und Adressaten in Gruppen zu organisieren sucht, um dann nach pädagogischen Grundsätzen Gruppenarbeit leisten zu können, während alle anderen aufsuchenden Ansätze die von jungen Menschen selbstgeschaffenen sozialen Zusammenhänge in ihren Cliquen und Szenen als zentralen Interaktionszusammenhang ansehen. (Zur Problematik des herkömmlichen Konzeptes der Gruppenbildung vgl. Krafeld 1992, S. 44ff.) Die Mobile Jugendarbeit dagegen versucht, einzelne junge Menschen aus dem Stadtteil, mit denen sie in Kontakt kam, zu Gruppen zusammenzuführen, indem sie an lose Verbindungen und/oder an Gemeinsamkeiten und Ähnlichkeiten anknüpft. Ausgangspunkt und Grundlage für Gruppenangebote sind hier *bestehende* Einzelkontakte, also nicht – wie in anderen Bereichen von Jugendarbeit verbreitet – der Versuch der Anwerbung von jungen Menschen, zu denen bislang noch kein relevanter Kontakt besteht. Soweit Mobile Jugendarbeit auch auf ganze Cliquen zugeht, geschieht das mit dem Ziel, diese zunehmend in pädagogisch geleitete Gruppenverständnisse einzubinden und entsprechend zu „kultivieren". (Vgl. dazu: Mobile Jugendarbeit Stuttgart 1991).

In den dargestellten vier Grundtypen aufsuchender Jugendarbeit wird deutlich, dass die Methode des Aufsuchens dabei jeweils sehr verschieden eingesetzt und entfaltet wird. Streetwork oder Straßensozialarbeit in einem

9 Mobile Jugendarbeit wir hier groß geschrieben, weil es hier speziell um das Stuttgarter bzw. baden-württembergische Konzept geht und dort diese Schreibweise verwandt wird.

engeren Sinne, nämlich so, dass sie *dauerhaft primär* an die „Lebensadern" des öffentlichen Raumes, an die Straßen und öffentlichen Plätze gebunden ist (und dazu eher nur funktional ergänzende Angebote erfolgen), ist für den problemorientierten Typus kennzeichnend, für die anderen drei aber nicht. Bei denen kann die Arbeit auch ganz anders aussehen. Insofern bin ich geneigt, mit Streetwork oder Straßensozialarbeit nur diesen ersten Typus zu bezeichnen. Denn bei den anderen Typen deckt der Begriff nur mehr oder weniger große Teilbereiche der Arbeit ab. Das gilt insbesondere dann, wenn man bei Definitionsversuchen nicht nur aus theoretischem Blickwinkel systematisch vorgeht, sondern auch die hinter ihnen stehenden Auseinandersetzungen und Grenzziehungen in der Praxis einbezieht.

1.5 Berücksichtigung schwieriger Start- und Arbeitsbedingungen

Schon dann, wenn Projekte aufsuchender Arbeit vorbereitet, geplant oder gegründet werden, tragen sie oft etliche ganz gravierende „Geburtsfehler" in sich, sei es, weil es nicht anders gewollt war, sei es, weil man sich nicht besser hat durchsetzen können, sei es, weil man (neben dem anfangs oft hochmotivierten Engagement in der Arbeit mit den Jugendlichen) nicht auch noch endlos um die Bedingungen dafür kämpfen konnte oder wollte, sei es, weil es dem Träger erst mal „nur" wichtig war, dass überhaupt etwas angeschoben wurde ... oder warum auch immer sonst. Die gravierendsten Defizite in der Gründungsphase sind typischerweise folgende:

- *Instabile und unzureichende Ausstattung*
  Ungemein verbreitet ist aufsuchende Arbeit als (offenes oder verstecktes) Billigmodell von Jugendarbeit, sind ungewisse Laufzeiten und Absicherungen, kurzzeitbegrenzte oder unverbindliche Ressourcenzusagen (sei es für Personal- oder Sachmittel, für Räume, Fahrzeuge, für kooperative Nutzungen, für Leistungen von Kooperationspartnern u.v.a.).
- *Prekäre Arbeitsbedingungen*
  Außerdem gibt es fast schon üblicherweise zeitlich befristete Teilzeit-Arbeitsverträge und Honorarverträge, ungesicherte Lohnzahlungen aufgrund verzögerter Haushaltsentscheidungen, Einzelarbeit oder jedenfalls keine kontinuierliche Arbeit in Teams, fehlende alltagsbegleitende Praxisberatung und Supervision u.v.a.
- *Widersprüche zwischen Auftrag und Ausstattung*
  Als typischer Widerspruch findet sich immer wieder der Auftrag, intensive Beziehungsarbeit zu Jugendlichen aufzubauen, an die sonst „längst keiner mehr ran kommt", obwohl der Arbeitsvertrag z.B. auf ein Jahr oder weniger begrenzt ist. Dabei ist fachlich unstrittig, dass Beziehungsarbeit, zumal „auf der Straße", viel Zeit braucht und langfristig verlässlich angelegt sein muss, weil Abbrüche begonnener Beziehungsarbeit die

Situation oft letztlich noch schlimmer machen – und Nachfolger dann kaum noch einmal solch eine Chance haben werden.

- *Fehlende Teampartner*
  Schon in der entsprechenden Empfehlung der Landesjugendämter von 1986 heißt es eindeutig: „Einzelkämpfer haben (...) keine Chance und werden in unverantwortlicher Weise überfordert." (siehe ausführlich Kapitel 6.3.1) Trotzdem scheint – zumindest in kleineren Orten – das Arbeiten im Team vielfach als unrealistischer Luxus zu gelten (während z.B. ein Polizist selbstverständlich nicht alleine in „kriminogene Zonen" geschickt wird).
- *Diffuser Mix konkurrierender Zielsetzungen*
  Oft, ja, zumeist zeigt sich ein weitgehend unbearbeitetes Nebeneinander von Erwartungen und Zielen der finanzgebenden Behörde, des Trägers, von öffentlichen Institutionen (wie Schule oder Polizei), von Wirtschaftsunternehmen (wie Wohnungsbaugesellschaften, Einkaufszentren oder Ausbildungsbetrieben), von medialer Öffentlichkeit, der nahräumlichen Öffentlichkeit und der Nachbarschaft, der Mitarbeiterinnen und Mitarbeiter und der Zielgruppe der Arbeit.
- *Reduzierung der Wahrnehmung der Zielgruppe auf deren anstoßerregenden Auffälligkeiten durch das Umfeld des Projektes*
  Menschen kriegt man aber (zum Glück übrigens!) kaum dazu, sich auf ihre anstößigen Auffälligkeiten reduzieren zu lassen. Und zweitens sind Auffälligkeiten immer – zumindest auch – ein Instrument zum Erreichen gesellschaftlicher Aufmerksamkeit und Teilhabe dort, wo man sie anderweitig nicht genügend zu erreichen meint.
- *Delegation von Konfliktbeteiligungsaufgaben im Gemeinwesen auf die Sozialarbeit*
  Erwartet wird damit einerseits, ein Problem „abgegeben" zu haben und damit „los" zu sein, und andererseits gleichzeitig, dass Sozialarbeit stellvertretend das schaffe, was einem selbst nicht gelungen ist: sich in einem Konflikt zu 100% durchzusetzen. Dabei ist Sozialarbeit oft selbst gar nicht in die jeweiligen Konflikte verstrickt, sondern von außen zur Hilfe geholt worden. Und sie kann von außen nur dann Konflikte moderieren und begleiten, wenn die Konfliktparteien zu entsprechenden *wechselseitigen* Bemühungen bereit sind.
- *Fehlende (realitätsbezogene) kurz-, mittel- und langfristig differenzierende (Ergebnis-)Zielvereinbarungen und Leistungsvereinbarungen zwischen Sozialarbeit und allen Involvierten*
  Stattdessen erleben wir immer wieder typische umstandslose Übertragung von eigenen Wunschvorstellungen und Idealvorstellungen als Forderungen an die Praxis.
- *Kompensation geringerer Qualifikationen und Erfahrungen von Mitarbeiterinnen und Mitarbeitern durch anfängliches außerordentliches Engagement*
  Viele innovative Projekte kämen ohne außerordentliches Engagement eigentlich (noch) nicht ausreichend Qualifizierter gar nicht zustande. Sol-

len sie längerfristig erfolgreich sein, sind aber alltagsnahe Praxisberatung und Weiterqualifizierung unverzichtbar – und nicht erst, wenn sie ausgebrannt sind.

- *Eigentlich ungewollte Projekte*
  Viel häufiger, als allgemein vermutet, werden Projekte aufsuchender Jugendarbeit gegründet oder initiiert, obwohl sie eigentlich gar nicht gewollt werden. Vor allem von Kommunen kann man das immer wieder erleben. Da geht es in Wirklichkeit z.B. darum, ein beschädigtes Image des Ortes zu verbessern – aber am liebsten so, dass das eigentliche Problemfeld mit seinem Nährboden in der Mitte der lokalen Gesellschaft gar nicht angerührt wird. Solchen „wasch mir den Pelz, aber mach mich nicht nass"-Projekten werden dann natürlich oft selbst minimalste Grundlagen an Projektausstattungen und Arbeitsbedingungen vorenthalten. Und eingestellt werden dann nicht selten sogar Fachkräfte, die *offensichtlich* unqualifiziert oder unterqualifiziert und/oder persönlich ungeeignet sind.

Aufsuchende Jugendarbeit ist zu sehr großen Teilen Arbeit ohne speziell ausgewiesenen Arbeitsplatz, also eine Arbeit, die zumindest teilweise jenseits professionsspezifisch definierter Eigenwelten stattfindet und für die daher auch keine Arbeitsbedingungen nach pädagogischen Vorstellungen organisiert und strukturiert werden können. Gleichwohl ist sie aber weder beliebig noch allein durch „die Straße" definiert, sondern Teil des gesellschaftlichen Angebots professioneller Jugendhilfe. Daraus resultieren vor allem folgende Paradoxien:

- *Paradoxe Anforderungen des Arbeitsplatzes „Straße"*
  Auf der Straße sind Jugendarbeiterinnen und Jugendarbeiter letztlich immer auf sich allein gestellte Eindringlinge – oder bestenfalls Gäste – in fremden Alltagswelten. Was sich dort abspielt und im Vordergrund steht, das entscheiden andere. Selbst geringen Einfluss darauf zu gewinnen, fällt oft schwer. Schon die Anwesenheit in solchen Welten ist von der Zustimmung oder dem Hinnehmen anderer abhängig. Damit pädagogisch professionell umgehen zu können, das verlangt ganz besondere berufliche Kompetenzen und persönliche Fähigkeiten.
- *Paradoxes Image von Streetworkern*
  Streetworker werden einerseits oft fast mit ihren „Schmuddelkindern" gleichgesetzt. Und in anderen Situationen werden sie bewundert wegen ihres Mutes und ihrer Fähigkeit, sich als Pioniere in bedrohlich wirkende fremde Welten zu wagen. Der Alltag verlangt immer wieder Spagate zwischen der Arbeit in der „Gosse" und einem adäquaten Auftreten auf öffentlichen Bühnen, in Gremien, auf Fachveranstaltungen, auf Kooperations- und Unterstützungsveranstaltungen oder in den Medien. Nicht selten sind sie dort als Experten oder Stars gefragt.
- *Paradoxe Auftragsinterpretation hinsichtlich Hilfe und Kontrolle*
  Zum Wesen Sozialer Arbeit gehört prinzipiell eine helfende und eine kontrollierende Seite. Und die Auseinandersetzung um das Verhältnis

dieser beiden Seiten zieht sich durch ihre gesamte Geschichte. Im Umgang mit extrem anstößigen Gruppen wird diese Auseinandersetzung natürlich oft besonders brisant und kontrovers. Und das bringt immer wieder Gefahren mit sich, dass Kontrollansprüche von außen so massiv (erlebt) werden, dass pädagogische Handlungsräume darüber schwinden.

- *Paradoxien zwischen Arbeitsauftrag und Ausstattung(sverlässlichkeit)* Vielfach werden Projekte aufsuchender Arbeit mit sehr instabilen und kurzfristig zugesagten Ressourcen angeschoben. Oder der Mittelzufluss erweist sich als sehr instabil und wenig kalkulierbar, vor allem wegen verspäteter Haushaltsentscheidungen, plötzlicher Kürzungen oder Mittelsperren, ausstehender vertraglicher Regelungen o.ä. Gleichzeitig wird aber ununterbrochene Weiterarbeit erwartet oder vorausgesetzt.
- *Einforderung ineffektiver Kooperationen und Vernetzungen* Gerade Sozialarbeit muss immer wieder mit Leuten kooperieren, die einen „Tunnelblick" haben und nur ihre eigene Institution und *deren* Aufgabenstellung sehen. Wo aber die Bereitschaft fehlt, *wechselseitig* den Eigensinn, die Eigenständigkeit und das je eigene Profil der Partner ernst zu nehmen und „auf Augenhöhe" miteinander zu kooperieren, oder wo Kooperation gar zum Abladen permanenter Vorwürfe und Forderungen verkommt, da nützt sie nicht, sondern belastet nur. Und Aufklärung, Appelle oder Kompetenzbeweise prallen da auch meist ab. Erst wenn Sozialarbeit unter solchen Bedingungen Weiterarbeit verweigert und anderswo tätig wird, spüren die mit dem Problem Zurückgelassenen vielleicht, was die bisherige Arbeit wert war.
- *Problemverschärfende Änderungen der Lebenslagen der Jugendlichen* Natürlich wird Jugendarbeit dann schwieriger und verschärfen sich typischerweise Problemlagen, wenn sich die Lebenslagen junger Menschen verschlechtern. Oft aber gehen solche Änderungen genau von denen aus, mit denen man eigentlich kooperiert. Dabei ist natürlich zu unterscheiden zwischen
  - Situationen, in denen vor Ort Ressourcen von der Jugendhilfe wegverteilt werden,
  - Situationen, in denen gezielt andere Wege zur Problembewältigung eingeschlagen werden (z.B. Vertreibungsversuche oder eine andere Polizeistrategie),
  - Situationen, in denen allgemeine Veränderungen in Gesellschaft und Gesellschaftspolitik durchschlagen (z.B. wachsende Arbeitslosigkeit oder aktuell die aktivierende Arbeitsmarktpolitik) oder
  - Situationen, in denen der Blick für die Relevanz von Veränderungen vor Ort fehlt (z.B. mögliche Folgen der Bebauung eines bislang von Randale-Jugendlichen genutzten Geländes).

Insgesamt ist aufsuchende Jugendarbeit als Feld mit meist besonders schwierigen und sensiblen Aufgabenstellungen besonders betroffen von der seit Jahren immer weiter auseinander klaffenden Schere zwischen wachsenden Erwartungen und Anforderungen an Jugendarbeit einerseits und immer schlechterer Ressourcenausstattung – zumal Entscheidungen über Ressourcenabbau sich oft wenig oder gar nicht an der Qualität der geleisteten Arbeit ausrichten, sondern an anderen Kriterien. Und wo es doch um Qualität geht, da wird bei aufsuchender Jugendarbeit meist viel weniger auf Leistungen der *Förderung* junger Menschen im Sinne des KJHG gesehen, als auf Leistungen der *Prävention* und der Förderung von Ordnung und Sicherheit im Sinne der Erwartungen von Erwachsenenwelten. All das führt dazu, dass gerade aufsuchende Jugendarbeit mit einer Strategie von Jugendpolitik konfrontiert ist, die man als (sachzwangorientierte) Quadratur des (auftragsdefinierten) Kreises der Jugendhilfe beschreiben kann:

Die Quadratur des Kreises als Strategie der Jugendpolitik

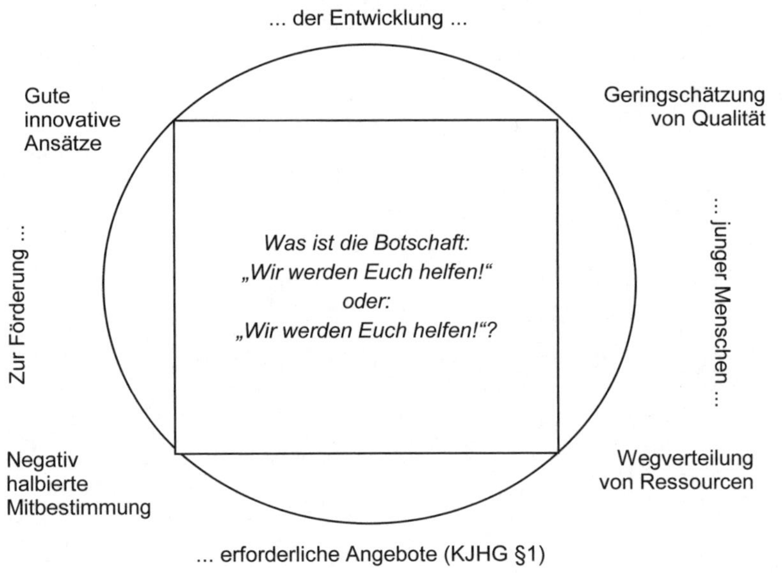

2. Aufsuchende Jugendarbeit als neues Feld der Jugendarbeit

2.1 Zur Kritik tradierter Leitbilder in der Jugendarbeit

Der Ruf nach aufsuchender Arbeit gilt seit mindestens Anfang der 90er Jahre als Kern oder als Spitze insgesamt sehr vielschichtiger und facettenreicher innovativer Bestrebungen in der Jugendarbeit. Ohne den aufsuchenden Aspekt kommt von diesen Bestrebungen, Konzepten und Ideen kaum etwas aus. Gerade das Umsetzen dieses Teiles innovativer Ansätze macht andererseits in der Praxis aber oft besondere Schwierigkeiten aus. Denn die dominanten Vorstellungen von Jugendarbeit sind bei Mitarbeiterinnen und Mitarbeitern, aber auch bei Trägern, in den Jugendämtern, unter Politikern und in der Öffentlichkeit noch weithin geprägt von jahrzehntelang gewachsenen Mustern, die sich um folgende drei Kernerwartungen drehen – und die jeweils eine davon in den Mittelpunkt stellen:

- junge Menschen in Jugendeinrichtungen zu holen (Einrichtungszentrierung),
- junge Menschen zu organisieren (Gruppenzentrierung),
- junge Menschen („sinnvoll") zu beschäftigen (Aktivitätenzentrierung).

Die Begriffe Einrichtungs-, Gruppen- und Aktivitäten*zentrierung* sollen dabei betonen, dass dort, wo diese Leitbilder gelten, das jeweilige Muster so zentral und so selbstverständlich ist, dass über dessen jeweilige Funktion dann gar nicht mehr reflektiert wird, sondern einen selbstverständlich gewordenen Rahmen für alles andere abgibt. Dass heißt umgekehrt natürlich, dass längst nicht jede Arbeit in Einrichtungen einrichtungszentriert ist, längst nicht jede Arbeit mit Gruppen gruppenzentrierten Leitbildern folgt und längst nicht jedes Aktivitätenangebot aus einem aktivitätenzentrierten Denken begründet wird.

Einrichtungszentrierung

Die *Einrichtungszentrierung* mit ihrer Erwartung, Kinder und Jugendliche von der Straße zu holen und von überall sonst, wo sie als störend gelten, stellt sicherlich das seit langem vorrangigste dieser drei Vorstellungsmuster dar, zumal es sich weitgehend parallel mit der seit Anfang der 70er Jahre breit erfolgten Professionalisierung von Jugendarbeit entfaltet hat. Ein entscheidender Funktionswechsel einrichtungsbezogener Angebote wird dabei allerdings meist übersehen: Waren offene Angebote in Jugendhäusern u.ä. seit ihren Anfängen nach 1945 zunächst meist vor allem Orte gewesen, an denen jungen Menschen ein Stück *Freiheit* von der damals noch relativ dichten sozialen Kontrolle des sozialen Umfeldes und der Familie in der „formierten Gesellschaft" Nachkriegsdeutschlands geboten wurde, wurden sie seit Ende der 70er Jahre immer mehr zu Restzonen und Auffangzonen in einer immer kinder- und jugendfeindlicheren Umwelt umdefiniert. Seinerzeit schlug eine gesellschaftliche Entwicklung durch, allmählich alle Territorien und Räume effektiver und funktionaler nutzen zu wollen und dazu möglichst überall monofunktionale Nutzungen durchzusetzen. Umgekehrt hieß das, immer mehr „Neben"-Nutzungen auszuschließen. Immer häufiger galt nun all das als störend oder funktionsgefährdend, was nicht ausdrücklich vorgesehen war: Die Straße war längst nur noch für den Verkehr, die Einkaufszone zur Kauf-Animation, Gewerbegrundstücke – von denen früher viele auch als informelle Spielorte genutzt werden konnten – waren nun genauso eingezäunt und abgesichert wie die Gärten der Eigenheime. Und in den Wohnsiedlungen durfte das Abstandsgrün genauso wenig betreten werden wie nebenan vielleicht die ökologische Schutzzone.

Die Aufgabe von Jugendeinrichtungen wird seither vielfach darauf konzentriert, junge Menschen von überall weg zu holen, wo sie stören – also letztlich eine Staubsaugerpädagogik zur Schaffung kinder- und jugendfreier Stadtteile zu praktizieren. Kinder- und Jugendliche sollen gefälligst in die Einrichtungen gehen (oder besser: verschwinden!), die speziell für sie geschaffen wurden. Oder noch deutlicher: Da es diese Einrichtungen doch für sie gebe, sollen sie gefälligst auch dorthin gehen – und sich nicht anderswo „herumtreiben". Das *Angebot* von Jugendeinrichtungen kippt damit ganz leicht um in eine Vorstellung, junge Menschen sollten sich gefälligst in ihrer Freizeit *nur* noch dort aufhalten, hätten, da es doch so eine schöne Einrichtung für sie gibt, anderswo „nichts mehr zu suchen". Jugendeinrichtungen werden damit umdefiniert zu Auffangzonen übergreifender Verdrängungsprozesse.[10]

Der vielfach gängige Begriff „Einzugsbereich" unterstreicht sprachlich zusätzlich, wie selbstverständlich das hier kritisierte Leitbild der staubsaugerpädagogischen Einrichtungszentrierung vielfach zugrundegelegt wird, ganz besonders in kommunalen Planungsprozessen. Hier wird meist mit größter Selbstverständlichkeit etwas als sinnvoll erachtet, was die gleichen Erwachsenen, die das betreiben, für sich selbst sicherlich mit höchster Empörung

---

10 Diese Kritik des Leitbildes einrichtungszentrierter Arbeit bedeutet freilich keinesfalls – das sei hier ausdrücklich betont – eine Infragestellung von offener Jugendarbeit, sondern die Problematisierung eines ganz *bestimmten* konzeptionellen Verständnisses von offener Jugendarbeit, um damit zu einer qualifizierten, und veränderten Lebensbedingungen angemesseneren Weiterentwicklung von offener Jugendarbeit beizutragen.

zurückweisen würden. Denn welcher Erwachsene wäre wohl bereit, tagtäglich seine freie Zeit mit Leuten zu verbringen, auf die man teilweise „überhaupt keine Lust hat", von denen man etliche vielleicht überhaupt nicht mag oder „überhaupt nicht ausstehen kann" – einfach nur, weil die zufällig gleich alt sind und in der gleichen Gegend, im gleichen Einzugsbereich wohnen. Jugendeinrichtungen sind dann nicht mehr Freiräume, sondern als Restzonen und Auffangräume gedacht. Trotzdem wundert man sich in Erwachsenenkreisen immer wieder, wieso eigentlich so viele junge Menschen „dieses tolle Angebot" nicht annehmen wollen, warum sich nicht viel mehr junge Menschen aus ihren unkontrollierten und selbstgestalteten Eigenwelten herauslocken und mit Betreuungs- und „sinnvollen" Beschäftigungsangeboten gerne einbinden lassen, und warum es nicht viel mehr junge Menschen toll und erstrebenswert finden, unter Aufsicht und Verantwortung von Erwachsenen auch noch große Teile ihrer Freizeit zu verbringen.[11] Denn so, wie es die Umwelt wünscht, klappt es eigentlich fast nirgendwo – allerdings zum Glück nicht!

Mit dem hier sehr plastisch beschriebenen Funktionswechsel von offener Jugendarbeit vollzog sich gleichzeitig auch ein Wechsel ihrer Zielgruppen. Auch wenn es nach 1945 anfangs vielfach anders gedacht und angegangen worden war, so waren entsprechende Einrichtungen doch spätestens seit 1953 fast ausschließlich in der Hand von mittelschichtorientierten Kindern und Jugendlichen. Sozial Benachteiligte und soziale Randgruppen fanden kaum Zugang. Bis hin zur Jugendzentrumsbewegung Anfang der 70er, die fast ausschließlich von mittelschicht- und bildungsorientierten Jugendlichen getragen wurde, blieb das mit wenigen Ausnahmen so. Solche Ausnahmen gab es vor allem seit den 60er Jahren z.B. als Rockerarbeit oder zum Anfang der 70er Jahre, geprägt von der Studentenbewegung, als (politisch motivierte) Randgruppenstrategie. – Innerhalb weniger Jahre hat sich dann aber die Zusammensetzung der Nutzer von Jugendeinrichtungen völlig gewandelt – zumindest in den Städten. Seit Ende der 70er Jahre sind in städtischen Jugendeinrichtungen typischerweise eher sozial benachteiligte Schichten anzutreffen, unter denen in den Mittel- und Großstädten längst fast überall Kinder und Jugendliche aus Zuwanderungsmilieus dominieren.

Erst eine Überwindung bislang sehr verbreiteter Vorstellungen von Einrichtungszentrierung eröffnet Chancen, heutigen Anforderungen an Jugendarbeit gezielter gerecht werden zu können, während das Verharren in tradierten Vorstellungen immer wieder das produziert, was dann als Krise von Jugendarbeit beschrieben wird. Die Kritik des Leitbildes einrichtungs-

11 Schon in den Anfängen der Jugendpflege nach 1900 und mit der Einführung der allgemeinen Berufsschulpflicht 1908 war es primär darum gegangen, für (zunächst nur männliche) proletarische Jugendliche die Kontrolllücke zwischen dem Ende der Volksschulpflicht mit 14 und der mit 18 beginnenden 3-jährigen Wehrpflicht zu schließen. (Wer dagegen als Kind aus bürgerlichem Hause an einer Realschule oder an einem Gymnasium das „Einjährige" erworben hatte, brauchte nur für ein Jahr dem Vaterland zu dienen; und der durfte während dieser Zeit auch nicht körperlich gezüchtigt werden.)

zentrierter Arbeit bedeutet also keinesfalls – das sei hier ausdrücklich betont – eine Infragestellung von Einrichtungen offener Jugendarbeit, sondern im Gegenteil ein Plädoyer für eine bessere und leistungsfähigere offene Jugendarbeit in Jugendeinrichtungen – in enger Verzahnung mit hinausreichender und mit aufsuchender Arbeit. Im Mittelpunkt steht dabei, sich lebensweltorientiert in die heutigen Bedingungen des Aufwachsens einzubringen und jungen Menschen nicht zuletzt als Stützpunkte zur Aneignung von Lebenswelten und zur Förderung ihrer jugendkulturell getragenen personalen Entfaltung zu dienen.

Gruppenzentrierung

Die *Gruppenzentrierung*, also das Ziel, junge Menschen in relativ festen und kontinuierlichen, wie Hermann Giesecke einst formulierte, „intimen“ Zusammenhängen zu organisieren, das galt als zentrale Grundlage der Jugendarbeit von ihren Anfängen bis jedenfalls in die Modernisierungsphase der späten 60er Jahre – ob man an den Wandervogel denkt oder an die Pfadfinder, an die Jugendpflege oder die Jugendverbände. Die Gruppe war erst einmal das Entscheidende! Was man dort machte und wo – das fand sich dann. Bis heute hat sich teilweise daraus eine Vorstellung erhalten, man müsse junge Menschen erst zu (stabilen und verlässlichen) Gruppen zusammen bringen, ehe man überhaupt „richtig und gut anfangen könne“. Und wenn dem heute oft nicht mehr solch ein Gewicht beigemessen wird, dann letztlich bei vielen wohl primär deshalb, weil die Bereitschaft von jungen Menschen seit Jahrzehnten rapide gesunken ist, sich stabil und dauerhaft Gruppen anzuschließen – und nicht etwa, weil man davon ausgeht, das Leitbild habe sich überholt und passe nicht mehr in unsere Zeit.

Leitbild Gruppenarbeit

Die „Gruppe“ als Gemeinschaft Gleichaltriger kann durchaus als eine, ja als *die* Erfindung der bürgerlichen Jugendbewegung zu Beginn des letzten Jahrhunderts bezeichnet werden. Die Jugendgruppen der frühen Jugendbewegungen waren damals von dem Versuch getragen, sich in einer Lebenswelt, in der die inneren und äußeren sozialen Zusammenhänge immer brüchiger, „morscher und hohler“ wurden, weil sich materialistisches Handeln und Konkurrenz immer mehr durchsetzten, selbst eine umfassende Gemeinschaft schaffen zu wollen, eine Gemeinschaft mit Natürlichkeit und Verantwortungsbereitschaft, mit Streben nach Echtheit, Wahrhaftigkeit und Innerlichkeit. Diese Jugendgruppe als Gemeinschaft trug sich durch ein ihr eigentümliches Wechselverhältnis von Einordnung und gemeinsamer Selbstentfaltung. In diesem sozialgeschichtlichen Kontext brauchte Gemeinschaft kein konkreteres Ziel zu haben, sondern konnte selbst Gegenstand von Selbstverwirklichung sein, die sich in eigenen jugendgemäßen Lebensbereichen – zunächst damals vor allem beim Wandern – zu realisieren suchte (vgl. Krafeld 1984, S. 34ff.).

Inzwischen haben aber die technisch-funktionellen Aufsplitterungen aller räumlichen, sozialen und materiellen Lebenszusammenhänge längst ein solches

> Ausmaß erreicht, dass sie eine ungeheure Ausprägung von Individualisierung und Vereinzelung produzieren. Etliche soziale Kompetenzen zu Gemeinschaftsbildung haben sich damit überlebt, sind so nicht mehr vorhanden. Träume von „natürlichen", verlässlichen, ja im Ideal unauflöslichen Gemeinschaften mag es auch heute noch geben Aber die Schere zwischen Wünschen und Sehnsüchten nach Gemeinschaft und dem Streben nach individueller Entfaltung und Selbstverwirklichung ist immer größer geworden. Selbst viele Familien, in manchen Bevölkerungsschichten längst die Mehrzahl von Familien, bleiben heute nicht mehr zusammen, „bis dass der Tod uns scheidet". Die bei der Bewältigung des Lebensalltags heute oft unverzichtbaren Fähigkeiten zu individuellem, konkurrenzhaftem oder egoistischem, „Sonder"-Interessen verfolgendem Verhalten, außerdem der wachsende Zwang, flexibel und mobil zu sein und sich immer wieder auf Neues einzustellen, lassen längst übergreifende, lebensorientierende freiwillige Gruppeneinbindungen immer schwerer zu. In dieser Gesellschaft haben sich vielmehr längst Lebensverhältnisse entwickelt, die die Menschen immer unfähiger werden lassen, sich stabiler und längerfristiger umfassend in soziale Gefüge einzubinden und dort einzurichten, sich dort also auch in umfassenderem Sinne zu engagieren. Wir sind es inzwischen immer mehr gewohnt, danach zu gucken: Was nützt uns dies oder jenes im Moment? Und dann finden wir für uns dort im Moment die eine Aktivität besonders attraktiv und wichtig, die andere von einem anderen „Anbieter" und wieder eine andere von einem dritten „Anbieter". Und wer sich dem entziehen wollte, liefe Gefahr, sich nicht ausreichend offen auf die Veränderungen des Lebens einzulassen und damit wesentliche Chancen zur eigenen Lebensentfaltung zu verpassen. (Vgl. Krafeld 1991, S. 430f.)

Die Jugendbewegung hatte einstmals mit ihren Leitbildern und Handlungsmustern jahrzehntelang die Selbstverständnisse von Jugendpflege und Jugendarbeit, ja, weithin der Pädagogik in Deutschland insgesamt bestimmt. Erst in den 60er Jahren änderte sich das. Das Verständnis, sinnvolle und wirksame Jugendarbeit lasse sich letztlich nur in stabiler und kontinuierlicher Gruppenarbeit realisieren – alles andere sei letztlich bestenfalls notwendige Ersatz-, Vorfeld- oder Ergänzungsarbeit – hat sich aber auch seither noch oft gehalten. Unstrukturierte Jugendcliquen erscheinen nach solchen Verständnissen dann auch heute vielfach noch bestenfalls als amorphes Rohmaterial pädagogischer Organisierungsarbeit, die aufgelöst, umgekrempelt, aus denen Jugendliche „herausgeholt" oder „herausgebrochen" werden sollen (so bis heute gängige Formulierungen von Jugendarbeit im Umgang mit sozial auffälligen Cliquen). Als Ziel pädagogischer Bemühungen – nicht nur in verbandlicher, sondern weithin auch in offener Jugendarbeit – gilt vielfach bis in jüngster Zeit eine „Erfassung" Jugendlicher in solchen Gruppen, die nach pädagogischen Kriterien konstituiert sind.[12] Hermann Giesecke zieht aus all dem in seinem Standardwerk „Die Jugendarbeit" (1971/1980) den Schluss:

12 Manche in diesem Zusammenhang gebräuchlichen und hier zitierten Begriffe machen übrigens die tatsächliche Zielrichtung solcher pädagogischen Bestrebungen in direkt entlarvender Weise deutlich.

„Die Geschichte der Jugendarbeit kann als ein Versuch gedeutet werden, das jugendliche Bedürfnis nach der Gleichaltrigen-Gruppe zu manipulieren und zu instrumentalisieren – von außen unter „Ziele“ zu setzen, die in der Gruppe „umgesetzt“ werden sollen.“ (Giesecke 1980, S. 166)

Das Festhalten an dem sozialgeschichtlich längst überholten pädagogischen Leitbild „Gruppenarbeit“ verhindert also nicht selten bis heute, die selbstgeschaffenen sozialen Organisationsmuster von Jugendlichen in ihren Cliquen und Szenen mit ihrem – im Vergleich zu früher – immens gewachsenen Bedeutungsgehalt tatsächlich wahrzunehmen und ernst zu nehmen. Es verhindert gleichzeitig eine Offenheit für eine jeweils *mit* Jugendlichen gemeinsam erfolgende Entwicklung und Entfaltung jugendarbeiterischen Handelns, bei der all das, was den Jugendlichen wichtig ist, als biographische Grundlage von Jugendarbeit mit realitätsverarbeitenden *Subjekten* gilt – seien es ihre Organisationsformen in ihren Cliquen, ihr Umgang mit Zeitstrukturen, mit Raumaneignungs- und Raumnutzungsverhalten, mit ihren Orientierungsmustern und Leitbildern, mit ihren Handlungsmustern, Kommunikationsformen, Ausdrucksstilen und Ritualen.

Aktivitätenzentrierung

Aktivitätenzentrierung hat sich in der Jugendarbeit zu einem Großteil immer wieder erst als Reaktion auf misslungene gruppenzentrierte Angebote entwickelt. Zwar gab es immer schon das Angebot spezifischer, teils auch besonders anspruchsvoller Aktivitäten in der Jugendarbeit. Aber nicht daran ist hier gedacht, sondern an Aktivitäten, mit denen solche jungen Menschen angesprochen und kontinuierlicher angebunden werden sollen, die sonst gar nicht oder kaum erreicht wurden oder die sich bislang nicht zu kontinuierlicher Teilnahme bereit fanden. In großem Maß stand genau das hinter dem Boom an Projekt- und Aktionsgruppen, wie sie von vielen Seiten in den 70er Jahren angeboten wurden, als schon die Angst vor „Jugendverbänden ohne Jugend“ (Fiege 1981) herumging und als auch die jugendzentrumsbewegte Lebendigkeit oft mit der Schaffung von Einrichtungen schnell entschwunden zu sein schien. Seinerzeit entstanden immer mehr spezialisierte Angebote, vor allem im Bereich der kulturellen Arbeit. In den Jugendfreizeiteinrichtungen, den Jugendzentren, Häusern der Offenen Tür u.ä. gab es geradezu Wellen favorisierter Angebote. Immer dann, wenn Bemühungen mit einer Welle offensichtlich gescheitert waren, schloss sich eine neue an, mit der man Jugendliche besser erreichen wollte: Es ging los mit einer Welle politisch motivierter Angebote. Der schloss sich Anfang der 80er eine Welle kreativer Angebote an, dann ein Boom von Mädchengruppenangeboten und wiederum etwas später eine erlebnispädagogische Angebotswelle. Und im Verbandsbereich suchten Fachverbände sich mit immer ausdiffenzierteren Angebotspaletten neue Zielgruppen zu erschließen. Teilweise wurden dabei dann auch Grenzen zu halbkommerziellen und kommerziellen Angeboten überschritten (besonders deutlich z.B. im Bereich der Erholungs- und Ferienangebote).

Die *Aktivitätenzentrierung* hatte und hat in der Jugendarbeit seit je her damit zu kämpfen, dass diese von der Außenwelt selten von der Sache her wichtig genommen werden. Dem Erwachsenenumfeld, der Politik und den Medien beispielsweise ist meist erst einmal nur wichtig, dass die jungen Menschen „nicht nur rumhängen und vor Langeweile auf dumme Gedanken kommen", und dass dazu Betreuer für sie da sind und „was Sinnvolles" mit ihnen machen. Da der „Sinn" der Angebote dann aber eigentlich nur in der Vermeidung negativ bewerteten Verhaltens gesehen wird, interessiert dessen möglicher „Eigensinn" für die Jugendlichen dann kaum oder gar nicht. Wichtig erscheint dann nur die Frage, ob und wie man die jeweiligen Jugendlichen dazu kriegen kann, bei dem mit zu machen, was angeboten wird. Aus solch einem Blickwinkel erschien dann auch vielfach die *Qualität* der Angebote als irrelevant. Gefragt war vielmehr eine pädagogische Motivations-Kompetenz, Jugendliche zu (oft wenig attraktiven und qualifizierten) Angeboten von dafür zu wenig qualifizierten und spezialisierten Allround-Dilettanten bewegen zu können. Und wo es andererseits hochwertige, qualifizierte Angebote gab und gibt, da stehen sie fast unausweichlich unter einem stigmatisierenden Geruch pädagogischer Käseglockenangebote – die beispielsweise selbst die bestausgestattetste Jugendzentrumsdisco gegenüber der benachbarten kommerziellen Disco fast unausweichlich als fade und unattraktiv erscheinen lässt.

Das Scheitern tradierter Vorstellungen von Aktivitäten- und Programmangeboten hat in der offenen Jugendarbeit immer wieder Mitarbeiterinnen und Mitarbeiter dazu veranlasst, weitgehend oder sogar ganz auf Aktivitätenangebote zu verzichten – oder nur noch dann etwas anzubieten und zu organisieren, wenn Kinder oder Jugendliche ganz konkret entsprechende Bedürfnisse und Wünsche eingebracht haben, die im Rahmen eigener Möglichkeiten liegen. Solch eine Schlussfolgerung ist aber meist viel zu kurzschlüssig, weil damit nur darauf reagiert wird, dass bestimmte oder dass unpersönliche, sozial nicht eingebundene Aktivitätenangebote immer weniger ankommen, zumal unsere Konsumwelt solche Angebote überreichlich und oft auch qualitativ besser anderswo anbietet. Was junge Menschen dagegen suchen und was in der Jugendarbeit immer wichtiger wird, das sind ausdrücklich sozial getragene oder eingebundene Angebote. Und da für die meisten jungen Menschen nichts in ihrer Freizeit so wichtig ist wie ihre jugendkulturelle Entfaltung, sind entsprechende soziale Zusammenhänge in ihren Cliquen und Szenen dabei auch entscheidend. Entsprechende szeneorientierte Angebote haben denn auch vielerorts längst eine zentrale Bedeutung in der offenen Jugendarbeit wie in der aufsuchenden Jugendarbeit bekommen. Auf den ersten Blick fällt die Bedeutung szenetypischer Aktivitätenangebote wohl am ehesten bei denen ins Auge, die sich besonders über bestimmte Aktivitäten definieren, wie Skater-Szenen oder Graffiti-Szenen etwa oder mancherorts Streetballer. Oder man denkt zunächst an die immense Bedeutung von Musik in Jugendszenen – mit allem, was damit jeweils zusammenhängt. Überall und immer wieder geht es darum, dass junge Menschen in ihren jugendkulturellen Entfaltungsprozessen nach Unterstützung, Anregung, Kooperation usw. suchen. Was dann dabei herauskommt oder herauskommen kann, das sind nicht von pädagogischer Seite fertig ausgearbeitete Angebote oder Programme, sondern Aktivitäten, die so nur kooperativ mit ganz konkreten Personen entstehen konnten, die sich aufeinander und auf gemeinsame Prozesse eingelassen haben. Solche Aktivitäten sind in ganz hohem Maße von konkreten sozialen Beziehungen abhängig, sind also – aus professioneller Sicht – ohne ein Fundament sozialer Beziehungsarbeit meist gar nicht denkbar. Und je mehr für bestimmte Aktivitäten spezielle Kompetenzen gefragt sind, um so wichtiger werden zusätzlich auch die sozialen Netze, die beide Seiten, junge Menschen oder Jugendarbeiterinnen und Jugendarbeiter, mit einbringen können – also z.B., Kontakte zu interessanten Fachleuten zu vermitteln und zu begleiten, etwa zu musikalischen, zu sportlichen oder zu erlebnispädagogischen Fachleuten.

2.2 Offene Jugendarbeit in ihrem Verhältnis zu aufsuchender Arbeit

Wie kommunizierende Röhren scheint vielfach das Verhältnis von offener Jugendarbeit und aufsuchender Jugendarbeit zu sein. Je weniger offene Jugendarbeit auffällige, Anstoß erregende Jugendliche erreicht und einbindet (wie es oft formuliert wird), umso eher wird nach aufsuchender Jugendarbeit gerufen. Offen bleibt aber vielfach, ob dann aufsuchende Jugendarbeit als *Ergänzung* von offener Jugendarbeit gesehen wird (die beide nebeneinander ihren Sinn hätten), oder ob man dann ein Versagen offener Jugendarbeit unterstellt. Beide Deutungen stehen oft eng vermischt miteinander im Raum. Nicht zuletzt das macht es notwendig, sich im Zusammenhang mit aufsuchender Jugendarbeit auch intensiver mit offener Jugendarbeit und deren Entwicklung zu befassen.

2.2.1 Spezifische Stärken offener Jugendarbeit

Seit es offene Jugendarbeit gibt, gibt es die Krise der offenen Jugendarbeit, jedenfalls aber entsprechendes Krisengerede. Manche sehen darin inzwischen gar ein unverlierbares Kennzeichen von offener Jugendarbeit, nicht zuletzt deshalb, weil offene Jugendarbeit immer Erwartungen von außen ausgesetzt ist, die weit jenseits ihrer Leistungsmöglichkeiten liegen. Denn während gerade in diesem Bereich von Jugendarbeit die fördernden und unterstützenden Zielsetzungen im Sinne der Entwicklung von Kindern und Jugendlichen eigentlich fast immer relativ diffus blieben und bleiben, dominierten und dominieren Erwartungen der Problembekämpfung und der Prävention im Sinne der Erwachsenenumwelt. Den ab Ende der 60er Jahre teils vehement betriebenen Versuch, die Jugendarbeit mit ihrem konventionellen Geflecht jugendpflegerischer Aufgaben zu öffnen für eine emanzipatorisch gedachte außerschulische Jugendbildung, ist in der offenen Jugendarbeit (abgesehen von Zeiten der selbstorganisierten Jugendzentrumsbewegung der 70er Jahre) eigentlich nie recht angekommen – oder in Nischen freier Träger (mit Angeboten speziell für ihnen nahestehenden Milieus) abgeschirmt gehütet worden.

Statt an dieser Stelle ein neuerliches Mal danach zu fragen, was offene Jugendarbeit eigentlich leisten *soll* und leisten *kann*, um darüber ihr Profil zu entwerfen, soll hier deshalb einer umgekehrten Blickrichtung gefolgt werden, nämlich dem Blick auf ihre *spezifischen* Stärken:

Stärken offener Jugendarbeit

- *Besondere Ausrichtung auf Menschen mit vergleichsweise geringen Möglichkeiten zu persönlicher Entfaltung und gesellschaftlicher Teilhabe*
  (Gegen die fortschreitende Reduzierung derartiger Menschen auf Benachteiligungen können hier gerade solchen Menschen Basisvoraussetzungen zu Entfaltung und Teilhabe geboten werden.)
- *Subjektorientierung und professionelle Beziehungsarbeit im Mittelpunkt*
  (Das kann sich kein kommerzieller „Konkurrent" leisten. Und das geht auch längst nicht so gut, wenn unbedingt Programme „durchgezogen" werden müssen.)
- *vergleichsweise kaum verregelte Räume*
  (Keinerlei speziellen Zuschreibungen von Aufgaben, Funktionen und Zielsetzungen in der Raumnutzung. Das ist in einer Welt fast ausschließlich funktionalisierter Räume kaum zu überschätzen.)
- *Stützpunkte zur (Wieder-)aneignung und Veränderung von Umwelt*
  (Für die (Wieder-)aneignung einer Umwelt, in der man immer schneller als Störenfried gilt und entsprechenden Verdrängungsversuchen ausgesetzt ist, wird das immer wichtiger).
- *subjektorientierte Förderung jugendkultureller Entfaltung*
  (Ohne Festlegung auf bestimmte Kulturen oder Förderungsmuster – sondern sehr offen für alles, was eingebracht und mitgebracht wird.)
- *Förderung sozialer Netzwerkbildungen von Kindern und Jugendlichen*
  (Besonders niedrigschwellige Möglichkeiten, verschiedenste Kontakte zu knüpfen und zu pflegen, „die einem mal nützen können" und einen weniger vereinzelt sein lassen.)
- *gemeinwesenorientierte Konfliktmediation*
  (Angebot, in Konflikten zu beraten und deren Bewältigung zu moderieren, und zwar auch im sozialräumlichen Umfeld, in dem längst immer weniger Konfliktbewältigungsmuster unterhalb der Schwelle des Anrufens staatlicher Gewaltinstanzen verfügbar zu sein scheinen).

Statt sich auf diese mehr oder weniger konkurrenzlosen Stärken offener Jugendarbeit zu konzentrieren, ist offene Jugendarbeit in der Praxis allerdings immer wieder vollauf damit beschäftigt, über das zu klagen, was sie *nicht* kann, wo sie nicht mithalten kann oder was ihr fehlt für erfolgreiche Arbeit.

2.2.2 Wege zur Stärkung offener Jugendarbeit

Wenn man sich die Landschaft der Praxis offener Jugendarbeit ansieht, dann reicht es freilich nicht, auf jene Chancen und Möglichkeiten hinzuweisen, die in einer gezielten Konzentration auf ihre besonderen Stärken lägen. Deshalb sollen im Folgenden Wege skizziert werden, die auch *tatsächlich* zu einer entsprechenden Stärkung offener Jugendarbeit verhelfen können:

Wege zur Stärkung offener Jugendarbeit

- die Entwicklung *unterschiedlicher* Aktivitätenprofile einzelner Einrichtungen,
- der Abschied von Pauschalangeboten als gängiger Angebotsform,
- die *Entkoppelung* von Raum- und Personalangeboten (besonders bei kleinräumlichen Angeboten),
- die Förderung von Raumaneignung im territorialen Sinne,
- die Entwicklung geschlechts- und herkunftsdifferenzierender Ansätze,
- die Entwicklung hinausreichender und aufsuchender Anteile,
- die Einmischung in Lebenswelten Jugendlicher, insbesondere
  - als Experten für Jugendliche und deren Lebenslagen,
  - zur Konfliktberatung und Konfliktmediation,
- die Vernetzung mit anderen Angeboten der Jugendhilfe, insbesondere mit der Jugendberufshilfe,
- die Vernetzung „auf Augenhöhe" mit anderen Stellen, die mit den gleichen Jugendlichen zu tun haben (bei Verweigerung von Instrumentalisierung durch diese),
- die Entbürokratisierung von Organisation und Verwaltung und die betriebswirtschaftliche Effektivierung,
- die Optimierung des Ressourceneinsatzes durch Einwerbung unterstützender Ressourcen aus dem sozialräumlichen Umfeld,
- Die Einforderung angemessener Gegenleistungen bei Leistungen zugunsten *nicht* Anspruchsberechtigter der Jugendhilfe (und anspruchsberechtigt sind in der Regel nur junge Menschen),
- der Einsatz qualifizierten Personals in *allen* Tätigkeitsbereichen, von Programmangeboten bis zur Verwaltung und Technik,
- die Selbstevaluierung der eigenen Arbeit.

Eine Stärkung offener Jugendarbeit setzt allerdings die Bereitschaft und Offenheit voraus, sich auch oder gerade mit dem auseinander zu setzen, was vielen in der offenen Jugendarbeit als selbstverständlich erscheint, oft als so selbstverständlich, dass „man darüber doch nun wirklich nicht reden muss, weil das doch wohl wirklich klar ist". Solche geradezu zu Ideologien gewordene Auffassungen sind insbesondere:

- Wer kommt, ist Zielgruppe!
- Wer oft kommt, ist Kerngruppe!
- Wer kommt, will und braucht Pauschalangebote (Raumnutzung + Gerätenutzung + Beziehungsarbeit + Programmangebote + Aufsicht + Verantwortungsübernahme durch Erwachsene.....)!

- Das Haus ist für *alle* da!
- Die Jugendlichen kommen, weil sie Probleme haben!
- Die Jugendlichen finden durch uns Kontakte und in Gruppen zusammen!
- Es ist besser, die Jugendlichen kommen zu uns, als dass sie sich sonst irgendwo herum treiben!
- Draußen lauert die Gefahr – und die Gefährdung!
- Wer nicht mehr her kommt, ist für uns verloren!
- Was wir gegenwärtig leisten, muss alles fortbestehen, ist alles – gleichermaßen – wichtig!
- Wenn viele kommen, ist die Arbeit gut!
- Wenn die Jugendlichen Vertrauen zu uns haben, ist die Arbeit sehr gut!

2.2.3 Prioritäten offener Jugendarbeit heute

Offene Jugendarbeit als vergleichsweise wenig strukturiertes Feld Sozialer Arbeit hat in der Praxis immer wieder besondere Schwierigkeiten damit, klare Prioritäten zu setzen und das eigene Engagement entsprechend auszurichten. Viel üblicher ist es, sich einem schier endlosen Feld von Aufgaben, Ansprüchen und Erwartungen gegenüber zu sehen, sich dadurch notorisch überlastet und überfordert zu fühlen – und das meiste dann im Endeffekt tatsächlich nicht einmal halbwegs vernünftig und zufriedenstellend leisten zu können. Deshalb darf keine Diskussion über neue, bislang unbeachtete Anforderungen in der Arbeit auskommen ohne die Frage, was dann demgegenüber andererseits *unwichtiger* oder eher *verzichtbar* wird (oder werden muss). Dass das nicht gehe, erweist sich immer wieder als falsch. Man denke nur daran, wie leicht sich demotivierte oder ausgebrannte Kräfte in einem Bereich wie der Jugendarbeit dafür entscheiden können, ihre Priorität so zu setzen, nur noch möglichst wenig zu tun, ohne ihre Anstellung zu gefährden. Wenn das geht, dann muss es doch erst recht für engagierte Kräfte möglich sein, an der einen Stelle Zeit und Kraft einzusparen, um sie anderswo sinnvoller einzusetzen.

Worauf in der offenen Jugendarbeit inzwischen mehr Gewicht zu legen ist und was demgegenüber an Bedeutung und Gewicht verloren hat, das versucht folgende Gegenüberstellung zusammenzufassen:

Was ist Innovation in der Offenen Jugendarbeit heute?

Wichtig ist heute:	Wichtig ist dagegen nicht (mehr):
1. selbstgeschaffene soziale Beziehungen und soziale Netze fördern (Beziehungsarbeit, Cliquenorientierung, Sozialraumorientierung), 2. Jugendliche dabei unterstützen, mit ihrem *Leben* besser zurecht zu kommen, 3. Begleitung, Beratung und Unterstützung bei der Entfaltung *eigener* Lebenswege anbieten, 4. Jugendliche darin unterstützen, dass sie als junge Menschen Raum/Platz in der Gesellschaft finden und an ihr teilhaben, 5. sich in den Alltag der Kinder und Jugendlichen unterstützend einmischen durch – Begleitung und Beratung Jugendlicher in ihren Alltagswelten, – hinausreichende und aufsuchende Anteile, – Aktivierung des sozialen Umfeldes, – Förderung jugendkultureller Entfaltungen und Aktivitäten, – Konflikt*beratung* und *-begleitung*, – Entkoppelung von personalen, räumlichen und sachlichen Angeboten, – Leistungsvereinbarungen mit Finanziers und Nutznießern.	1. durch Programme oder durch Gruppenbildungen die Basis für Jugendarbeit legen zu wollen, 2. Jugendliche darin unterstützen, ihre Freizeit „sinnvoll" zu gestalten, 3. hinführen zu bewährten Lebenswegen und bewahren vor Abwegen, 4. Jugendliche mit einer „Staubsaugerpädagogik" überall dort wegholen, wo sie stören (oder wo man sie gefährdet sieht), 5. einen Schonraum oder Freiraum fern von Erwachsenenkontrolle anbieten und – sich dann nur für das Leben in der Einrichtung zuständig fühlen, – sich auf pädagogische Eigenwelten beschränken, – sich als Korrektiv zur schlechten Außenwelt sehen, – pädagogisch wertvolle Aktivitäten anbieten, – Konflikte stellvertretend lösen wollen, – Pauschalangebote von Räumen mit Programm und Betreuung favorisieren, – es allen, den Jugendlichen, dem Träger, den Behörden und der Öffentlichkeit recht machen wollen.

Innovative Bestrebungen in der Jugendarbeit sind natürlich – wie anderswo auch – nicht möglich, ohne in Konflikt zu geraten mit manchen herkömmlichen Vorstellungen über die zentralen Aufgaben von Jugendarbeit. Solche Konflikte lassen sich nur erfolgversprechend angehen, wenn man sich erst einmal selbst klare Vorstellungen verschafft. Das allzu verbreitete additive Auflisten von all dem, was „auch wichtig" ist und was „auch dazu gehört", demonstriert aber immer wieder *fehlende* Differenzierungen, Prioritätensetzungen, Entscheidungen und Abgrenzungen.

Letztlich lässt sich die Debatte um die zentralen Aufgaben der Jugendarbeit in der heutigen Zeit auf zwei Stränge hin konzentrieren – wobei die Praxis meist mehr oder weniger deutlich *zwischen* den beiden polarisierten Strängen angesiedelt ist. Der linke Strang gibt dabei den Anspruch des KJHG wieder, der rechte den Strang der in der Gesellschaft gegenwärtig vorherrschenden, ja, die Diskussion oft fast völlig prägenden Erwartungen von außen:

Was ist die zentrale Aufgabe der Jugendarbeit?

⇐ oder ⇒

Angebote zur Förderung der Entwicklung junger Menschen (§1KJHG)	Präventiver Schutz der Gesellschaft vor einer Jugend mit immer ungewisseren Zukunftsaussichten
⇓	⇓
gilt für alle gleichermaßen, *auch* für anstößige Jugendliche	zielt *primär* auf anstößige und entsprechend gefährdete Jugendliche
⇓	⇓
der Lebensbewältigungsprozess der Jugendlichen zeigt *langfristig*, ob die Arbeit gut war	Erwachsene entscheiden in *ihrem* Zeitrahmen, ob die Arbeit gut ist
⇓	⇓
Gefahr: Ausgrenzung von anstößigen Jugendlichen	Gefahr: Belohnung von Anstößigkeit Jugendlicher

Und wer hat welche Definitionsmacht, was davon wie zu definieren?

Die am Ende der beiden Stränge genannte zentrale Gefahr ist in der Praxis – wie jeder weiß – sehr real. Wo Jugendarbeit für alle da sein soll, da wird in der Praxis oft um die schwierigsten von ihnen ein großer Bogen gemacht. Und wo es umgekehrt primär um Ordnungs- und Sicherheitsinteressen geht, da gilt oft als geheimer Lehrplan für junge Menschen: „Ohne Randale findest du keine Beachtung! Und ohne Randale erreichst du nichts!“ Vor allem manch spektakuläre Projekte und Aktivitäten mit gewaltauffälligen Jugendlichen haben derartige Eindrücke genährt.

2.3 Das spezifische Profil aufsuchender Jugendarbeit

Gerade angesichts der Fülle von Vorstellungen und Erwartungen, mit denen aufsuchende Jugendarbeit konfrontiert ist, und erst recht angesichts der vielen Gegensätze, Widersprüche und Bedeutungsdifferenzen, die sich in Auseinandersetzungen um aufsuchende Jugendarbeit zeigen, ist es für alle entsprechenden Projekte ungeheuer wichtig, möglichst vom Start weg ein eindeutiges und klares Profil der eigenen Arbeit zu definieren. Dieses muss jeweils konkret auf die eigenen Ziele und Bedingungen ausgerichtet sein. Im Unterschied dazu – aber als konkrete Hilfe für die Praxis – soll im Folgenden versucht werden, eine für die aufsuchende Jugendarbeit *insgesamt* zutreffende Profilbeschreibung zu entwerfen:

1. Grundlegendes Selbstverständnis

- Aufsuchende Arbeit als alltagskonkret werdende Lebensweltorientierung, die in den Lebenswelten den zentralen Ort subjektgeleiteter Entfaltung und produktiver Realitätsverarbeitung junger Menschen sieht *(und die pädagogisch definierten Einrichtungen unterstützende, ergänzende und effektivierende Funktion zuschreibt),*
- Produktive Verbindung von personenbezogenen Angeboten und Einmischungen in die Bedingungen des Aufwachsens,
- Förderung und Begleitung junger Menschen in deren Streben
  - nach eigener Entfaltung und
  - nach gesellschaftlicher Teilhabe,
  - und zwar auf der Basis unveräußerlicher Menschenrechte für alle,
- Förderung der Aneignung von Umwelt als unverzichtbarem Bestandteil der Entwicklung junger Menschen,
- Besondere Konzentration auf diejenigen jungen Menschen, die durch stationäre Angebote nicht (oder nicht mehr) ausreichend erreicht werden *(wobei Konzentration eine Priorität meint, keine Ausschließlichkeit!),*
- Klare Ausrichtung auf die grundlegenden Ziele der Jugendhilfe statt Inpflichtnahme für andere Zielsetzungen.

2. Grundlegendes Handlungsprofil

2.1 Angebotsspezifisches Handlungsprofil:

- Geh-Struktur entfalten statt auf Komm-Strukturen zu setzen (als „Gast" in den Eigenwelten der Adressaten agieren, statt seinen Platz nur in pädagogischen Eigenwelten zu sehen),
- Möglichst niedrigschwellige, informelle und voraussetzungslose Angebote (in denen Schwellen, Formen, Regeln u.ä. erst prozessintegriert unter gegenseitiger Achtung auszuhandeln sind).

2.2 Adressatenbezogenes Handlungsprofil:

- Handeln auf der Basis bestehender sozialer Vernetzungen, insbesondere selbstorganisierter sozialer Zusammenhänge in Cliquen und Szenen *(ohne freilich diese zu idealisieren oder deshalb Einzelarbeit, Paararbeit, Kleingruppenarbeit u.ä. zu vernachlässigen),*
- Unterstützende und konfrontierende Begleitung jugendkulturell getragener Selbstfindungs-, Aneignungs- und Entfaltungsprozesse *(in ihren Szenen und Cliquen, ihren Stilen und Ausdrucksformen),*
- Professionelle Beziehungsarbeit als entscheidende Grundlage und Voraussetzung der Arbeit *(mit einer professionellen Balance von Nähe und Distanz),*
- Unterstützende Begleitung von Alltags- und Lebensbewältigung (statt z.B. primärer Betreuungs-, Freizeit(gestaltungs)-, Aktivitäten-, Gruppen- oder Raumangebote),
- Unterstützung sozialräumlicher Verortung und Entfaltung junger Menschen (einschließlich des Bedürfnisses, irgendwo einen akzeptierten Ort „für sich" zu haben),

- Selbstverständliche dialogische, ernst nehmende, akzeptierende Kommunikation (gerade Menschen mit meist arg beschädigten Selbstwertgefühlen und oft verletzter Würde gegenüber),
- Selbstverständliche geschlechtsreflektierende Arbeit auch in geschlechtsheterogenen Zusammenhängen (statt Wegschieben geschlechtsdifferenzierender Aufgaben auf Zeiten gelingender Geschlechtertrennung),
- Einmischung in biographische Prozesse je individueller Erfahrungsproduktion (also in die Art und Weise, wie die jeweilige Person ihre Erfahrungen zu verarbeiten sucht),
- Förderung möglichst vielfältiger und qualifizierter sozialer Vernetzungen (die Abhängigkeiten von bestehenden Vernetzungen reduzieren und Optionsvielfalt und Selbstbestimmungschancen in Entscheidungsprozessen fördern).

2.3 Lebensweltbezogenes Handlungsprofil:

- Eindeutige und ausschließliche Zuständigkeit für junge Menschen und deren Problemlagen (und nicht für die Probleme, die sie evtl. anderen machen, jedenfalls nicht zum Null-Tarif – mit einer Ausnahme natürlich: der Aufklärung von Verbrechen),
- Parteiliche Einmischung in sozialräumliche und lebensweltliche Bedingungen des Aufwachsens junger Menschen (als Experten der Bewältigung von Problemlagen von und mit jungen Menschen, die nicht nur etwas wollen, sondern die auch etwas anzubieten haben, was anderen – bei deren Jobs – nützlich sein kann),
- Förderung von (sozial verträglichen) Prozessen der (Wieder-)Aneignung von Umwelt und von lebenswerter gesellschaftlicher Teilhabe *(durch Anzielen wechselseitiger Veränderungs- und Konfliktbewältigungsbereitschaften statt Konfrontation oder Rückzug*),
- Einmischung in die (oft anstößigen) Einmischungen junger Menschen in deren sozialräumlichen und lebensweltlichen Zusammenhänge (*Begreifen und Behandeln anstoßerregenden Verhaltens als deren – zwar problematisch angegangenen – aber vom Prinzip her legitimen Bemühens um gesellschaftliche Teilhabe),*
- Anbieten von Konfliktmediation, gerade auch der Umwelt gegenüber (bei gleichzeitiger Verweigerung stellvertretender Konfliktlösungsbemühungen, wie sie Erwachsene immer wieder von Jugendarbeit einfordern).

2.4 Orte aufsuchender Jugendarbeit

Aufsuchende Jugendarbeit findet längst nicht nur auf der Straße oder an informellen Cliquentreffpunkten statt. Wenn unter aufsuchender Arbeit alle Ansätze verstanden werden, die ihren Ort in den Lebenswelten Jugendlicher sehen und nicht erwarten, dass junge Menschen erst einmal in die speziellen pädagogischen Eigenwelten von Jugendeinrichtungen kommen, ehe die eigentliche Arbeit beginnen kann, dann gibt es ein sehr breites Spektrum von Orten aufsuchender Jugendarbeit. Das fängt an bei den unterschiedlichsten Treffpunkten unter freiem Himmel, einmal jenen, die tagtäglich aufgesucht werden, und zweitens jenen, die anlassbezogen und actiondefiniert aufgesucht werden. Zu letzteren gehören z.B. Fußballstadien, Sport- und Freizeiteinrichtungen oder Konzerte. Nicht selten geht es in der aufsuchenden Arbeit auch erst einmal gar nicht um eine Soziale Arbeit mit den Jugendlichen, sondern – gerade bei regelmäßig aufgesuchten Treffpunkten – vor allem um die Absicherung ihrer informellen Treffmöglichkeiten in Konflikten mit der Umwelt.

Manchmal wollen die Jugendlichen nur eine spezielle Leistung. Und manchmal ist aus sozialpädagogischer Sicht auch nichts weiteres notwendig oder leistbar. Vor allem in den konventionellen Bereichen der Streetwork-Arbeit des problemorientierten Typus hat z.B. das Aufsuchen ergänzender Service-Angebote eine ganz wichtige Bedeutung, auf die sich nicht selten die Erwartung der Nutzenden beschränkt: Angefangen von Möglichkeiten zu Körperpflege und Wäschereinigung über Essensangebote, Angebote medizinischer Grundversorgung bis hin zur Vermittlung von Kurzzeitjobs und dem Angebot von Notschlafplätzen. Ob dann mit der Zeit auch andere, vor allem auch personale Angebote nachgefragt werden, bleibt dann offen – und ist vor allem nicht entscheidend für die Sinnhaftigkeit der Service-Angebote.

Ein Service-Angebot ganz anderer Art wurde in manchen Kommunen mit öffentlich finanzierten Bauwagen, Hütten, Buden oder Unterständen als informelle Cliquentreffpunkte geschaffen, zu denen dann vielfach von der Jugendarbeit nur Kontakt gehalten wird, ohne aber kontinuierliche Begleitung – oder gar Betreuung – anzubieten. Ähnliche personal begrenzte Angebote finden sich vor allem im ländlichen Bereich schon lange für Cliquen und informelle Gruppierungen von (Dorf-)Jugendlichen, die sich privat einen Treffpunkt verschafft oder geschaffen haben.

Während solche Treffpunkte durchgängig zur Verfügung stehen, gibt es andere Raumangebote, die nur zu bestimmten Zeiten oder Anlässen genutzt werden können. Das können z.B. Gemeinschaftsräume in großen Wohnanlagen sein, Räumen in verschiedensten gemeinnützigen Einrichtungen (von der Feuerwehr über Sportvereinsheime bis hin zu Räumen von Kirchengemeinden) – Räumen in Wohnheimen, Sozialräumen in Einrichtungen der Jugendberufshilfe oder in Jugendhäusern außerhalb der eigentlichen Öffnungszeiten – oder auch mobile Treffpunkte in Bussen, die regelmäßig verschiedene Standorte anfahren. „Gelegentliche Nutzung" kann dabei die Nutzung für eine Party oder ein anderes spezielles Vorhaben sein – aber auch die regelmäßige Nutzung der Räumlichkeiten zu bestimmten Zeiten an einem Wochentag.

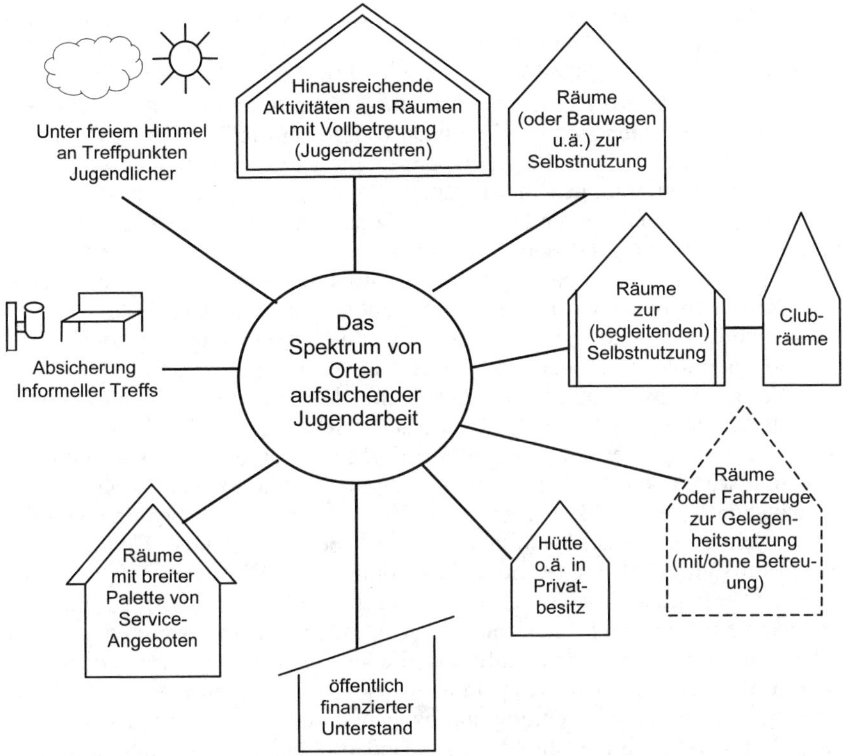

Wieder ein anderes Spektrum stellen die selbstorganisierten Räume und Einrichtungen der Jugendarbeit dar. Solche von der Jugendhilfe zur Verfügung gestellten oder finanzierten Räumlichkeiten werden teilweise von Jugendlichen völlig selbst verwaltet (wobei das über längere Zeit meist nur dort gelingt, wo die Räumlichkeit nur von einer einzigen Gruppierung, Clique oder Szene genutzt wird). Andere erfahren eine bedarfsweise Begleitung durch pädagogisches Personal, die sich in Zeiten, in denen es gut läuft, oft auf das Kontakthalten beschränkt. Eine spezielle Variante begleiteter Selbstorganisation sind die bis in die 60er Jahre zurückreichenden Clubangebote. Die Überlassung von Räumlichkeiten zur Selbstorganisation wird hier an die Voraussetzung gebunden, dass die Nutzergruppe sich als Club organisiert. Darunter werden teilweise eher „kultivierende“ Umformungen anstößiger Cliquen verstanden, teilweise geregeltere Zugehörigkeiten, Verantwortlichkeiten und Verbindlichkeiten in der Nutzergruppe – und teilweise differenziertere Clubordnungen als Mischungen von Hausordnung und Konzeption.

Neben all diesen Formen, in denen überall zumindest Anteile aufsuchender Jugendarbeit eine Rolle spielen und deren Auflistung hier sicherlich noch längst nicht vollständig ist, erscheinen die konventionellen vollzeitbetreuten Jugendeinrichtungen fast als „Spezialfall“. Erstens ist es die einzige Form, bei der die sozialarbeiterische Tätigkeit praktisch *ausschließlich* auf das konzentriert ist, was in und mit der Einrichtung geschieht (abgesehen von gelegentlicher konkreter Einzelfallhilfe vielleicht). Seit Jahren immer wieder propagierte – oder von Trägern oder Amtsleitungen geforderte – hinausreichende Anteile finden sich nämlich nach wie vor nur relativ selten. Denn der Widerstand gegen entsprechende Arbeitsanteile ist unter dem hauptamtlichen Personal der Einrichtungen meist immens. – Ein „Spezialfall" ist aber zweitens auch die konzeptionelle Grundvorstellung konventioneller Jugendhäuser, Jugendarbeit vorwiegend oder ausschließlich als Pauschalleistung erbringen zu wollen. Das Pauschalangebot umfasst üblicherweise eine ganze Palette, vom Raumangebot über Beziehungsangebote, Beratungsangebote, Betreuungsangebote, Erziehungsangebote und Aktivitätenangebote – bis zum „Kinder und Jugendliche von der Straße holen" und „sinnvoll zu beschäftigen" im Auftrag der Umwelt und einer entsprechend definierten Aufsichts- (oder auch: Beaufsichtigungs-)pflicht. Und das Pauschalangebot beinhaltet gleichzeitig, dass die Nutzerinnen und Nutzer dort nicht für sich selbst verantwortlich sind, wie sie es „auf der Straße" selbstverständlich wären, sondern dass die pädagogischen Fachkräfte die letzte Verantwortung selbstverständlich für sich reklamieren – was sie in aufsuchender Arbeit nie könnten. Denn da sind sie Gast in den Lebenswelten der Adressatinnen und Adressaten.

Nicht selten ist es sogar schwer – oder zumindest nicht gern gesehen – , wenn jemand nur ganz bestimmte Angebots*segmente* in Anspruch nehmen will. Das deutlichste Signal dafür ist die mancherorts bis heute noch gepflegte Vorstellung, wirklich gelungen sei offene Jugendarbeit erst dann, wenn die Nutzer der Einrichtung durchweg auch ihre Programmangebote und ihre Gruppenangebote wahrnehmen – und am besten tagtäglich kommen (soweit die Hauptamtlichen für sie öffnen).

2.5 Widerstände gegen aufsuchende Arbeit

Seit Jahren scheitern – wie schon erwähnt – fast sämtliche Versuche, bereits tätige Mitarbeiterinnen und Mitarbeiter der Jugendhilfe – und speziell der Jugendarbeit – dazu anzuregen oder aufzufordern, künftig (ergänzend oder vorrangig) aufsuchend zu arbeiten. Wo aufsuchende Arbeit aufgebaut wurde, da geschah das (jedenfalls in Westdeutschland) fast ausschließlich mit neu eingestelltem, nicht oder kaum berufserfahrenem und berufsangepasstem Personal – und meist auch mit spezifischen Trägerschaften oder in speziellen Abteilungen.

Warum Forderungen nach aufsuchender Arbeit fast durchweg auf massive Abwehr stoßen, das hat sicherlich eine ganze Reihe von verschiedenen Gründen – und sicherlich auch nicht überall die gleichen. Trotzdem lässt sich als zentrale Ausgangsthese zu den Gründen formulieren:

> Die für die Ablehnung aufsuchender Arbeit meist vorgebrachten Begründungen verschleiern eher die *tatsächlich* zentralen Gründe dafür, als sie zu

erhellen. Im Kern geht es nämlich tatsächlich fast immer um eigene Ängste, Verunsicherungen, Bedrohungs- oder Überforderungsgefühle aufgrund der Diskrepanz zwischen vorhandenen und für aufsuchende Arbeit für erforderlich gehaltenen Kompetenzprofilen. Dabei ist diese Diskrepanz zunächst einmal Produkt der gängigen, „Stein gewordenen" institutionszentrierten Selbstverständnisse in der Jugendhilfe (bzw. der Sozialen Arbeit insgesamt), erst in zweiter Linie eine Frage individueller Handlungsrepertoires.

Konkreter und differenzierter lassen sich vor allem folgende Gründe ausmachen, die bei Mitarbeiterinnen und Mitarbeitern in Jugendeinrichtungen immer wieder zur Abwehr von Forderungen nach aufsuchender Arbeit führen:

1. Wer in seiner Tätigkeit künftig auf strukturgebende Rahmenbedingungen verzichten soll, die ihm bislang als selbstverständlich galten, der oder die fühlt sich dadurch sehr leicht verunsichert oder gar in Handlungsunfähigkeit getrieben. Das geht dem Lehrer so, der künftig in Ganztagsschulen vielleicht auch außerhalb von Unterrichtsphasen tätig sein soll. Das geht dem Sozialarbeiter in einer Freizeiteinrichtung so, der künftig hinausreichende, aufsuchende Aufgaben übernehmen soll. Und das geht fast allen so, wenn die Anstößigkeiten der Zielgruppe und/oder die Arbeitsbedingungen jenseits dessen liegen, was man sich bisher als eigene professionelle Arbeit vorstellen konnte und zumuten wollte.
2. Professionelle pädagogische Praxis ist seit je her fast durchweg institutionszentrierte und angebotszentrierte Praxis, die sich ihre Bedarfe und Aufgaben letztlich in sehr hohem Maße selbst definiert (oder gar schafft). Bis in die alltägliche Begrifflichkeit hinein ist „die Praxis" nicht die Praxis der Lebensentfaltung und Lebensbewältigung der Adressatinnen und Adressaten (und deren Bedarf an Förderung und Unterstützung), sondern ist „die Praxis" das, was anerkannte und geförderte Träger vorhalten, anbieten und leisten – und wie.
3. Je mehr in einem Arbeitsfeld für das eigene Handeln stabile Strukturen und Handlungsmuster vorgegeben sind, umso mehr verleitet das dazu, sich über entsprechende Tätigkeits-Rollen zu definieren. Umgekehrt verlangen wenig strukturierte Tätigkeiten Mitarbeiterinnen und Mitarbeiter, die sich als ganze Personen authentisch einbringen und sich gerade *nicht* auf allgemeine Rollenverständnisse zurückziehen – aber trotzdem z.B. klar Arbeit und Privatleben trennen können. (Das erklärt auch, weshalb in der aufsuchenden Arbeit vornehmlich Leute tätig sind, die den Praxisschock des Zurechtstutzens auf institutionelle Gegebenheiten noch nicht durchlebt oder verkraftet haben – die also (noch) eher institutionsdistanziert sind.)
4. Zu den herkömmlichen stabilen Strukturen gehört nicht zuletzt eine Eigendynamik, die alles, was gegenwärtig angeboten wird, undifferenziert als wichtig oder essentiell definiert – und nach der neue Aufgaben nur als „zusätzliche Aufgaben" gedacht werden. Unter solchen Bedingungen verkümmert natürlich die Kompetenz, jeweils auf der Basis tatsächlich

vorhandener oder erreichbarer Kapazitäten professionell begründete Prioritäten zu setzen und umzusetzen, erst recht natürlich unter sowieso schon prekären Arbeitsbedingungen oder angesichts besonders extremer Problemlagen.

5. Aufsuchende Arbeit hat typischerweise mit Zielgruppen zu tun, deren Orientierungsmuster, Handlungsmuster und Wertvorstellungen meist vergleichsweise besonders weit von denen der Mitarbeiterinnen und Mitarbeiter entfernt sind. Das kann besondere Verunsicherungs-, Bedrohungs- oder Überforderungsgefühle auslösen.
6. Aufsuchende Arbeit hat es mit Zielgruppen zu tun, die von institutionszentrierten Angeboten nicht (oder nicht mehr) erreicht werden, weil sie keine produktiven Verbindungen zwischen ihrer eigenen Lebensbewältigung und jenen institutionellen Angeboten sehen. Es sind Menschen, die in vielem, was anderen als selbstverständlich gilt, keine ausreichende Sinnhaftigkeit für sich entdecken. Das kann die Schulpflicht betreffen, Angebote der Jugendberufshilfe, Angebote der Freizeiteinrichtungen, Präventionsangebote u.v.a. Sinnhaftigkeit muss sich ihnen also erst einmal in besonderem Maße über *Personen* erschließen, die sich das auch zutrauen.
7. Aufsuchende Arbeit hat es typischerweise mit Zielgruppen zu tun, an denen andere gesellschaftliche Institutionen und Gruppierungen mit ihren Intentionen immer wieder abgeprallt oder gescheitert sind. Das führt fast durchweg dazu, dass entsprechende Zielsetzungen zur aufsuchenden Arbeit delegiert oder abgeschoben werden. Entsprechend groß sind die Risiken, mit aufsuchender Arbeit permanenten Überforderungen ausgesetzt oder in Szenarien des Scheiterns hineingetrieben zu werden.
8. Die soziale Anerkennung, die Mitarbeiterinnen und Mitarbeiter erfahren, hängt oft weniger von ihrer eigenen Leistung ab als vom Ruf ihrer Einrichtung und ihrer Zielgruppe. Und da hat aufsuchende Arbeit wenig zu bieten – es sei denn auf der Ebene exotischer Bewunderungen nach dem Muster: „Wie hältst du das nur aus? Das könnte ich nie!“

Die Diskussion über solche Gründe und deren offene Erörterung fällt in der Praxis allerdings oft sehr schwer, weil entsprechende Diskussionen leicht belastet oder blockiert werden mit wiederkehrenden Statements von einer Art, die man durchaus als „Killerphrasen“ bezeichnen könnte. Einige seien davon abschließend benannt:

Killerphrasen gegen hinausreichende Arbeit von Jugendeinrichtungen

- Dafür haben wir viel zu wenig Personal !
- Wir müssen doch im Haus die Aufsichtspflicht aufrecht erhalten !
- Dann könnten wir das Haus ja noch weniger aufmachen !
- Wir sind schließlich für das Haus verantwortlich !
- Wir haben das Haus immer voll !
- Unsere Jugendlichen brauchen uns !
- So lange wir nicht wenigstens .... geschafft haben, ...
- So lange wir nicht wenigstens .... zusätzlich bekommen, ...
- Momentan geht das schon gar nicht, weil ....
- Wir bieten Jugendarbeit für alle an, nicht Jugendsozialarbeit für besondere Problemgruppen !
- Dann denken die Politiker noch, das Haus könnte eingespart werden.

3. Von der Kontaktaufnahme zur Beziehungsarbeit

3.1 Ansätze zur Kontaktaufnahme

3.1.1 Der erste Kontakt

Viele, die aufsuchende Jugendarbeit an sich für richtig halten, trauen sie sich selbst nicht zu. Schon der Gedanke an die ersten Schritte scheint massive Ängste und Unsicherheiten auszulösen. Daher soll hier zunächst eine etwas typisierte Schilderung eines ersten Kontaktes erfolgen, ehe grundsätzlicher auf Ansätze der Kontaktaufnahme eingegangen wird. Und das fängt an mit der Frage, wie man denn solch eine Arbeit beginnen kann:

> „Wir wussten, wo sich die Clique immer trifft, mit der wir arbeiten sollten. Das war auf einem Spielplatz. Wir sind also da hin, mein neuer Kollege und ich, abends gegen sieben. Und da sahen wir sie auch schon: Ca. 15 Jugendliche zwischen schätzungsweise 14 und 17, meist männlich, nur drei Mädchen darunter. Sie standen da an einer Bank. Mehrere saßen auf der Lehne, einer auf 'nem überquellenden Papierkorb, die anderen drum rum, einige mit 'ner Bierdose in der Hand. Wir haben kurz gezögert und dann entschieden: „Bringen wir's hinter uns! Gehen wir gleich auf die zu." Wir sind dann bei ihnen auf dem Weg stehen geblieben, so ein bis zwei Meter von dem ersten entfernt. Ich hab dann gesagt: „Hallo, ihr! Ihr trefft euch regelmäßig hier, nicht? Das hier ist der Klaus Hensen. Und ich bin die Ulrike Schmidt. Wir sind Sozialarbeiter, Streetworker. Und wir sollen uns um euch kümmern. Und um das, was hier so um den Spielplatz rum passiert. Wir kommen jetzt jeden Mittwoch um 19Uhr vorbei." Die haben uns wohl zugehört, wenigstens die meisten. Aber gesagt hat eigentlich niemand was – außer irgend 'nem Spruch, den wir nicht verstanden haben. Das war ganz schön blöd. Als ich fertig war, sind wir da noch 'nen Moment stehen geblieben. Aber da die Jugendlichen sich eher zueinander wandten, sind wir ein Stück zurückgegangen. So 5, 6 Meter. Da sind wir dann stehen geblieben, haben uns umgesehen, miteinander geredet – und versucht, nicht aufdringlich zu wirken. Da kamen dann auch mal Blicke zu uns rüber oder ein Kommentar, den wir nicht verstehen konnten. Nach 'ner Zeit sind wir dann zu der nächsten Bank und haben da 'ne Zeit gesessen, so 'ne ¼ Stunde. War ganz schön lang! Und noch länger wollten wir uns das auch nicht antun. Wir sind dann noch mal an denen vorbei, haben Tschüss gesagt und „bis nächste Woche" – und sind dann ab.
>
> Am nächsten Mittwoch sind wir dann wieder hin. Wir waren aber etwas zu spät, keine fünf Minuten. Und da kommt doch gleich einer von denen auf uns zu, baut sich auf und brüllt uns an: „Wo kommt ihr denn jetzt her? Sieben Uhr habt ihr gesagt! Und wie spät ist es jetzt? Auf euch kann man sich wohl überhaupt nicht verlassen!" Der hat uns so richtig anmachen wollen. Und die andern langsam immer mehr drum rum. Das war vielleicht ein mulmiges Gefühl. Aber letztlich auch ein toller Anknüpfungspunkt. Klaus hat direkt gefragt: „Warum habt ihr denn auf uns gewartet? Was wolltet ihr denn so dringend von uns?" Da kam zwar nicht viel. Aber der erste Kontakt war da!

Verschiedene Grundsätze werden in dem Beispiel deutlich:

- klar – und kurz ! – sagen, wer man ist und was man will,
- nicht aus Unsicherheit sich anbiedern oder das Kontaktangebot wortreich schmackhaft machen wollen,
- keine Lockmittel einsetzen und nichts versprechen, was man nicht sicher halten kann und will,
- sich anbieten, ohne sich aufzudrängen,
- keine Rolle einstudieren, sondern so auftreten, „wie man ist“,
- regelmäßige Zeiten anbieten,
- sich als Gast auf dem Territorium der Jugendlichen fühlen und verhalten,
- genau wahrnehmen, ohne zu spionieren,
- Gestik, Mimik und Symbole wahrnehmen (und nicht nur Worte),
- sensibel für versteckte Botschaften sein,
- aufsuchende Arbeit immer im Team durchführen,
- darauf sehen, wie es einem selbst in angespannten Situationen geht.

Ergänzend bleibt vor allem zu erwähnen, dass es gerade nach wichtigen neuen und als sehr verunsichernd erlebten Situationen ungeheuer wichtig ist, sich direkt anschließend – z.B. bei der gemeinsamen Heimfahrt – mit dem Teampartner darüber austauschen zu können (und nicht die Eindrücke unausgesprochen mit nach Hause zu nehmen). Teams, denen das zur selbstverständlichen (wenn auch nicht selten gar nicht einmal absichtsvoll geplanten) Gewohnheit geworden ist, profitieren ungeheuer davon (und zweitens deren privaten Beziehungen auch!).

3.1.2 Zugänge zu den Jugendlichen finden

1992 fand in Bremen erstmals ein bundesweiter Erfahrungsaustausch von Mitarbeiterinnen und Mitarbeitern in Projekten mit rechten Cliquen statt.[13] Alle Teilnehmenden waren somit – zumal damals – in extrem brisanten Arbeitsbereichen tätig und gleichzeitig einer immens kritischen Öffentlichkeit ausgesetzt. Trotzdem fehlte ihnen fast allen bis dahin fast jeder fachliche Erfahrungsaustausch mit Personen, die in gleichen oder ähnlichen Zusammenhängen arbeiteten. Während dieser Tagung (deren Ergebnisse seinerzeit systematisch aufgearbeitet und publiziert wurden – vgl. Krafeld/Möller/Müller 1993), wurden u.a. auch die bisherigen Erfahrungen mit gelungenen (oder auch misslungenen) Zugängen zu jenen Jugendlichen zusammengetragen. Diese bislang wohl einzig greifbare Zusammenstellung und Reflexion unterschiedlicher Strategien und Methoden, erste Kontakte zu einer angestrebten Zielgruppe aufsuchender Jugendarbeit aufzunehmen, soll im Folgenden zu-

13 Diese seither jährlich stattfindende Fachtagung wird organisiert von der Jugendbildungsstätte Bremen, LidiceHaus.

grunde gelegt werden, da sie insgesamt für aufsuchende Arbeit zentrale Erkenntnisse zusammenfasst.

Zunächst ist danach zu unterscheiden, *wo* Jugendliche aufgesucht wurden, nämlich, ob

- in wohnungsnahen alltagsüblichen Lebenswelten (dem alltags-normalen sozialräumlichen Umfeld),
- in zentralen Lagen, vor allem größerer Städte (u.a. mit ihren City-Treffpunkten sogenannter Straßenkinder),
- in anlass- und actiondefinierten Lebenswelten (bei öffentlichen Freizeit- und Sportangeboten, bei Konzerten oder im Stadion etwa) oder
- in kommerziellen Freizeit- und Konsumeinrichtungen (vor allem Kneipen).

Meist wird bei aufsuchender Arbeit erst einmal nur an alltagsübliche Lebenswelten gedacht. Die Fußballfanprojekte waren Anfang/Mitte der 80er Jahre die ersten, die aufsuchende Arbeit auch in anlass- und actiondefinierten Lebensräumen begannen und ihre Arbeit auf solche Lebenswelten konzentrierten. Ähnliches gibt es inzwischen u.a. in einigen Graffiti-Projekten, Skater-Projekten, mit Streetball-Angeboten oder z.B. auch im Freibad. Aber insgesamt sind Projekte mit einem Schwerpunkt auf anlass- und actiondefinierte Lebenswelten doch nach wie vor eher eine Randerscheinung. Und aufsuchende Arbeit in kommerziellen Einrichtungen wird meist mit der Absicht betrieben, erst einmal Zugänge zu finden und dann nach erfolgreichem Einstieg möglichst bald auch andere Treffpunkte zu nutzen.

Als sehr effektiv erwies sich bei der Kontaktaufnahme – so das Ergebnis der seinerzeitigen Tagung weiter -, wenn direkt an persönliche Bezüge angeknüpft werden konnte. Das konnten eigene Kontakte zur gleichen Jugendszene sein oder sie konnten über gleiche Aktivitäten laufen (z.B. Fan des gleichen Fußballvereins, gleiche Sportart o.ä.), aber – überraschender – auch z.B. als militante *Gegenseite* in früheren Konflikten zwischen Antifa und rechten Szenen etwa. Dagegen zeigte sich der oft vorgeschlagene oder versuchte Weg, über andere Institutionen Kontakte *vermitteln* zu lassen (etwa über Schule, Jugendamt oder Polizei), als kaum erfolgversprechend. Lediglich da, wo sich Vermittler persönlich intensiver einschalteten, die selbst einen stabilen persönlichen Kontakt zur Zielgruppe hatten, bot das eher eine Chance.

In etlichen Projekten gelang eine Kontaktaufnahme auch durch anfängliche intensive Erkundungen im Stadtteil oder Gemeinwesen, vor allem, wenn dabei zunächst primär auf informelle Erkundungen und Kontaktaufnahmen auf der Straße gesetzt wurde (indem mit Jugendlichen außerhalb pädagogischer Institutionen das Gespräch über ihren Stadtteil gesucht worden war) und in den jeweiligen Jugendcliquen nicht unmittelbar pädagogische Zielgruppen gesehen wurden.

Erstaunlich häufig findet sich in Projekten aufsuchender Jugendarbeit auch ein Weg des Zugangs, der zunächst gar nicht als solcher geplant war: Immer wieder nähern sich Studierende in forschender Absicht auffälligen Jugendszenen und haben eigentlich dabei zunächst nur ihre angestrebte Studienleistung (z.B. ihre Diplomarbeit) im Blick. Erst der nähere Kontakt zu Jugendlichen lässt dann die Idee aufkommen, mit ihnen pädagogisch zu arbeiten – und offenbar nach solchem Vorlauf oft mit sehr gutem Erfolg.

Eine ganz zentrale Rolle bei der Schaffung von Zugängen zu einer (potentiellen) Zielgruppe aufsuchender Arbeit spielen natürlich Raumprobleme und Raumangebote. Fast immer ist das erste, was Jugendliche sich von Kontakten zu aufsuchender Arbeit versprechen, dass sie dabei unterstützt werden, sich stressärmer irgendwo treffen können (jedenfalls in den Zeiten, in denen sie nicht selbst Stress wollen). Die ersten näheren Gespräche nach der Kontaktaufnahme drehen sich sehr häufig, ja, eigentlich fast immer um dieses Problem. Und hier werden oft auch erste konkrete Angebote gemacht. Wichtig ist dabei, sich genau darüber klar zu sein, was man anbieten will – und kann – und was (im Moment oder prinzipiell) nicht. Dazu ein Spektrum typischer Angebote:

- Jugendarbeit mischt sich *beratend* oder *moderierend* ein in aktuelle raum/territorienbezogene Konflikte mit der Umwelt. Dabei wird davon ausgegangen, dass Deeskalationen letztlich nur zu erwarten sind, wenn den jeweiligen Jugendlichen nicht *prinzipiell* ihr Recht streitig gemacht wird, sich mit Gleichaltrigen treffen und sich sozialräumlich entfalten zu können.
- Jugendarbeit berät und unterstützt junge Menschen bei der Suche nach eigenen (oder zumindest konfliktarm nutzbaren) Räumlichkeiten oder Territorien.
- Jugendarbeit sucht nach nutzbaren Räumlichkeiten *für* Jugendliche, die diese dann auf der Basis vertraglicher Abmachungen selbstverwaltet nutzen können. Solche vertraglichen Vereinbarungen können neben Verhaltensgrundregeln und Hausordnungen auch personale Betreuungsanteile beinhalten.
- Jugendarbeit sucht nach nutzbaren Räumlichkeiten, um dort den jeweiligen Jugendlichen Jugendarbeit anbieten zu können, (gibt also die „Schlüsselgewalt“ nicht aus der Hand und koppelt das angestrebte Raumangebot an ein – zumindest zeitweises – personales Begleitungs- oder Betreuungsangebot).
- Jugendarbeit mischt sich deeskalierend in bereits erfolgte Aneignungs- und Besetzungsprozesse ein, also, *nachdem* Jugendliche sich bereits selbst Räumlichkeiten oder Orte angeeignet haben – und von dort faktisch im Moment nicht mehr oder kaum wegzukriegen sind. Dabei geht es längst nicht nur um Raumbesetzungen im klassischen Sinn, also um das illegale Aneignen von ganzen umbauten Räumen, sondern wohl mindestens ebenso oft um die faktische Aneignung informeller Treffpunkte draußen, in Außenbereichen von Gebäuden oder auch innerhalb anderweitig definierter Gebäude. (Becker u.a. beschreiben etwa schon 1984 eine gewaltauffällige Clique, die in einem Jugendzentrum das Monopol auf „ihren“ Bereich durchsetzt. – Becker u.a. 1984).

Aus diesen alternativen Möglichkeiten wird vor allem erst einmal eines deutlich: Durchaus nicht jeder Raum, der von Jugendarbeit „ins Spiel“ gebracht wird oder um den sich Jugendarbeit kümmert, muss überdacht, beheizt, teilzeit- oder gar zu allen Öffnungszeiten betreut sein. Solche Pauschalangebote prägen zwar das Außenbild von aufsuchender Jugendarbeit, sind aber in der Praxis längst nicht so typisch. (Vgl. dazu auch das Schaubild Orte aufsuchender Jugendarbeit in Kapitel 2.4) Und es ist auch längst nicht in jedem Fall angebracht, Bedürfnisse von Jugendlichen nach eigenen Räumen unmittelbar aufzugreifen und zu unterstützen. Das galt etwa in einer Jugendclique, zu der ein gleichaltriger jugendlicher rechtsextremistischer Funktionär gehörte, der sich bislang ohne Erfolg darum bemühte, die anderen zu seiner Organisation „rüber zu ziehen“. Dieser Clique etwa wurde erklärt, dass ihre Raumbemühungen jedenfalls so lange nicht unterstützt würden, wie die konkrete Gefahr bestände, dass so ein Raum dann für organisierende rechtsextremistische Absichten genutzt oder mitgenutzt würde.

Entscheidende Voraussetzung für das Gelingen von Zugängen über Raumfragen ist zunächst aber vor allem eines, nämlich, immer nur das zu versprechen oder als erreichbar hinzustellen, was auch tatsächlich erreichbar erscheint – und vom Team gewollt ist. Und zweitens hängt das Gelingen solcher Zugänge davon ab, ob den Jugendlichen in den neuen Räumlichkeiten gestattet wird, miteinander das zu leben und auszuleben, was in ihrer Clique oder Szene als normal oder gar als sinnstiftend oder identitätskennzeichnend empfunden wird. Grenzziehungen, Normen und Regeln – auch in vertraglichen Vereinbarungen – dürfen dort jedenfalls nicht so eng gefasst sein, dass sie gängige, wesentliche oder gar zentrale Lebensäußerungen, Verhaltensstile, Symbole oder Rituale der jeweiligen Clique abschneiden oder ausgrenzen (wie das von der Umwelt sehr oft erwartet wird). Denn das wäre eine klare, wenn auch verdeckte Entscheidung gegen eine entsprechende Arbeit mit dieser Clique. (Und dann wäre gar kein Angebot allemal besser!) In einer Clique z.B., die es gewohnt ist, exzessiv zu trinken, oder die es als selbstverständlich empfindet, auch miteinander expressiv körperbetont und gewaltförmig umzugehen, lässt sich das auch nicht durch Vereinbarungen unterbinden. Allenfalls lässt sich dann in so einem Fall vielleicht durchsetzen, dass in den jeweiligen Räumlichkeiten niemand gegen seinen Willen solchen Verhaltensmustern ausgesetzt ist, und zweitens, dass von der Szene mitgetragene Ehrencodexe eingehalten werden, wann wirklich „Schluss sein muss“.

Wird von den jeweiligen Jugendlichen also nicht erwartet, sich „erst einmal“ zu ändern und „erst einmal“ ihre bisherige Identität und ihre bisherige jugendkulturelle Selbstinszenierung aufzugeben, so wird fast durchweg von einer überraschend großen Bereitschaft der jeweiligen Jugendlichen berichtet, Verständigungen über Regelsysteme herzustellen. Denn dann ist dafür ein Grundfundament vorhanden, nämlich das Gefühl, mit Respekt behandelt und endlich einmal so akzeptiert zu werden, wie man ist – statt der wohlbekannten und immer wieder Konflikteskalationen fördernden Haltung: „So lange du dich nicht änderst, bekommst du nichts!“

Vereinbarte Regeln dann auch tatsächlich einzuhalten, und zweitens, zu entscheiden, wie mit Regelverletzungen umzugehen ist, das ist dann allerdings ein ganz anderes Problem! Grunderfahrung ist dabei natürlich auch in diesem Feld: Es machen nur diejenigen Regeln Sinn, die erstens realistischerweise auch von diesen Jugendlichen eingehalten werden können, ohne sich selbst zu verbiegen. Und es machen zweitens nur solche Regeln Sinn, auf die bei Verstößen auch Konsequenzen folgen können, und zwar solche Konsequenzen, die weitere Prozesse fördern und nicht abschneiden oder beenden. Die erst einmal oft naheliegende Drohung, die Jugendarbeit einzustellen, wenn es nicht so läuft, wie man es sich wünscht, ist nur sehr selten tatsächlich sinnvoll. Denn würde solch eine Drohung umgesetzt, dann wären damit die Probleme und Konflikte ja sicherlich nicht verschwunden, sondern *bestenfalls* anderswo hin verschoben. Und selbst das gelingt meist nicht, z.B., weil Jugendliche in Randalecliquen oft relativ ortsgebunden sind und weiter dort „ihr Unwesen" treiben, wo sie seit je her gelebt haben. Selbst Gefängnisstrafen für Straftäter verschaffen da oft allenfalls gewisse „Verschnaufpausen". Und dann sind die wieder da. Und im Gefängnis ist kaum jemand ein besserer Mensch geworden.

3.2 Professionelle Beziehungsarbeit entfalten

Zentrale Grundlage jeder Jugendarbeit ist es, dass die Pädagoginnen und Pädagogen eine *personale* Beziehung zu denjenigen Jugendlichen aufbauen, mit denen sie *professionell* arbeiten wollen. Und die Bedeutung von Beziehungsebenen steigert sich noch, je mehr diese Jugendlichen sich institutionellen Angeboten, geltenden Normen und ordnenden Vorgaben gegenüber reserviert verhalten oder sich ihnen entziehen, je auffälliger und anstößiger sie sich also verhalten und je weniger sie gewohnt sind, dass sich andere Menschen für sie interessieren – und nicht wieder einmal nur für das, was jenen nicht passt, jene stört.

3.2.1 Grundlagen professioneller Beziehungsarbeit

Seit Jahren wird wohl kein anderer Begriff, kein anderer Anspruch in der Jugendarbeit so häufig beschworen wie der, Beziehungsarbeit zu leisten. Professionelle Beziehungsarbeit ist allerdings ganz etwas anderes als das, was unter diesem ungeheuer in Mode gekommenen Begriff meist verstanden wird. Beziehungsarbeit will kein kompensatorisches Angebot an Freunden, Kumpeln oder anderen privaten Vertrauenspersonen liefern, sondern professionelle Soziale Arbeit auf der *Basis* personaler Beziehungen entfalten, gerade in Zeiten, in denen es an intensiven sozialen Beziehungen immer mehr mangelt. Kennzeichnend für eine professionelle Beziehungsarbeit ist nicht eine möglichst große Nähe zu den Jugendlichen, sondern eine aufgabengemäße *Balance* von (personaler) Nähe und (professioneller) Distanz. Die allerdings ist, zumal in Anfangszeiten, oft schwer durchzuhalten. Denn ist erst einmal ein erstes Vertrauen geschaffen, so werden bei den Jugendlichen oft vielfältigste biografisch unbefriedigte Bedürfnisse nach persönlichen Beziehungen, nach Angenommen-Sein und Harmonie reaktiviert und (nicht selten sehr versteckt und verquer) eingebracht.

Gleichzeitig meinen viele Jugendarbeiterinnen und Jugendarbeiter, vor allem eher wenig qualifizierte und wenig berufserfahrene unter ihnen, dass sie ihre Arbeit umso besser leisten könnten, je mehr Nähe zu den jeweiligen Jugendlichen entsteht. Dazu kommt, dass sie sich leicht gedrängt fühlen, erst einmal eigene Unsicherheiten und noch instabile Vertrauensverhältnisse mit Harmonie-Stimmungen und Harmonie-Empfindungen aufzufangen – und daher das Durchscheinen von Unterschieden oder Gegensätzen eher zu meiden. Gerade in solchen Anfangsphasen fällt es vielen dann oft schwer, eigene Zielsetzungen und Motivationen für die Arbeit genauso wie eigene Werthaltungen offen einzubringen und damit greifbar und angreifbar zu sein, vor allem natürlich da, wo sich besonders große Diskrepanzen zu den Jugendlichen zeigen. Andererseits fällt es gerade da – entgegen weit verbreiteten Ansichten – oft auch leichter. In der Arbeit mit rechten Jugendlichen etwa wurde immer wieder die Erfahrung gemacht, dass es „unpolitische", unauffällige und scheinbar nicht so festgelegte Mitarbeiterinnen und Mitarbeiter oft viel schwerer hatten, stabile und intensive Kontakte aufzubauen als diejenigen, bei denen man selbst in der größten Harmoniestimmung eigentlich nie ganz übersehen oder vergessen konnte, dass die ganz anders waren: Linke, Zekken, Ökos, Emanzen ... oder was sonst in den Augen jener Jugendlichen. Der Kontakt zu solchen war offenbar eher besonders spannend, *weil* die so anders waren und man herausbekommen wollte, warum ausgerechnet die sich für einen interessieren und einsetzen. Eine personal getragene, über personale Beziehungen erlebbare „Konfrontation mit dem Anderssein" ist denn auch in der Beziehungsarbeit immer wieder ein ganz zentrales Mittel – auch und gerade da, wo die jeweilige Zielgruppe sich weltanschaulich als relativ homogen und geschlossen präsentiert.

Professionelle Beziehungsarbeit setzt darauf, über ein Interesse an dem anderen Kontakte aufzubauen und pädagogische Handlungsmöglichkeiten zu entfalten. Die Beziehungsebene soll dann eine *personale* Basis bieten für Einmischungen in Prozesse der Alltags- und Lebensentfaltung der jungen Menschen. Aber am Anfang muss immer das Interesse an dem anderen stehen, der Wunsch, den anderen überhaupt erst einmal kennen zu lernen und eher verstehen zu können. „Zuhören ist anfangs das Wichtigste – und gleichzeitig oft das Schwerste!" So brachte es einmal ein aufsuchender Jugendarbeiter auf den Punkt. Ein anderer verglich den aufsuchenden Zugang zu Jugendlichen einmal mit dem forschend-neugierigen Zugang von Ethnologen in fremden Kulturen, denen es vor allem darum geht, dabei zu sein und ganz genau wahrzunehmen, nicht aber, in Geschehnisse einzugreifen oder diese gar zu bestimmen. Beides, das Zuhören, und das Da-Sein, das Dabei-Sein, sind freilich Handlungsmuster, die vielen mit einem pädagogischen Auftrag wenig oder nichts zu tun zu haben scheinen. („Denn dafür werde ich doch nicht bezahlt!") Entsprechend schwer fallen sie vielen Professionellen.

Dem Zuhören, dem Sich-Interessieren für den anderen kommt gerade in der heutigen Zeit eine ganz besondere Bedeutung zu, weil sich allgemein die Kommunikation zwischen Erwachsenen und Nichterwachsenen in unserer hochindividualisierten Leistungs- und Konkurrenzgesellschaft immer öfter – längst bis in viele Familien hinein – beschränkt auf diejenigen Situationen, in denen Erwachsene an Kindern und Jugendlichen Anstoß nehmen oder ihnen etwas zu sagen haben. Wenn man sich als Erwachsener gestört fühlt, dann spricht man sie an, um sie zurecht zu weisen, um von ihnen etwas zu fordern usw. Ansonsten will man vor allem in Ruhe gelassen werden. Oder man erwartet, dass gefälligst andere einschreiten sollen, um Störungen zu unterbinden – egal, ob dann nach den Müttern, der Schule, der Jugendarbeit oder der Polizei gerufen wird. Und bei vielen Jugendlichen, mit denen es aufsuchende Jugendarbeit zu tun hat, kommt hinzu, dass sie – sicherlich in Konsequenz ihrer bisherigen Erfahrungen und ihrer bisherigen Kompetenzentwicklungen – besonders häufig eine ausgeprägte Menschenscheu und eine große Unsicherheit dabei empfinden, sich Menschen gegenüber adäquat zu verhalten, die ihnen nicht vertraut sind. Provokantes und konfrontatives Auftreten ist dann nicht zuletzt immer wieder ein Mittel dazu, genau das zu überspielen und andere das nicht merken zu lassen.

Andererseits kann und darf es natürlich nicht beim Zuhören bleiben. Schon in der ersten Kontaktsituation ist es wichtig, sich als Sozialarbeiterin oder Sozialarbeiter offen mit der eigenen Zielsetzung vorzustellen, also mit wenigen Worten zu sagen, wer man ist und was man will. Und in dem Prozess sich entwickelnder Kontakte gehört dann mehr und mehr dazu, nach Möglichkeiten zu suchen, sich mit eigenen Vorstellungen einzubringen oder auch damit zu konfrontieren. Gerade dieses aktive Ausloten ist immer schon Bestandteil pädagogischen Handelns in anfänglichen Austestphasen der Jugendlichen, verlangt allerdings auch sehr sensibles Gespür dafür, wie weit man dabei gehen kann, ohne bei den Jugendlichen Eindrücke zu fördern, doch wieder einmal nicht ernst genommen zu werden. Und von dem Moment an, an denen Jugendliche konkrete Erwartungen, Wünsche oder Ansprüche an Soziale Arbeit vorbringen, eröffnet das viele weitere Möglichkeiten, dabei gleichzeitig mit eigenen Vorstellungen zu konfrontieren und entsprechende Reibungsflächen zu bieten – bis hin zum Formulieren von Bedingungen. Viele, vor allem viele noch weniger praxiserfahrene Mitarbeiterinnen und Mitarbeiter haben Schwierigkeiten, diese rechten Zeitpunkte zu finden und zu nutzen. Entweder überfordern sie leicht noch zu wenig vertraute Beziehungsanfänge. Oder sie scheuen sich leicht vor offener Konfrontation mit ihrem Anderssein oder vor der Formulierung grenzensetzender, aber nicht ausgrenzender Bedingungen – aus Angst, damit das aufgebaute Vertrauen wieder zu zerstören.

Eine dritte häufiger zu erlebende Variante besteht darin, nach einer Phase des Erkundens und Zuhörens zum „Eigentlichen" kommen zu wollen, indem man versucht, fortan das Geschehen als pädagogisches Geschehen zu organisieren und zu gestalten, also letztlich entsprechend in den Griff kriegen zu wollen. Das erinnert dann leicht an Soziale Gruppenarbeit. Allerdings sind die Ausgangsbedingungen meist andere, weil das pädagogische Gestaltungsinteresse unausweichlich in Konkurrenz tritt zum gewachsenen Selbstverständnis einer selbstorganisierten Clique oder Szene. Außerdem steht dann meist keine aus der konkreten Situation begründete Entscheidung für solch einen konzeptionellen Weg dahinter, (die es ja in der ein oder anderen Situation geben mag, u.a. dann, wenn eine Clique nicht besonders gefestigt ist), sondern ein prinzipielles Selbstverständnis, wonach pädagogische Arbeit notwendig pädagogisch definierter (Eigen-)welten bedürfe. Das allerdings stellt das eigentliche lebensweltorientierte Grundverständnis aufsuchender Jugendarbeit mit ihrem Verständnis der Begleitung selbstorganisierter Prozesse in Frage – und sei es aus Angst, sich auf die Welten der Jugendlichen weiter einzulassen.

Beziehungsarbeit ist ganz grundsätzlich nicht die Alternative zu gezieltem pädagogischem Handeln, schon gar nicht eine Alternative zu Aufklärung, sondern die *personale Grundlage* dafür. Man könnte noch deutlicher sagen: Erziehung ist in erster Linie Beziehung. Somit ist Beziehungsarbeit auch die soziale und personale Grundlage für pädagogisch angestrebte Lern-, Entwicklungs- und Veränderungsprozesse. Das authentische Verhalten in der Beziehungsarbeit zielt darauf, einen Zugang zu den subjekthaften Alltags- und Lebenserfahrungen zu finden, in denen sich Orientierungs- und Handlungsmuster entwickeln und verändern. Wie in diesem Kontext z.B. politische Auseinandersetzung produktiv gefördert werden kann, das demonstriert folgende Aussage eines rechten Jugendlichen besonders schön: „Sag mal, was du dazu denkst. Ich weiß, du hast da eine völlig andere Meinung als ich. Aber gerade deshalb interessiert sie mich. Eben, weil's deine ist!"

Letztlich sind es eine Reihe sehr *verschieden* gelagerter Gründe, die Beziehungsarbeit gerade in der aufsuchenden Arbeit so ungeheuer wichtig machen und die sich so zusammenfassen lassen:

- Aufsuchende Jugendarbeit hat es vielfach mit solchen jungen Menschen zu tun, die – bei allem, was ihnen vielleicht fehlt oder sie nicht gut können – eines jedenfalls meist sehr gut gelernt haben: sich nämlich „diejenigen vom Halse zu halten", mit denen sie nichts zu tun haben wollen, und sich nichts „aufdrücken zu lassen".

  Schlussfolgerung: Ohne *Beziehungsarbeit* käme man gar nicht an sie ran!
- Zielgruppen aufsuchender Jugendarbeit haben eine – im Vergleich zu anderen Jugendlichen – auffällig hohe Sensibilität dafür zu spüren, ob sie jemand wirklich ernst nimmt und akzeptiert – oder ob sich hinter freundlichen Fassaden ganz anderes verbirgt.

  Schlussfolgerung: Ohne *authentisches Auftreten* engagierter Personen scheitert solch eine Arbeit schnell!

- Aufsuchende Jugendarbeit hat es in besonders hohem Maße mit jungen Menschen zu tun, denen oft von frühester Kindheit an mit viel zu wenig Interesse, Anerkennung, Respekt und Achtung begegnet und deren Würde oft von frühester Kindheit an immer wieder verletzt wurde. (Die Sinus-Studie 2002 über Lebenswelten rechtsradikaler Jugendlicher kommt etwa zu dem Ergebnis, dass diese durchgängig über massive entsprechende frühkindlichen „Beschädigungen" berichten – vgl. Wippermann u.a. 2002, S. 44ff.) Solche Menschen haben vielleicht nie Beziehungen erlebt, in denen man sie achtet und sich für sie interessiert.
  Schlussfolgerung: Ohne Jugendlichen Respekt entgegenzubringen und deren *Selbstachtung* zu fördern, ist keine Achtung anderer zu erreichen!
- Aufsuchende Jugendarbeit hat es immer wieder mit jungen Menschen zu tun, die von sich selbst sagen: „Das mir mal jemand zuhört, das sich mal jemand für mich interessiert, das hab ich noch nie erlebt." – Und sie demonstrieren durch ihr Verhalten, dass das in erschreckender Weise stimmt – weil sie nämlich offenbar überhaupt keine Kompetenzen haben, sich mitzuteilen (viel weniger als in ihrer frühen Kindheit!).
  Schlussfolgerung: Nur, wenn man sich *für sie interessiert*, gibt es Chancen, dass sie sich auch für andere interessieren und entsprechendes Interaktions- und Sozialverhalten entwickeln!
- Schließlich hat es aufsuchende Jugendarbeit ganz überwiegend mit jungen Menschen zu tun, die sich trauen und es attraktiv finden, aufzufallen, Anstoß zu erregen und Konflikte zu inszenieren – und die erleben, dass ihnen das (bei allen Risiken) oft „was bringt", angefangen bei Beachtung und Respekt.
  Schlussfolgerung: Ablassen werden sie von solchen Mustern wohl nur, wenn sie sich was davon *versprechen* – aber kaum als freiwilligem Verzicht oder unter Druck.

All dies war letztlich auch ausschlaggebend dafür, die seit Ende der 80er Jahre erstmals entwickelten Ansätze von Jugendarbeit mit gewaltauffälligen rechten Jugendcliquen provokativ und demonstrativ als „akzeptierende Jugendarbeit" zu bezeichnen. Mit diesem Begriff sollte seinerzeit ein Kontrapunkt gesetzt werden gegen jene damals als völlig selbstverständlich geltende Position, auf solche Jugendlichen dürfe Jugendarbeit nicht zugehen, es sei denn mit klaren Forderungen, sich erst einmal grundlegend zu ändern. Die akzeptierende Jugendarbeit verstand sich von Anfang an denn auch als Alternative zu jenem hilflosen Antifaschismus, der einem zwar die Gewissheit verschaffte, auf der besseren, auf der richtigen Seite zu stehen und sich als konsequent gegen den Rechtsextremismus zu beweisen – nur damit in der Praxis letztlich darauf zu verzichten, sich aktiv einzumischen in die Entwicklungs- und Orientierungsprozesse solcher jungen Menschen, die sich momentan von rechtsextremistischen Orientierungsmustern angezogen fühlen.

Akzeptierende Jugendarbeit betonte und betont dagegen geradezu demonstrativ, dass man auch diese Jugendlichen „dort abholen muss, wo sie stehen“, ein Anspruch, der ansonsten in der Sozialen Arbeit allen Zielgruppen gegenüber unstrittig ist (auch in der Arbeit mit Strafgefangenen etwa). Akzeptierende Jugendarbeit setzt also bewusst die professionelle Beziehungsarbeit mit Menschen, die teils erschreckende Auffassungen vertreten und sich vielfach zu noch erschreckenderen Taten animieren lassen, in den Mittelpunkt. Sie geht davon aus, dass nur professionelle Beziehungen zu solchen jungen Menschen überhaupt Chancen dafür erschließen, sie „von da weg zu holen“. Dem „Abholen, wo sie stehen“ wurde freilich von außen immer wieder unterstellt, man wolle sich dort gemütlich mit den Jugendlichen einrichten – statt sich mit ihnen auf den Weg zu machen.[14] Und dem Grundverständnis, dass Menschen sich letztlich nur dann ändern, wenn sie *subjektiv* einen Sinn darin sehen sich zu ändern, wurde und wird immer wieder endlose Nachsicht unterstellt, so, als ob es keinen Unterschied gäbe zwischen der unstrittig gebotenen Verfolgung von Straftaten und dem Bemühen darum, Nährböden für menschenverachtende Einstellungen oder Verhaltensweisen das Wasser abzugraben.

Akzeptierende Jugendarbeit mit rechten Jugendcliquen verfolgt letztlich das Ziel, Jugendliche in Prozessen ihrer Lebensbewältigung und Lebensgestaltung im Sinne emanzipatorischer gesellschaftlicher Teilhabe zu unterstützen und *damit* offensiv der Attraktivität rechtsextremistischer Orientierungsmuster und entsprechenden Gewaltverhaltens entgegenzuwirken. Dabei wird ein Verständnis zugrundegelegt, wonach rechtsextremistische Orientierungsmuster und entsprechend motivierte Gewaltakzeptanz besonders leicht auf einen Teil solcher Menschen Attraktivität ausüben, die sich *subjektiv* ohnmächtig Risiken oder Bedrohungen ihrer Lebensentfaltung ausgesetzt sehen, nämlich demjenigen Teil, der auch in der bisherigen Sozialisation besonders wenig Respekt, Anerkennung, Wertschätzung und würdevollen Umgang erlebt hat, sondern stattdessen immer wieder massiv mit der Verletzung eigener Würde konfrontiert wurde. Im Mittelpunkt stehen daher zunächst einmal diejenigen Probleme, die diese Jugendlichen *haben*, um darüber über-

---

14 Und es gab ja auch tatsächlich Fälle, in denen Sozialarbeit so agierte – angefangen von jenem von den Tagesthemen im Herbst 1992 aufgedeckten Skandal, dass der westdeutsche Fachberater und Koordinator von Projekten des Programms der Bundesregierung gegen Aggression und Gewalt in Thüringen es vor laufender Kamera als konsequent bezeichnete, Neonazis für die Arbeit mit rechtsextremistischen Jugendlichen einzusetzen, weil die schließlich am besten an jene ran kämen – und das Ganze dann noch als akzeptierenden Ansatz anpries. Im Grunde ist der akzeptierende Ansatz – obwohl seine Grundlagen in der Fachöffentlichkeit inzwischen fast unumstritten sind – nie wieder den Geruch los geworden, naiv den Rechtsextremismus zu befördern – zumal es natürlich auch in diesem Bereich (wie überall) auch schlechte, auch skandalöse Projekte gab, die nur hier immer wieder ganz leicht ein ganzes Arbeitsfeld in Verruf brachten – während das z.B. bei einer skandalös schlechten bedürfnisorientierten Jugendarbeit oder eine skandalös schlechten geschlechtsspezifischen Arbeit im Ort X oder Y nicht droht.

haupt erst die *Bereitschaft* dafür zu fördern, sich mit denjenigen Problemen zu beschäftigen, die sie anderen *machen*. (Vgl. ausführlich dazu: Krafeld 1992, 1996 und 2000b)

Aufgrund der jahrelangen Kontroversen um die akzeptierende Jugendarbeit habe ich diesen Ansatz inzwischen weiterentwickelt und dabei bewusst auch einen neuen Leitbegriff in den Mittelpunkt gestellt, den Begriff der „gerechtigkeitsorientierten Jugendarbeit“. (Näheres dazu in Kapitel 5.5; vgl. auch: Krafeld 2002, 2001c) Entscheidend waren dafür vor allem folgende Schwächen des bisherigen akzeptierenden Ansatzes:

- Der Akzeptanzbegriff hat in Westdeutschland die Funktion gehabt, das Zentrale optimal zu bündeln und hervorzuheben, weil nämlich dort seinerzeit weithin als selbstverständlich galt, Rechtsextremisten auszugrenzen. Das war auch stimmig. In Ostdeutschland aber ist Ausgrenzung aus solchen Gründen nach dem Anschluss 1990 nie normal gewesen, sondern bestenfalls Ausnahme.
- Der akzeptierende Ansatz betont ausdrücklich die Methode des *Zugangs*, sagt aber nicht ebenso eindrücklich, wo es hingehen soll. Das hat Interpretationen begünstigt, das Vertrauen der Jugendlichen über alles zu stellen und Auseinandersetzungen zu scheuen. Es kommt also darauf an, künftig das Ziel der Arbeit ausdrücklicher hervorzuheben.
- Der akzeptierende Ansatz wendet sich begrifflich zwar gegen Ausgrenzung, benennt aber keine *positiven* und attraktiven Zielsetzungen, keine Zielsetzungen, die sogar für junge Rechtsextremisten attraktiv sein können und die *gleichzeitig* die Entwicklung humaner Zivilgesellschaft fördern. Und das kann der Begriff der Gerechtigkeitsorientierung leisten, jedenfalls dann, wenn damit nicht ein bestimmtes Gerechtigkeitsverständnis propagiert werden soll, sondern es darum geht, das subjektgeleitete *Streben* nach mehr Gerechtigkeit in einer zivilen, humanen Streitkultur zu entfalten.
- Der Akzeptanzbegriff wird von (all zu) vielen Menschen immer noch in einem obrigkeitsstaatlichen Sinne gefüllt, nach dem man (nur) das akzeptiert, was man gut heißt oder zumindest hinnimmt. Jener Akzeptanzbegriff der Aufklärung dagegen im Sinne der Akzeptanz des *Andersseins* und *Andersdenkens*, der Freiheit zu völlig anderen Sichtweisen und Einstellungen, der hat sich vielfach immer noch nicht durchgesetzt. Und dieses Faktum ist argumentativ nicht aus der Welt zu schaffen. Politische Bildungsarbeit und Pädagogik haben das vielmehr einzukalkulieren, dass das nach wie vor großes Gewicht hat.
- Die Kehrseite der wirklichkeitsfernen Erwartung, Pädagogik könne bei Rechtsextremismus und Gewalt gesellschaftlich produzierte Problemlagen bewältigen und überwinden, ist eine – teils medienpopulistisch aufgeschäumte – Entwicklung, in der akzeptierende Jugendarbeit immer wieder als Synonym für Verharmlosung von Rechtsextremismus herhalten muss. Das mag man kritisieren oder für abwegig halten. Aber diese

Sichtweise ist Realität. Und eine Pädagogik, die vollauf mit ihrer Rechtfertigung und Verteidigung beschäftigt ist, die also nur noch re-agiert, ist immer weniger handlungsfähig. Sie muss also ihre Handlungsfähigkeit zurückgewinnen, gegebenenfalls auch, indem sie sich ritualisieren Konfliktszenarien entzieht.

3.2.2 Signale mangelnder Professionalität in der Beziehungsarbeit

Beziehungsarbeit ist umso wichtiger als Grundlage, als Basis von Jugendarbeit, je auffälliger und anstößiger deren jeweilige Zielgruppen sind – und je weniger diese sich gleichzeitig auf konventionelle Angebote von Jugendhilfe einlassen. Umgekehrt setzt das besondere Anforderungen, mangelnde Professionalität frühzeitig zu erkennen und ihr möglichst frühzeitig entgegenzuwirken. Signale für eine mangelnde professionelle Kompetenz zeigen sich nirgendwo so schnell und so deutlich wie in der Beziehungsarbeit. Solche typischen Signale sind – wie teilweise bereits angesprochen – vor allem Folgende:

- Ungenügende Abgrenzungen zwischen Arbeit und Freizeit,
- ungenügende Abgrenzungen zwischen persönlicher Offenheit einerseits und dem Einlassen auf Freund- oder Kumpelebenen,
- Tendenzen zum Zurückhalten eigener Überzeugungen oder gar völlige Kritiklosigkeit (aus Angst vor Vertrauensverlust),
- Tendenzen zum undifferenzierenden In-Schutz-Nehmen der Zielgruppe vor allen Vorhaltungen und Kritiken von außen (also blindem Korpsgeist statt *kritischer* Parteilichkeit),
- Vorrangigkeit von angenehmer Atmosphäre und gutem Klima vor der zielstrebigen Bewältigung von Aufgaben und Konflikten,
- Schwierigkeiten, zwischen „Verstehen-Wollen" und „Position-Beziehen" zu unterscheiden,
- Angst davor, in Aushandlungsprozesse zu gehen,
- Angst, Forderungen zu stellen und Grenzen zu setzen (vor allem Grenzen, die nicht ausgrenzen, sondern die Veränderungen provozieren und auf weitere Zusammenarbeit auf *anderer* Basis setzen, nicht auf ein Schlusspunkte-Setzen),
- fehlende Unterscheidungen zwischen angemessenem Verhalten im Beruf und im Privatleben.

Teilweise findet sich aber auch das genaue Gegenteil, nämlich z.B. der Anspruch, auf alle Fälle *immer* direkt und unmittelbar zu intervenieren, wenn etwas geschieht oder etwas geäußert wird, das man selbst als Jugendarbeiterin oder Jugendarbeiter für unangebracht oder falsch ansieht (z.B. auf alle rechtsextremistischen, ausländerfeindlichen oder sexistischen Sprüche). Solche Mitarbeiterinnen und Mitarbeiter lassen sich dann allzu leicht in Provokationsspiralen treiben oder durch dauerndes *Re*-Agieren vom selbstgesteuerten, sozialarbeiterisch begründeten *Agieren* abhalten. All das dominiert dann leicht den Umgang miteinander so sehr, dass sich nähere Beziehungsprozesse gar nicht – oder nur in sehr problematischer Weise – entfalten lassen.

Deutliche Signale für unprofessionelle Beziehungsarbeit zeigen sich darüber hinaus gerade auch häufig im Umgang mit dem grundlegenden Anspruch Sozialer Arbeit, „die Klienten dort abzuholen, wo sie stehen". Zwar würde aufsuchende Arbeit natürlich vielfach gar nicht erst zustande kommen, würde man stattdessen – wie in anderen Feldern der Jugendarbeit üblich – warten, bis „die Klienten" zu einem kommen. Aber „abholen" heißt auch, sich mit ihnen auf einen Weg zu machen – und sich nicht dort gemütlich einzurichten, wo die Klienten gerade stehen (und es ihnen dort recht machen zu wollen). Professionelle Arbeit zieht ihre Legitimation daraus, dass sie mit Klienten irgendwo hin will, sie sich also selbst und ihre Lebenszusammenhänge ändern in einem Sinne, dass sich ihnen – aus ihrer Selbstsicht wie aus der professionellen Sicht – bessere Lebensentfaltungschancen erschließen. Und das schließt immer wieder das Abarbeiten an unterschiedlichen oder gegensätzlichen Vorstellungen ein.

Nun gibt es gerade in der Jugendarbeit aber seit ihren Anfängen auch immer die Vorstellung, Jugendarbeit sei am besten dann zu leisten, wenn Leitungskräfte sich mit „ihren" Jugendlichen identifizieren oder identifizieren können. In autonom organisierten Jugendbewegungen, angefangen beim Wandervogel als Anfang der bürgerlichen Jugendbewegung, hat dass sicherlich eine ganz zentrale Bedeutung (gehabt). Wird dieses Ideal allerdings unreflektiert auf ehrenamtliche Tätigkeiten von Erwachsenen in der Jugendpflege übertragen, ist das schon ziemlich fragwürdig. Und vollends problematisch ist es, wenn bis in unsere Zeit hinein immer wieder aus der Praxis (und selbst vereinzelt von Theoretikern) vertreten wird, das müsse auch für professionelle Arbeit gelten. Damit ließe sich z.B. die Aufgabe zurückweisen, extrem anstößig wirkenden Jugendlichen überhaupt Jugendarbeit anzubieten – es sei denn durch Kräfte, die jenen Jugendlichen sehr nahe stehen und die genau deshalb dafür überhaupt nicht geeignet wären.

Die Identifikation mit Jugendlichen macht sich nicht nur an jugendkulturellen Ausrichtungen, an Interessen, Einstellungen und Verhaltensweisen fest, sondern oft auf einer ganz anderen Ebene, nämlich entweder am ähnlichen Alter, am gleichen Geschlecht oder an ähnlich belastenden Lebenslagen. Letzteres war in den ersten Jahren nach der Wende besonders häufig in Ostdeutschland zu beobachten. Nachdem die alten Strukturen von Jugendarbeit dort praktisch über Nacht weggebrochen waren, waren es vielerorts meist junge Erwachsene, die sich mit außerordentlichem Engagement für junge Menschen einsetzten und unter schwierigsten Bedingungen begannen, neue Angebote von Jugendarbeit und Jugendhilfe aufzubauen. Zunächst geschah das oft ehrenamtlich, dann zunehmend auf der Basis ungesicherter Beschäftigungsmaßnahmen. Auch hatte kaum jemand dafür eine angemessene Ausbildung. Und die ab 1992 im Rahmen des AgAG-Programms versprochene fachliche Begleitung und Qualifizierung stand – von regionalen Ausnahmen abgesehen – fast nur auf dem Papier. Auch Zusagen für formale Nachqualifizierungen erwiesen sich bald zumeist als Luftblasen. Die Engagierten fühlten sich also meist völlig auf sich gestellt, allein gelassen – und brachten trotzdem vielerorts Beeindruckendes zustande. In dieser Situation war gerade unter den Engagiertesten eine Haltung sehr verbreitet, sich selbst wie die Jugendlichen als Opfer der gewendeten Verhältnisse zu sehen (oder auch als Mitglieder von Strömungen oppositioneller oder renitenter Bewegungen in der DDR). Und als Kehrseite solcher gemeinsamer Opferempfindungen sahen sich viele Mitarbeiterinnen und Mitarbeiter gedrängt, ihren Jugendlichen für alles Verständnis entgegen zu bringen und sie prinzipiell in Schutz zu nehmen und zu verteidigen, egal, um was es ging. – Die hier besonders deutliche Fokussierung auf Opferrollen gab es allerdings nicht nur damals nach der Wende, sondern findet sich auch in anderen Bereichen immer wieder, nämlich vor allem immer wieder da, wo – aus welchen Gründen auch immer – Zielgruppen von Jugendarbeit in ihrem Umfeld Außenseiter sind und entsprechend behandelt werden.

Das offensichtlichste und das verbreitetste Signal für mangelnde Professionalität sind aber wohl Schwierigkeiten, Arbeit und Freizeit voneinander zu trennen. Das heißt vor allem:

- Beziehungsarbeiterinnen und Beziehungsarbeiter brauchen unbedingt subjektiv ausreichende eigene soziale Einbindungen und Netze außerhalb der Arbeit, um sich nicht irgendwann hinsichtlich ihrer eigenen sozialen Bedürfnisse auf professionell entstandene Beziehungen angewiesen zu fühlen.
- Berufliches Engagement über die Arbeitszeit hinaus ist manchmal notwendig, sinnvoll oder nicht zu vermeiden, muss aber prinzipiell *Ausnahme* für Extremsituationen bleiben.

Der hauptamtliche Pädagoge in einem Jugendverband etwa, der stolz erzählt, dass er seit einem Jahr kein einziges freies Wochenende mehr gehabe habe und sein Verhalten selbst als heroische Aufopferung empfindet (in diesem konkreten Fall drei Wochen vorm Herzinfarkt), der kann zu seiner Arbeit gar nicht mehr die nötige professionelle Distanz aufbringen, die für reflektiertes Arbeiten notwendig ist. Da ist es zweitrangig, ob er sich angeblich gut damit fühlt oder tatsächlich völlig überlastet wirkt. Auch die aufsuchende Mitarbeiterin, die innerhalb einer Woche zum fünften Mal jemanden aus der betreuten Clique in ihrer Wohnung übernachten lässt, weil der nachts bei Frost besoffen an ihrer Tür klingelt und außerstande ist, nach Hause zu kommen oder sich anderweitig um einen Schlafplatz zu kümmern, handelt nicht professionell. Beim ersten Mal mag ihre Entscheidung noch richtig gewesen sein, weil es eine Extremsituation war, die nach schnellem Handeln rief. Zumindest bei den Wiederholungen aber wäre es angemessen gewesen, die helfende Intervention darauf zu beschränken, dass der Jugendliche nicht erfriert. Und dafür hätte z.B. auch ein Anruf bei der Polizei sorgen können.

Ganz allgemein werden immer wieder Arbeitsleistungen in der Freizeit „für unsere Jugendlichen" mit Extremsituationen begründet. Ob eine Situation aber wirklich eine Extremsituationen ist, das hängt nicht nur von der Art der Situation, sondern auch von der Häufigkeit ab. Was von außen als extrem erscheinen mag, das ist für die davon Betroffenen oder für die Arbeitssituation vielleicht normal. Und dann ist es angemessen, *innerhalb* des vorhandenen Ressourcen-Rahmens Prioritäten entsprechend zu setzen, aber nicht private Ressourcen, wie die eigene freie Zeit, vereinnahmen zu lassen – selbst dann nicht, wenn die professionell verfügbaren Ressourcen offensichtlich nicht reichen. Das ist dann eben Bestandteil der Arbeitsbedingungen. Und die sind nun einmal nicht so, dass im Rahmen der Arbeitsverträge *alle* relevanten Probleme bewältigt oder gelöst werden können, sondern eben bestenfalls einige wenige. Eine Sozialarbeit, die für die Bewältigung *aller* relevanten Problemlagen zuständig ist, haben wir nicht. Sie wäre nicht finanzierbar – und letztlich wohl auch nicht wünschens- und anstrebenswert, so unbefriedigend auch der gegenwärtige Zustand ist. Wir müssen gegenwärtig vielmehr mit einem umgekehrten politischen Trend umgehen, nach dem immer mehr als „nicht bezahlbar", also real als nicht (mehr) gewollt definiert wird. Und die Definitionsmacht darüber, was Soziale Arbeit leisten soll und was nicht, die wird sie sich durch permanente Selbstüberforderung gewiss nicht verschieben.

Gerade an diesem Problem, dem Umgang mit Extremsituationen und der Begrenzung zusätzlicher Leistungen auf Extremsituationen, müssen sich aber praktisch alle neuen und besonders engagierten Mitarbeiterinnen und Mitarbeiter erst einmal abarbeiten – und dabei ihre eigenen Grenzen finden. Das ist in Zeiten extremer Ressourcenkürzungen prinzipiell nicht anders als zu besseren Zeiten. Und dazu gehört auch die Erfahrung, Grenzen mal überschritten zu haben – aber auch die professionelle Bearbeitung solcher Erfahrungen.

3.2.3 Beziehungsarbeit als Einmischung in Lebensentfaltung und Lebensbewältigung

Zugang zu Jugendlichen zu finden, das setzt erst einmal die Bereitschaft (und Fähigkeit) voraus, sich auf die jeweilige Situation und auf den anderen einzulassen, ihm zuzuhören, sich ihm gegenüber offen zu zeigen, zu öffnen und ihn anzuregen, sich selbst zu äußern und mitzuteilen – statt (wie es Pädagogenart ist) immer gleich das Geschehen selbst (um)gestalten und die Kommunikationsprozesse selbst in die Hand nehmen, selbst etwas anleiten oder vermitteln zu wollen. Ein dialogischer Umgang aber will keine Gewissheiten vermitteln, ja, geht davon aus, dass es vielfach letztlich gar keine Gewissheiten gibt. Daher ist es wichtig zu lernen, mit Ambivalenzen umzugehen und auch ohne vorgebliche Gewissheiten Orientierungs- und Handlungsfähigkeiten zu entfalten, gerade in Zeiten wie den heutigen, in denen – wie André Gorz sagt – die Zukunft aufhört, „die Verlängerung vergangener Tendenzen zu sein. Der Sinn der sich anbahnenden Entwicklungen ist verworren, die

Zukunft unbestimmt. Weil die alte Ordnung nicht mehr fortdauern kann und keine andere Ordnung in Sicht ist, muss Zukunft in größerem Maße ersonnen werden, als es bisher der Fall war." (Gorz 1983, S. 11) Dieses *Zukunft Ersinnen Lernen*, dieses *Suchen Lernen* in einer Welt der Unübersichtlichkeiten verlangt in weit größerem Maße als bislang dialogische Kommunikation und ernst nehmenden Austausch untereinander. Und andererseits wird gerade in solchen Zeiten das Angebot angeblicher Gewissheiten – jenes, wie Hartmut von Hentig sagt: „sozialpsychologische Rezept aller totalitären Bewegungen" (Hentig 1999, S. 25) – für viele immer attraktiver. Das nicht zuletzt macht ja u.a. gerade die wachsende Attraktivität des Rechtsextremismus in der Gegenwart aus. Und das – nicht zuletzt – verleitet auch immer wieder Politik und Pädagogik dazu, den angeblichen Gewissheiten des Rechtsextremismus lediglich ihre eigenen *anderen* Gewissheiten entgegensetzen zu wollen, statt den Mut zu dialogischen Suchprozessen und Erkenntnisprozessen zu entfalten. Gefördert wird das zweifellos durch jene im Bildungssystem bis heute so gepflegte Kultur der Besserwisserei, die sich darauf stützt, dass die Besserwissenden den weniger Wissenden zu vermitteln haben, was letzteren für deren Leben nützen soll – und die es mit jenem tradierten Rollenverständnis heute immer schwerer haben, überhaupt noch etwas zu sagen (oder überhaupt noch Interesse an ihren Botschaften zu finden), wo sie doch immer öfter selbst nicht mehr durchblicken, was denn *tatsächlich* im Leben weiterhelfen wird. (Vgl. dazu ausführlicher: Krafeld 2000, S. 61ff.)

Letztlich geht es dabei darum, nicht zum Beispiel – wie so oft gefordert – vor allem über den Rechtsextremismus *aufzuklären*, sondern vielmehr daran zu arbeiten, so Arno Klönne, dass „die Produktionsbedingungen rechtsextremer Weltbilder in den gesellschaftlichen Alltagsverhältnissen öffentlich bewusst werden und die ungelösten sozialen Fragen sowie die Defizite demokratischer Politikgestaltung, auf die der Rechtsextremismus seine „Antworten" anbietet, in den Mittelpunkt des Diskurses" gerückt werden. (Klönne 2000, S. 24) Gleichzeitig bedeutet das im Umgang mit Jugendlichen, auch abweichendes und anstößiges Verhalten als *Bewältigungsverhalten* in oft sozial unübersichtlichen und selbstwertgefährdend erscheinenden Situationen zu begreifen. (Vgl. dazu ausführlicher: Böhnisch 1994)

Der lange Jahre als Streetworker und in der Theaterarbeit mit gewaltauffälligen Jugendlichen tätige niederländische Psychologe Ronald Matthyssen hat vor einigen Jahren ein in diesem Zusammenhang sehr beachtenswertes Präventionskonzept gegen (u.a. rechtsextremistisch motivierte) Gewalt entwickelt, das von der *eigenen verletzten Würde* als zentraler Quelle von Gewaltbereitschaft und Gewaltverhalten ausgeht. Er entwickelt daraus den Zielanspruch, der Genese von erlittener Gewalt und Entwertung eine Förderung der Genese der *eigenen* Würde entgegenzusetzen – und auf diese Weise schon *Dispositionen* von Gewalt entgegenzuwirken. Als zentrale Prämisse geht er davon aus, dass eine Stärkung der eigenen Würde Tendenzen zu Gewalt und Entwertung anderen gegenüber senkt. Weitere Kernpunkte seines Konzeptes sind dann folgende Prämissen:

- Gewaltbereitschaft und Gewaltverhalten entwickeln sich zumeist aus erlittenen Entwertungsgefühlen und aus Verletzungen der eigenen Würde.
- Affektive Reaktionen sind da am heftigsten, wo dem konkreten Ereignis biographisch schon Entwertungs- und Demütigungsempfindungen vorausgehen.
- Gewalt zielt dann letztlich immer (auch) auf die Stärkung subjektiv gefährdeter eigener Würde.

Daraus folgert Matthyssen vor allem:

- Ohne Entfaltung eines eigenen Selbstwertgefühls (und ohne Selbstachtung) ist keine Achtung des anderen möglich.
- Eine Stärkung der Würde lässt sich letztlich nur in den alltäglichen Lebenswelten realisieren und setzt entsprechende Einmischungen in diese voraus.
- Gewalt- und Entwertungsverhalten sind entsprechend primär durch verstärkte Zugehörigkeit und Teilhabe am sozialen Leben zu bekämpfen. (Matthyssen 1999)

3.3 Dialogische Kommunikation entfalten

Wer auf eine Stärkung demokratischer Kultur setzt, wer allen Menschen ein Recht auf persönliche Entfaltung zugesteht, der muss Lernen immer als subjektgeleiteten Prozess begreifen. Schon die allerjüngsten Menschen fangen an, ihre Welt verstehen zu wollen, ihre Erlebnisse und Erfahrungen begreifen und einordnen zu wollen, um sich immer besser in ihrer Welt zurecht zu finden. Und solche sehr persönlichen, sehr subjektgeleiteten Prozesse der Suche nach Erkenntnis, nach Orientierung und nach entsprechenden Verhaltenskompetenzen ziehen sich letztlich durch unser ganzes Leben. Wenn wir wollen, dass sich Menschen anders orientieren, als sie es momentan tun, dann geht das am ehesten, wenn wir uns in ihre ureigenste Suche nach Orientierung, in ihre eigene Erfahrungsproduktion anregend – im wahrsten Sinne des Wortes: *anregend* – einbringen. Und das fängt damit an, sich überhaupt für solche Personen zu interessieren, sich zu interessieren für deren Wege und Ansätze, sich in ihrer Welt zurecht zu finden – und uns dann im dialogischen Austausch miteinander einzubringen mit unseren eigenen Erfahrungen, Vorstellungen, (Wert)-orientierungen und Empfindungen.

Aber ein dialogischer Umgang mit dem anderen wird in unserer Gesellschaft viel zu wenig praktiziert, jener *gegenseitige* Gedanken- und Erfahrungsaustausch zur *gegenseitigen* Anregung und Bereicherung, der es letztlich dem anderen überlässt, was er oder sie nun übernimmt oder als Denkanstoß empfindet. Wie typisch sind für uns stattdessen Redewendungen wie: „Das ist nun einmal Fakt“ oder „Das musst du so sehen“ (Warum muss ich das?). Wie typisch sind jene Diskussionsrituale, die darauf setzen, dass man dem anderen alles widerlegen will, bis diesem die Argumente ausgehen und er oder sie vielleicht sogar ausdrücklich eine Niederlage eingestehen muss? Da werden oft eher verbale Kampfrituale durchexerziert und nicht selten gar mit symbolischen Unterwerfungsgesten abzuschließen versucht, die in der Wirkung aber eher zu Erstarrungen von Orientierungsprozessen als zu deren Förderung führen.

Typische Muster, andere nicht ernst zu nehmen

Gesprächspartner werden nicht ernst genommen mit *Aussagen* wie:

- *„Das musst du so sehen!"*
- *„Das musst du einfach einsehen!"*
- *„Das ist ganz einfach Fakt!"*
- *„Wenn du nichts dagegen sagen kannst, dann stimm' mir gefälligst zu!"*
- *„Wenn du keine bessere Alternative weißt, dann halt die Klappe!"*
- *„Hör mir gefälligst erst mal zu! (....) Aber was du sagst, das kann sich ja keiner anhören!"*
- *„Wie haben denen was zu sagen! (...) Aber die haben uns doch nichts zu sagen! Die doch nicht!"*
- *„Die sollen sich erst mal anders aufführen (anders sprechen, anders aussehen) ... "*
- *„Ich hab recht! In jeder Hinsicht! – Und du hast Unrecht"*
- *„Du hast kein Recht, so zu reden!"*
- *„Du musst dich ändern, ich mich doch nicht!"*

Gesprächspartner werden nicht ernst genommen mit *Verhaltensweisen* wie:

- *nicht ausreden lassen,*
- *nicht zuhören, sondern sich für die Antwort wappnen,*
- *nur auf Gesprächslücken lauern,*
- *sich vor allem behaupten wollen (und ja nicht nachgeben oder zurückweichen),*
- *anderen eigene „Wahrheiten" aufnötigen wollen,*
- *vertikale Beziehungen anstreben, Haltungen „von oben herab",*
- *im Talkshow-Stil verbale Kampfrituale inszenieren,*
- *feindselig und polemisch argumentieren,*
- *Entscheidungen über Gewinner und Verlierer anstreben,*
- *Einforderung symbolischer Niederlagen-Eingeständnisse am Schluss.*

Im Kontext nicht ernst nehmender Gespräche wird dem anderen oft faktisch das Recht auf eine eigene Meinung abgesprochen, jedenfalls auf Meinungen, an denen man selbst Anstoß nimmt. Das urdemokratische Recht auf die *Äußerung* einer eigenen Meinung beinhaltet aber gerade das Recht auf eine *andere* Meinung, selbst das Recht auf solche Meinungen, die andere verkehrt oder gar schlimm finden. Das – letztlich unveräußerliche – Recht auf freie Meinungsäußerung ist allerdings klar davon zu unterscheiden, dass niemandem das Recht zusteht, mit dem eigenen *Verhalten* jene Grenzen und Normen zu überschreiten, die die Rechte und die Würde anderer Menschen schützen. Allzu oft wird beides vermischt, wird entweder schon das Recht auf problematische Ansichten abgesprochen oder es wird hinnehmend oder nachsichtig auf Grenzüberschreitungen im Verhalten, auf *tatsächliche* Diskriminierungen, Verletzungen oder Bedrohungen reagiert.

Dialogische Kommunikation setzt nicht auf die Konfrontation mit dem anderen, sondern auf die personale Begegnung, auf das Interesse an dem anderen. Und es geht nicht nur darum, woran man bei dem anderen Anstoß nimmt. Es ist immer wieder interessant zu erleben, wie gerade gewaltorientierte Jugendliche oft ungeheuer sensibel darauf reagieren, ob sie jemand diskutierend bearbeiten will oder ob sich jemand *tatsächlich* ernst nehmend dialogisch auf sie einlässt – und an welchem Punkt solche Gespräche möglicherweise kippen. Ergeben sich ernst nehmende Gespräche gar mit jemandem, von dem man das eigentlich wegen tiefgreifender Gegensätze überhaupt nicht erwartet hatte, dann kann dialogische Kommunikation ganz besonders reizvoll sein, vielleicht geradezu wie eine Lernprovokation wirken. Und Erfolg haben solche Gespräche, wenn mit ihnen etwas in Bewegung gebracht, nicht, wenn ein Greifbares *Ergebnis* erzielt wurde.

Dialogische Kommunikation stützt sich also – wie oben schon kurz erwähnt – auf das Selbstverständnis, dass auch dasjenige Denken und Handeln, das Regeln, Normen und Werten widerspricht, das Anstoß erregt, das vielleicht sogar Empörung und Erschrecken hervorruft, letztlich *subjektiv* meist erst einmal nichts anderes ist als ein Bewältigungsverhalten, von dem man sich selbst etwas verspricht. Ohne auf das dahinterstehende Bewältigungsbedürfnis ernsthaft einzugehen, und ohne dieses Bewältigungsbedürfnis als aktuelles Zwischenprodukt bisheriger kognitiver und affektiver Verarbeitung eigener Erfahrungen ernst zu nehmen (vgl. Damm 1980, S. 16ff.), wird ein wirkliches Eingehen auf den Anderen, wird ein Einmischen in dessen weitere Erkenntnis- und Orientierungsprozesse letztlich nicht möglich sein.

Grundverständnisse dialogischen Lernens

Dialogisches Lernen heißt:

- Lernen immer als *subjektgeleiteten* Prozess begreifen,
  - statt als Belehrung durch professionelle Besserwisser,
- Lernen immer als *gegenseitigen* Prozess „auf Augenhöhe" begreifen,
  - statt als einseitigen Prozess von oben nach unten,
- sich für den anderen interessieren,
  - nicht nur für dessen Defizite und Anstößigkeiten – oder für das, was man ihm beibringen will,
- auch anstößige Auffassungen als Bewältigungsverhalten sehen,
  - die sich nur durch *subjektiv* geeigneteres Bewältigungsverhalten überwinden lassen.

Dialogisches Denken ist aber nicht zuletzt vor allem auch ein Denken, das immer wieder dazu anregt und anhält, sein Reflexionsvermögen weiter zu entwickeln, Differenzierungen und Relativierungen vorzunehmen, sich in den anderen hineinzudenken oder hineinzufühlen und entsprechende kommunikative und interaktive Kompetenzen zu entfalten. Wer sich ernst genommen fühlt von einem Andersdenkenden und sich darauf einlässt, der oder die fängt unweigerlich (wenn auch vielleicht anfangs kaum bemerkbar) an abzurücken von bislang scheinbar selbstverständlichen Mustern der Polarisierung in „richtig" und „falsch", „gut" oder „schlecht", „Freund" oder „Feind" usw. Wer davon etwas haben will, dass sich der andere – trotz aller Unterschiede und Gegensätze – für einen interessiert, muss anfangen, Ambivalenzen zuzulassen, muss anfangen, sich auch auf ungewohnte Formen der Kommunikation einzulassen, muss anfangen, von der pauschalen Gleichsetzung von Fremdheit und Bedrohung abzurücken usw. Stattdessen geht es dann darum, in der Begegnung mit Fremdheit primär die Dimension der *Unterschiedlichkeit* in den Blick zu nehmen – und die Begegnung mit Unterschiedlichkeiten als zentralem Medium der Selbstdefinition und Selbstverortung nicht (nur) als Verunsicherung fürchten, sondern auch *schätzen* zu lernen. Und je mehr das geschieht, umso mehr fördert es das Gefühl, sich selbst entwickeln und verändern zu können.

Dialogisches Lernen setzt bei Pädagoginnen und Pädagogen ein Grundverständnis voraus, das in der aktuellen Fachdiskussion vor allem unter dem Begriff des Empowerment (Selbstwertstärkung) – als Gegenstück zum gängigen Defizit-Blick – entfaltet wird: Das „Vertrauen in die Stärken der Menschen, in produktiver Weise die Belastungen und Zumutungen der alltäglichen Lebenswirklichkeit zu verarbeiten, (...) der Glaube an den Wert und die Würde jeder Person." (Herriger 1997, S. 73) Damit soll eine eindeutige Alternative zur gängigen Konzentration auf *Probleme* und *Defizite* formuliert werden, nach denen die Praktiker die Besserwisser, die Ratgeber, die Mächtigen und Definitionsmächtigen sind und mit institutionalisierter Ungeduld handeln. Gefordert wird stattdessen eine neue Kultur des sozialberuflichen Handelns, die die „Spurensuche nach Stärken", die Akzeptanz des Eigen-Sinns und den Respekt vor unkonventionellen Lebensentwürfen, *eigenen* Wegen und *eigener* Zeit zu zentralen Ausgangspunkten nimmt. (Herriger 1997, S. 75ff.) „In den Mittelpunkt der helfenden Beziehung rückt so der *biographische Dialog*" orientiert auf die Lebenszukunft. (Herriger 1997, S. 80f.)

Was dialogisches Lernen ist und sein kann, das ist – in Anlehnung an Martin Buber (Buber 1958) – wohl von niemandem so differenziert in Theorie und Praxis entfaltet worden wie von Paulo Freire, dessen südamerikanische Ansätze zur Verbindung von Alphabetisierung und politischer Bewusstseinsbildung in den 70er Jahren international große Beachtung fanden. Freire wendet sich gegen das klassische „Bankierskonzept der Erziehung" mit seinen klaren Subjektrollen für die Lehrenden und ebenso eindeutigen Objektrollen für die Lernenden. Seine dialogisch begründete „Erziehung zur Befreiung" verlangt vielmehr von den Lehrenden zunächst ein (wochenlanges) genaues Erkunden der Lebenswelten der Zielgruppe und deren bisheriger Deutungs- und Handlungsmuster, um auf dieser Basis mit jenen gemeinsam eine „Entmythologisierung von Wirklichkeit" anzustreben. Wichtigstes Ziel ist dabei, dass die Lernenden sich als selbständige Individuen und als Subjekte in ihrer Lebenswelt entdecken und entsprechende Kompetenzen entfalten. (Vgl. Freire 1973b; Figueroa 1989, S. 36f.)

In seiner bildhaften Sprache wendete sich Paulo Freire gegen Verständnisse, die Lernen begreifen als „Speisevorgänge", als „Fressen fremden Wissens", oder die Lernen gleichsetzen „mit dem Füllen leerer Gefäße". Lernen ist für Freire vielmehr vor allem das Aufwerfen von *Fragen* und das Problematisieren von Lebenswelten, nicht aber das Vermitteln von Antworten. Es baut auf die bisherigen Erfahrungen der Lernenden und die bisherige Verarbeitung ihrer Erfahrungen auf, statt diese Erfahrungen zu entwerten und ihnen gleichzeitig erfahrungsfremdes Wissen gegenüberzustellen. Der dialogische Umgang mit Verarbeitungsprozessen von Erfahrungen ist entsprechend zentral. „Der Lernstoff ist die Lebenssituation des Schülers und seine Erfahrung von dieser Situation, sein Bewusstsein mit allen darin enthaltenen Widersprüchen." (Freire 1973a, S. 14f.) Für die Arbeit mit Jugendlichen bedeutet das, aktuelle Deutungs- und Verhaltensmuster nicht nur auf der individuellen Ebene und im Kontext der jeweiligen Clique oder Szene wahrzunehmen und ernst zu nehmen, sondern auch andere Dimensionen der Lebenslage der Jugendlichen, angefangen von deren sozialen Milieuprägung und Milieueinbindung. Wo beispielsweise milieutypische Deutungs- und Handlungsmuster eine hohe Affinität zu typischen Mustern in den jeweiligen Cliquen und Szenen aufweisen, da muss pädagogische Einmischung anders aussehen als bei jenen Jugendlichen, die Milieus entstammen und/oder aktuell angehören, bei denen sich solche Affinitäten vergleichsweise wenig finden. Und wo beispielsweise in Milieus Empfindungen kollektiv verletzter Würde durchgreifende Bedeutung haben, da muss auch diese Ebene der Würdeverletzung besonders intensiv mit einbezogen werden.[15]

15 Matthyssen hat seinen o.a. Ansatz der Stärkung der Würde u.a. anhand seiner langjährigen Erfahrungen mit dem Theater der Unterdrückten nach Augusto Boal (vgl. z.B. Boal 1979) konkretisiert, das sich auf ganz ähnliche Grundverständnisse wie Paulo Freire stützt und das die partizipierende Beobachtung von Realität in den jeweiligen Lebenswelten durch die szenische Rekonstruktion von Realität ergänzen soll. In der Arbeit mit Schulklassen und mit jungen Strafgefangenen stehen dabei jeweils Erfahrungen von Gewalt und Rassismus im Mittelpunkt. (Vgl. Matthyssen 1999, S. 98-128; www.formaat.org)

3.4 Ansetzen an Erfahrungen und Bedürfnissen

Wohl kein Anspruch wird in der Jugendarbeit so häufig formuliert wie der, an den Erfahrungen und Bedürfnissen der Jugendlichen anzusetzen. Was dann allerdings darunter verstanden wird, das lässt oft sehr erschrecken (vgl. dazu: Negt 1978) – mindestens ebenso sehr wie das, was vielfach als Beziehungsarbeit ausgegeben wird. Da wird immer wieder so getan, als ob alle Jugendlichen, oder zumindest alle Jugendlichen eines Alters, eines Geschlechts oder einer Herkunft die gleichen Erfahrungen gemacht hätten. Oder da wird Erfahrungen *machen* und Erfahrungen *verarbeiten* nicht unterschieden. Und als Bedürfnisse von Jugendlichen gilt oft umstandslos all das, was Jugendliche auf entsprechende Fragen ganz direkt benennen (können) oder in ihrem Verhalten zeigen. Schlimm werden solch banalisierende Verständnisse vor allem dann, wenn aus pauschal unterstellten Erfahrungen ebenso pauschale Bedarfe oder Bedürfnisse abgeleitet und aufgegriffen werden – oder wenn mit Hinweis auf die Begrenztheit geäußerter Bedürfnisse pädagogische Untätigkeit, Gefälligkeitsarbeit oder niveaulose Arbeit legitimiert wird.

Da derartige Deutungs- und Handlungsmuster in der Jugendarbeit ungeheuer verbreitet sind, erscheint es notwendig, sich hier jedenfalls kurz mit ihnen zu befassen. Beide Ansprüche, an den Erfahrungen anzusetzen und an den Bedürfnissen anzusetzen, wurden in den 70er Jahren als Kernelemente einer emanzipatorischen Wende der Pädagogik verstanden, die junge Menschen als *Subjekte* ihres Lebens ernst nehmen und fördern will, statt sie als unreife und unmündige Objekte von Pädagogik zu behandeln. Ansetzen an *Erfahrungen* meint dann nicht ein Ansetzen an all dem, was junge Menschen bislang erlebt haben – und was davon von außen für wichtig gehalten wird. Erfahrung meint vielmehr den produktiven *Umgang* mit Erlebtem, die produktive Verarbeitung dessen, was an Erleben „anfällt". Zu dem produktiven Verarbeiten gehört dann als erstes, dass wir sehr selektiv wahrnehmen, dass wir also vieles gar nicht erst an uns rankommen lassen – und anderes nur sehr bruchstückhaft und subjektgeleitet verfremdet. Und was wir an uns ran lassen, das versuchen wir in Beziehung zu setzen zu Erfahrungen, die wir bereits gemacht (und verarbeitet – oder besser: bearbeitet) haben. Folglich hat letztlich jeder und jede seine bzw. ihre eigene spezifische, selbstgesteuerte Art und Weise, mit Erleben und Erlebtem umzugehen. (Vgl. dazu: Negt/Kluge 1972, S. 27f. u. 57ff.)

Die produktive Verarbeitung von Erfahrungen ist also ein biographisch geprägter, sehr subjektgeleiteter Prozess, der zudem zum allergrößten Teil nicht bewusst und nicht kognitiv abläuft. Ebenen gefühlsmäßiger oder psychischer Verarbeitung sind meist noch viel wichtiger, vor allem aber viel nachhaltiger, und schwerer zu ändern. Und wie wir etwas auf all diesen Ebenen verarbeiten, das kann zudem sehr widersprüchlich sein – oder zumindest wirken: Was wir im Kopf vielleicht *lernen*, dagegen sträubt sich das Innere vielleicht mit Angst oder Abwehr. Und mit unserem Verhalten sieht es vielleicht noch anders aus. Und an derartige Widersprüche (die sich im Alltag dann vor allem als Hürden für Veränderungsbestrebungen zeigen), kommen wir letztlich nur heran, wenn wir uns für deren biographische Entstehungsgeschichte interessieren, also biographische Zugänge zu den Erfahrungen und zu den Prozessen der Erfahrungsproduktion der Jugendlichen entwickeln und entfalten.

Diese Grundverständnisse werden gegenwärtig gerade im Kontext des Konstruktivismus viel diskutiert. Der Konstruktivismus – deutlicher noch als andere Theorien – geht davon aus, dass es keine objektiven Wahrnehmungen gibt. Menschen können nach diesem Grundverständnis die Welt nicht erkennen, wie sie wirklich ist, also zu „objektiven Wahrheiten" gelangen, sondern sie konstruieren sich im Laufe ihres Lebens ihre eigenen Wirklichkeiten. Daraus folgert Graeßner für das Verständnis von Lernprozessen: „Es sind immer so viele Wirklichkeiten im Raum, wie Personen. Und es ist wichtig, diese Wirklichkeiten in lernender Verständigung miteinander zu verkoppeln." (Graeßner 2001, S. 1957) Menschen entscheiden letztlich selbst in eigenen produktiven Vorgängen, aber auf der Folie der tatsächlichen bisherigen Be- und Verarbeitung biographischer Erfahrungen, was sie wahrnehmen und wie, was sie an sich ranlassen, verarbeiten und in ihre Muster integrieren. Das, was sie wahrnehmen und aufnehmen, muss zu ihnen passen – und wie sie es verarbeiten, muss es für sie subjektiv „Sinn machen". Beobachtete Vorgänge und wahrgenommene Informationen werden also mit den eigenen längst vorhandenen Interpretationsmustern bearbeitet, eingeordnet und beurteilt. Betrachtet man aus diesem Blickwinkel beispielsweise die Jugendforschung, so werden manche, vielleicht sehr viele ihrer Fragen und ihrer Aussagen viel verständlicher. Was sie allerdings *tatsächlich* über Jugend, schon gar über *die* Jugend auszusagen vermögen, das wird damit auch immer ungewisser.[16]

16 Eine in diesem Sinne sehr pointierte und gleichzeitig sehr schön und auf leichte Weise anregend zu lesende Fundamentalkritik bisheriger Jugendforschung liefert der jugendforschende Journalist Klaus Farin in der Einleitung von „generation kick.de: Jugendsubkulturen heute". (Farin 2001, S. 10-26)

Erfahrung und Lernen

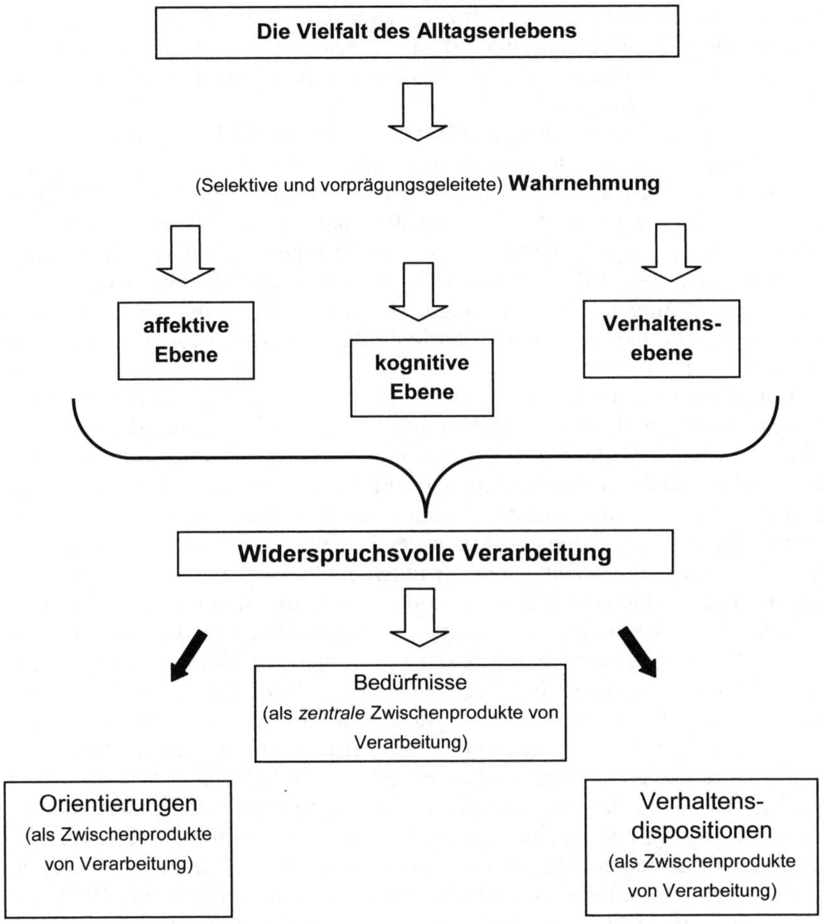

An Erfahrungen anzusetzen heißt also nicht, an konkret Erlebtem oder gar an allgemein als „typisch" geltenden Erfahrungen dieser oder jener Gruppierungen Jugendlicher anzuknüpfen, sondern die je individuelle Produktion von Erfahrungen wichtig zu nehmen als biographische Wurzel eigener Einstellungen, Deutungsmuster und Verhaltensweisen. Und in diesen Zusammenhang gehören dann auch die Bedürfnisse. Bedürfnisse sind letztlich handlungsorientierte (Zwischen-)produkte bislang vollzogener Erfahrungsbearbeitung, genauso wie aktuelle Einstellungen, Orientierungen und Verhaltensdispositionen. Sie bringen jeweils die *zukunftsgerichtete* Seite des Umgangs mit den eigenen Erfahrungen zum Ausdruck. Nicht nur im Zuge anderer Erfahrungen, sondern ebenso im Zuge anderer, weiterführender Bearbeitung längst vorhandener Erfahrungen lassen sich diese verändern. All diese subjektgeleiteten Bemühungen des einzelnen werden letztlich von einem grundlegenden Streben geleitet, nämlich dem Streben danach, „besser mit dem Leben zurecht zu kommen", „mehr aus dem eigenen Leben zu machen" und „mehr vom Leben zu haben".

Wenn in der Jugendarbeit von Bedürfnissen die Rede ist, dann wird dabei allerdings immer wieder primär an konkrete Aktivitäten, Programme oder Angebote gedacht. Das entspricht dem herrschenden Denken in unserer industrialisierten Warengesellschaft. Da werden dann auf Nachfragen immer gleiche Bedürfniskataloge vorgebracht – wenn den Jugendlichen überhaupt etwas einfällt auf jene fast obligatorischen Fragen von Pädagoginnen und Pädagogen, was denn ihre Bedürfnisse seien. Da kommt dann allenfalls, was man kennt. Oder was man als machbar ansieht. Oder Reproduktionen von Traumbildern aus den Medien.

Betrachtet man Bedürfnisse allerdings – wie schon erwähnt – als Zwischenprodukte der Be- und Verarbeitung eigener Erfahrungen, dann geht es nicht um instrumentelle Bedürfnisse, sondern sind mit Bedürfnissen tiefgreifende, substantielle Bestrebungen und Wünsche gemeint. Diethelm Damm hat Mitte der 70er Jahre bei der Entwicklung seines Konzepts bedürfnisorientierter Jugendarbeit versucht, hinter der Vielzahl von Bedürfnissen jeweils deren Kernsubstanz auszumachen. Er unterscheidet dann – in ausdrücklicher Vorläufigkeit – acht *grundlegende* Bedürfnisse, auf die sich – so Damm – letztlich alle anderen Bedürfnisse zurückführen ließen (siehe Schaubild S. 83).[17] – Ziel von Jugendarbeit müsse sein, immer auf die möglichst weitgehende Befriedigung möglichst vieler dieser Grundbedürfnisse zu zielen. Umfassend ist das aber natürlich nie möglich: Mal wird das eine, mal das andere Bedürfnis mehr befriedigt, mal findet die Befriedigung des einen Bedürfnisses hier, und die eines anderen Bedürfnisses da relativ enge Grenzen. Und ganz normal ist es, dass die *subjektive* Bedeutung von Bedürfnissen, die im Moment relativ gut befriedigt werden, mit der Zeit abnimmt, währen länger unbefriedigt gebliebene Bedürfnisse Veränderungsmotivationen und Veränderungsdruck produzieren. So schildert Damm in seiner Studie von 1980 eine Clique, die lange Zeit in die dörfliche Feuerwehr eingebunden war und sich dort wohl fühlte. Irgendwann allerdings empfanden die Jugendlichen es als immer störender und inakzeptabler, dass sich dort die Befriedigung bestimmter Bedürfnisse oft nur sehr unzureichend oder nur in klaren Grenzen und Regelsystemen bewegen konnte. (Vgl. insgesamt dazu vor allem die Zusammenfassung in: Damm 1980, S. 9-26).

---

17 Dieses Schaubild geht auf die Anregung von Damm zurück, sich das Spektrum grundlegender Bedürfnisse als Wagenrad vorzustellen. (Damm 1980, S. 17)

Grundlegende Bedürfnisse nach Diethelm Damm

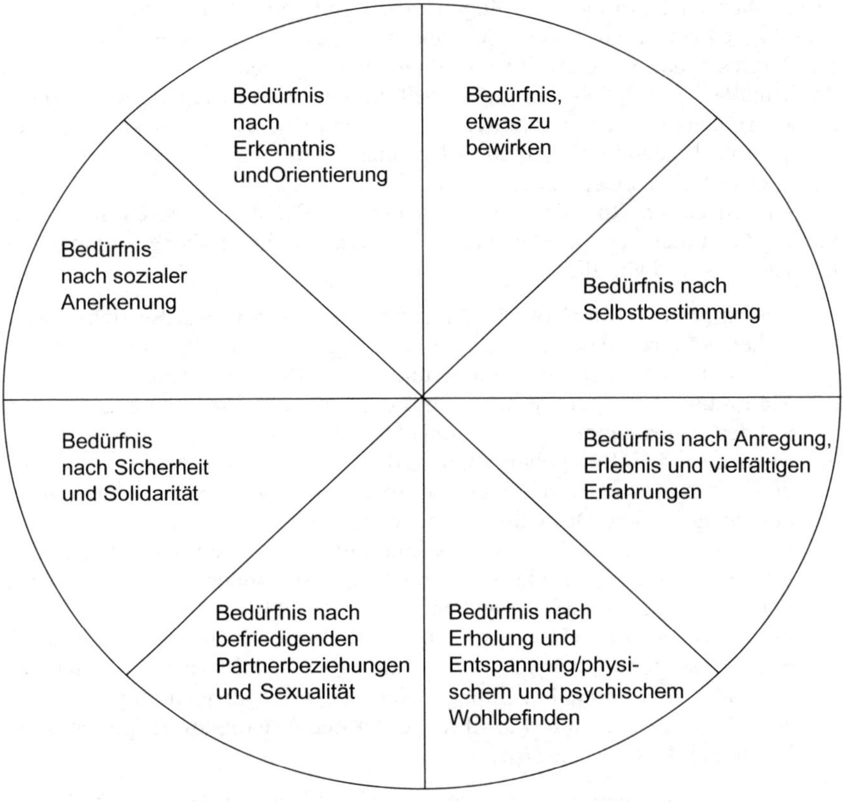

Bedürfnisorientiert zu arbeiten, das heißt dann also, vor allem danach zu trachten:

1. in dem Verhalten und in den Äußerungen junger Menschen möglichst differenziert wahrzunehmen, welche grundlegenden Bedürfnisse sie dabei im Moment vor allem treiben,
2. die Selbstwahrnehmung von – möglicherweise eher verborgenen – Grundbedürfnissen bei den Jugendlichen zu fördern,
3. die Entfaltung wahrgenommener wichtiger Bedürfnisse mit möglichst gezielten Anregungen, Impulsen und Angeboten (auf human verträgliche Weise natürlich) zu fördern,
4. mit Angeboten jeweils eine möglichst breite Palette von Grundbedürfnissen abzudecken,
5. sich dabei auf die Zeitrhythmen der Jugendlichen einzustellen.

3.5 Zum Umgang mit Aggressivität und Gewalt

Trotz aller Diskussionen um Jugendarbeit mit gewaltauffälligen Jugendlichen, die es vor allem in den 90er Jahren gab, gelten bis heute zum Umgang mit Aggressivität und Gewalt weithin jene Erfahrungen als richtungsweisend, die Kraußlach u.a. 1969-75 in der Arbeit mit aggressiven Jugendlichen (meist Rockern) machten und publizierten. Die zentralen Erkenntnisse aus deren Praxis von Jugendarbeit sollen daher hier noch einmal zusammengefasst werden (Vgl. Kraußlach u.a 1976; Kraußlach 1981):

Kraußlach u.a. kommen immer wieder auf einige zentrale Grundvoraussetzungen zurück, um überhaupt mit aggressiven Jugendlichen arbeiten zu können. Das sind vor allem:

1. Man muss emotional (nicht nur mit dem Kopf und aus Einsicht!) dazu stehen können, dass das Äußern von Aggressionen zu den normalen, selbstverständlichen Lebensäußerungen von Menschen gehört.[18]
2. Man muss selbst gelernt haben, mit eigenen Emotionen umzugehen, um mit den Aggressionen anderer umgehen zu können.
3. Man muss damit umgehen können, dass einem in den Aggressionen anderer immer wieder auch eigene verdrängte oder unzureichend bearbeitete aggressive Dispositionen begegnen.
4. Man muss gelernt haben, Aggressionen nicht – wie sonst weithin gängig – primär von ihrem Ende, von ihrer Wirkung, sondern von ihrer Entstehung her zu sehen und anzugehen.
5. Man muss gelernt haben, aggressive Verhaltensweisen in ihren substantiellen Aussagen zu verstehen (z.B. als oft subjektiv letzte Möglichkeit, sich überhaupt noch Beachtung holen oder Berücksichtigung erreichen zu können), statt nur auf ihre Äußerungsformen zu reagieren (vgl. Kraußlach 1981, S. 33-36).

Aus den Darstellungen und Analysen von Kraußlach u.a. lassen sich alsdann eine Reihe wichtiger Handlungsansätze zum Umgang mit aggressivem Verhalten Jugendlicher herausfiltern:

1. Aggressionen ernst nehmen:

- gelassen auf Aggressionen reagieren (was aber nicht gleichgültig heißt),
- Ängste offen zeigen und aussprechen (die eigenen wie Ängste anderer, z.B. des Trägers),
- den eigenen Standpunkt nicht verleugnen,

---

18 Aus heutiger Sicht wäre dazu sicherlich ergänzend darauf hinzuweisen, dass Aggressionen nicht nur im Kontext von (negativ beurteilter) Gewalt und Gewaltbereitschaft betrachtet werden dürfen, sondern in Aggressionen immer auch subjektgeleitete produktive Kräfte zur Veränderung bestehender Situationen und Verhältnisse zum Ausdruck kommen, die im Rahmen pädagogischer Arbeit aufgegriffen und gefördert werden können.

- sich im Handeln (und nicht im Reden) als nützlich erweisen,
- bereit sein, sich Konflikten konsequent zu stellen, ohne allerdings dabei körperliche Gewalt zu akzeptieren,
- Provokationen wahrnehmen und auf sie reagieren, aber möglichst alternativ statt in der erwarteten Weise,
- Abgrenzungsverhalten und Abgrenzungssymbole erkennen und respektieren.

2. *Aggressivem Verhalten etwas entgegensetzen:*

- Auseinandersetzung nicht scheuen,
- nicht verurteilend reagieren, sondern fragend, betroffen und um Erklärungen bittend,
- nicht Stärke demonstrieren, da das Gegenstärke provoziert,
- nicht andere Jugendliche für das eigene Gegenhalten vereinnahmen,
- ablaufende Situationen beschreibend offen legen und gegebenenfalls auf Ablaufmechanismen hinweisen,
- positive Erlebnishöhepunkte (Kicks) im Alltag fördern und inszenieren, damit über Aggressionssteigerung inszenierte Kicks in Zukunft weniger wichtig werden,
- keine Aggressionskreise aufbauen (weil man da zwangsläufig verliert),
- Möglichkeiten anbieten, aus Aggressionskreisen auszusteigen.

3. *Gängigen Ablaufmustern entgegenwirken:*

- nicht so handeln, wie die Jugendlichen es von ihrer Umgebung her gewohnt sind (und entsprechend erwarten),
- Verhaltensstereotype und ritualisierte Ablaufmuster aufzubrechen suchen,
- ablenken (z.B., indem erwartete Reaktionen vorweggenommen werden oder indem die Aggressionen beider Seiten auf einen selbst gezogen werden),
- Umlenken des Engagements auf anderes (z.B. auf Aufgaben, Spiele oder spielerische Umformungen von Situationen),
- drohender Gewaltanwendung begegnen mit einem Lob der bisherigen Gewaltvermeidung in der Situation,
- bei Gewaltandrohung gegen einen selbst gegebenenfalls Kokettieren mit dem eigenen Nicht-Kräftig-Sein,
- Negativimages der Jugendlichen nicht stabilisieren,
- alles tun, um den Teufelskreis von sich selbst erfüllenden Prophezeiungen zu durchbrechen.

4. *Selbstregelungskompetenzen der Clique fördern:*

- die Clique und den Einzelnen gleicheramaßen beachten,
- den Einzelnen nicht als unabhängiges Individuum sehen und behandeln, sondern in seinem Interaktionszusammenhang ernst nehmen,
- die ganze Clique auch da in die Bearbeitung von Problemen einbeziehen, wo ein einzelner etwas angestellt hat,

- normsetzende Prozesse der Jugendlichen bestärken und gleichzeitig darauf achten, dass dabei nicht die Starken über die Schwachen dominieren,
- das Ausprobieren und Erlernen von Rollendistanz fördern,
- nicht Partei ergreifen in Konflikten unter den Jugendlichen,
- die Haltung fördern: „Hier wird sich nicht geschlagen!“,
- sich gegebenenfalls selbst als Blitzableiter anbieten, um Zwänge in der Clique aufzuheben.

5. *Sanktionen und Sanktionsdrohungen:*

- Maßnahmen begründen,
- gestellte Forderungen einsehbar und überprüfbar halten,
- gestellte Forderungen für alle in gleicher Weise gelten lassen,
- Vorsicht mit ausgesprochenen Verboten, da ein Einschreiten bei deren Überschreiten dann zwingend ist,
- kein Gegenhalten mit Hausordnungen, denn Ordnungen provozieren meist genau das, was sie verbieten,
- keine Ausgrenzungen aus Cliquenzusammenhängen und deren Orten,
- Parteilichkeit nach außen. (Vgl. dazu insgesamt: Kraußlach u.a. 1976; Kraußlach 1981)

4. Arbeit mit Cliquen

4.1 Zur Bedeutung und Funktion von Cliquen

Gleichaltrigengruppen junger Menschen hat es wohl immer schon gegeben. Sie sind kein neues Phänomen und nicht gebunden an unsere Epoche, in der sich Jugend als eigene Lebensphase herausgebildet hat. Die Entwicklung einer strukturell eigenständigen Lebensphase Jugend, wie sie sich seit dem letzten Drittel des 19. Jahrhunderts vollzog (vgl. dazu Roth 1983), hat allerdings Charakter und Funktion solcher Gesellungsformen tiefgreifend beeinflusst und verändert. Erst die systematische altersbegründete Ausgrenzung längst biologisch herangereifter Menschen aus der Erwachsenengesellschaft und die damit verbundene Entstehung einer eigenen Jugendphase hat diejenigen Formen und Muster von Gleichaltrigengruppen hervorgebracht, wie wir sie in der Jugendarbeit von deren Anfängen um 1900 bis heute – und insbesondere neben ihr – kennen und erleben. (Vgl. dazu ausführlicher: Liebel 1991)

Bis heute allerdings haben wir in unserer Sprache für dieses Phänomen nicht einmal eine eindeutige Begrifflichkeit. In Anlehnung an das in der bürgerlichen Jugendbewegung gewachsene Verständnis von Gruppe wird vielfach bis heute von informellen Gruppen oder Gruppierungen gesprochen, wohl vor allem deshalb, weil die Jugendpflege in Deutschland von jener Bewegung über Jahrzehnte ungemein beeinflusst, ja geprägt wurde. Als seit Mitte der 50er Jahre entsprechende amerikanische Forschungen umfangreich in Deutschland rezipiert wurden, fand daneben sehr schnell deren präziserer Begriff der „Peer Groups" Verbreitung. Er ist bis heute vielfach gängig – sei es in seiner ursprünglichen englischsprachigen Fassung oder in der Übersetzung als Gleichaltrigengruppe. Parallel zu dem gemeinschaftspädagogisch besetzten Gruppenbegriff und dem soziologischen Peer-Group-Begriff findet sich mindestens seit Beginn des 20.Jahrhunderts auch der aus dem französischen stammende Begriff der Clique, allerdings bis in die 70er Jahre des vergangenen Jahrhunderts vornehmlich im abfälligen Sinne zur Benennung informeller Gruppierungen in unteren Schichten der arbeitenden Bevölkerung. Vielfach bezeichneten und bezeichnen diese sich auch selber so. – Einen breiteren – und einen neutraleren – Gebrauch des Begriffes Clique erleben wir erst in den letzten Jahrzehnten. Ausschlaggebend dafür ist wohl zum einen das offensichtliche Scheitern traditioneller Vorstellungen von Organisierung junger Menschen (denen viele Jugendverbände, Organisationen, Parteien, Gewerkschaften oder Kirchen bis heute nachtrauern). Das pädagogisch definierte Muster fester, stabiler und langfristiger Gruppenzugehörigkeiten hatte sich sozialgeschichtlich immer offensichtlicher überholt. (Vgl. dazu auch Kapitel 2.2) Und gleichzeitig interessierte sich die Jugendforschung nun immer intensiver für informelle jugendliche Gesellungsformen und untersuchte deren wachsende Bedeutung für junge Menschen heute, statt – wie die allgemeine und die pädagogische Öffentlichkeit ganz überwiegend – nur einseitig auf deren mögliche Gefährdungspotentiale zu schauen.

Für die heutige Diskussion scheint mir der Cliquenbegriff bei weitem am angemessensten, da der Peer-Group-Begriff (wie dessen Übersetzung) nie von jungen Menschen adaptiert wurde und der Gruppenbegriff (selbst mit dem Zusatz: informell) in Deutschland nach wie vor zu sehr mit pädagogisch gesteuerten Formen verbunden ist. Cliquen definiert Liebel als selbstgeschaffene informelle überschaubare Gebilde, in denen persönliche Bedürfnisse und Erlebnisse Vorrang haben und die Zugehörigkeit nicht an formelle Regeln gebunden ist. (Liebel 1991, S. 306)

In Cliquen junger Menschen schlagen sich einerseits gesellschaftliche Entwicklungen und Vorstellungen nieder. Und andererseits zeigt sich in ihnen auch immer etwas Eigenständiges, ja Widerständiges gegen allumfassende Zugriffe durch die Erwachsenenwelten, ein sehr selbstgestalteter, eigensinniger Weg der tätigen Aneignung von Lebenswelten. Und die Reaktion der Erwachsenenwelt auf dieses Phänomen richtet sich danach, ob und inwieweit solche selbstorganisierten Prozesse, die sich in verschiedenen Perioden immer wieder zu Jugendbewegungen verdichten, als integrierbar erscheinen oder als Bedrohung. Die bürgerliche Jugendbewegung des frühen 20. Jahrhunderts etwa (jedenfalls, soweit sie eine Jungenbewegung war) fand weithin diese kritische Toleranz, die ihr nach und nach Wege in die Erwachsenenwelt ebnete und durch die sie sich teilweise vereinnahmen ließ. Informelle Gruppierungen aus der proletarischen Jugend aber, und darunter ganz besonders die schon in den 20er Jahren so bezeichneten „wilden Cliquen" aus meist unteren proletarischen Milieus, waren immer wieder staatsfeindlicher und krimineller Umtriebe höchst verdächtig. Verdächtig machten sie sich den „moralischen Tugendwächtern" übrigens immer wieder nicht zuletzt dadurch, dass in ihnen fast immer Jungen und Mädchen zusammen waren, während bürgerliche Cliquen dieser Zeit oft die prüden Muster völliger Geschlechtertrennung auch in der Freizeit fortsetzten.[19]

Ob in pädagogischen Handlungsfeldern oder allgemein in der Öffentlichkeit, überall ist – wie schon kurz erwähnt – bis heute verbreitet, bei Cliquen nur an auffällige und anstößige Gruppierungen junger Menschen zu

19 Das änderte sich bei ihnen erst ab Ende der 60er/Anfang der 70er Jahre – oder bis heute nicht, wie bei katholischen Jugendverbänden und bei einigen rechten Pfadfinderorganisationen etwa.

denken. Schon Ende der 50er/Anfang der 60er Jahre gab es in den damaligen Massenmedien eine Flut von Beiträgen zum „Cliquenproblem". Während der Begriff Cliquenproblem gerade in popularwissenschaftlichen Beiträgen schon fast ein halbes Jahrhundert lang zum Standardvokabular gehört, wenn es um junge Menschen geht, findet der Begriff „Clique" allein – ohne die feste Verbindung mit „Problem" – erst seit Ende der 80er Jahre allgemeine Verwendung. Dieses Sprachverhalten muss noch nichts über die Jugendlichen aussagen. Aber es sagt gewiss viel aus über diejenigen, die so über junge Menschen und deren Sozialformen reden.

Wenn sich Zusammenhänge und Bedingungen des Aufwachsens junger Menschen ändern, so ist es naheliegend, das das auch Auswirkungen auf die Bedeutung und Funktion ihrer Gleichaltrigengruppierungen hat. Im Verlauf des 20.Jahrhunderts zeigt sich das besonders tiefgreifend. Die bürgerliche Jugendbewegung mit ihrem Wandervogel beispielsweise war vor gut einhundert Jahren eine selbstorganisierte Reaktion junger Menschen darauf, dass sich – allen anderen voran – im Bürgertum Jugend als eigenständige Lebensphase zwischen Kindheit und gesellschaftlicher Erwachsenenreife durchgesetzt hatte und diese Lebensphase sehr autoritär und patriarchal organisiert wurde. Arbeiterjugendliche der gleichen Zeit hatten solche Chancen nicht. Sie organisierten sich lange allein informell, unterhalb der Ebene gesellschaftlich akzeptierter Zusammenschlüsse. Schon früh, vor dem ersten Weltkrieg, taucht für solche informellen Zusammenschlüsse vereinzelt der Begriff Cliquen auf. Die Forschung allerdings beginnt sich – von wenigen kleinen Ausnahmen abgesehen – erst seit den frühen 50er Jahren für solche informellen Gruppierungen junger Menschen näher zu interessieren. Vor allem zunächst in den USA entwickelte sich eine breite und differenzierte Peer-Group-Forschung. Ein Kehrseite der großen Bedeutung dieser amerikanischen Forschung der 50er Jahre allerdings ist, dass ihre Grundverständnisse und Grundaussagen vielfach bis heute unhinterfragt auf die pädagogische Arbeit mit heute lebenden jungen Menschen übertragen werden, statt intensiv der Frage nachzugehen, was sich eigentlich seither gewandelt hat und was heute die Bedeutung von Cliquen in diesem Land ausmacht.[20]

Tatsächlich haben wir – wie eine umfangreiche jugendsoziologische Forschung unstrittig immer wieder belegt hat – seit den 50er Jahren einen immensen Bedeutungszuwachs für Cliquen (die in frühen Untersuchungen auch als informelle Gruppen, Freundeskreise u.ä. bezeichnet wurden) zu verzeichnen. Dieser Bedeutungszuwachs ist nicht nur *quantitativ*, sondern noch viel mehr *qualitativ*. Quantitativ kann man davon ausgehen, dass sich in deutschen Untersuchungen der späten 50er Jahre ca. 1/3, ganz überwiegend

---

20 Indirekt ist damit gleichzeitig u.a. angedeutet, dass bis heute fast nie danach unterschieden wird, ob und inwieweit Cliquen von aktuellen hiesigen Kulturen und Milieus geprägt sind oder von denen Zugewanderter. Dabei weiß in der Praxis jeder und jede, dass es da vielfältige typische Unterschiede gibt, die im Übrigen mit den gängigen ethnischen oder nationalen Zuordnungen eher stigmatisiert als wirklich erklärt und verstanden werden.

männlicher Jugendlicher aus Arbeitermilieus, selbst solchen Gruppierungen zurechneten. Seit den späten 70er Jahren kommen alle entsprechenden Untersuchungen zu dem Ergebnis, dass sich inzwischen – je nach Untersuchung und Fragestellung – 75-90% aller jungen Menschen zu (mindestens) einer Clique zugehörig fühlen. Und relevante quantitative Unterschiede zwischen den Geschlechtern und den Herkunftsschichten sind weitgehend verschwunden. Cliquen sind also weithin ein ganz normales Phänomen der Jugendphase geworden.

Viel wichtiger noch als die quantitative Veränderung ist allerdings der *qualitative* Bedeutungszuwachs von Cliquen. Das liegt zum einen daran, dass letztlich alle anderen Formen sozialer Einbindungen und Zugehörigkeiten in den letzten Jahrzehnten einen rasanten Bedeutungsverlust erfahren haben, angefangen vom Bedeutungsverlust sozialer Milieus, von Organisationen, Verbänden und Vereinen, von Nachbarschaften und Verwandtschaften, von Betriebszugehörigkeiten, von Schule (als Ort sozialer Integration und Erziehung) bis hin zur Familie. Angesichts wachsender Individualisierung und Vereinzelung junger Menschen sind Cliquen von einem einstmals *ergänzenden* Sozialisationsbereich längst für die allermeisten Jungen wie Mädchen zu einem ganz zentralen Sozialisationsbereich, ja vielfach zum einzigen Ort sozial eingebundener Persönlichkeitsentwicklung und Identitätsbildung geworden.

Zweitens ist der Bedeutungszuwachs von Cliquen dadurch bedingt, dass heute die Gesellschaft ihren nachwachsenden Generationen immer weniger tragfähige Lebenskonzepte *vermitteln* kann. In einer Welt, die Beck zutreffend als Risikogesellschaft beschreibt, in der Zukunft nicht mehr Fortschritt und Wachstum verspricht, sondern eher angstbesetzt ist, in einer Gesellschaft, die zwar nach wie vor *normalbiographische* Wege in die Erwachsenenwelt vorgibt, diese aber gleichzeitig längst nicht mehr in ausreichendem Maße anbietet (vor allem angesichts der fortdauernden Massenarbeitslosigkeit), da können Erwachsene zwar nach wie vor sagen, wo's langgehen *soll*, aber immer weniger, wo's tatsächlich auch langgehen *kann*. Wo – wie von André Gorz schon an anderer Stelle zitiert – alte Ordnungen wegbrechen, neue aber nicht in Sicht sind, da muss Zukunft „in zunehmendem Maße ersonnen werden" (Gorz 1983, S. 11) – unter Einsatz aller Sinne zur Suche nach der Bewältigung von Problemlagen, für die niemand eine Lösung anbieten kann. Suchen zu lernen, Kompetenzen zur Problembewältigung in unüberschaubarem Gelände zu entfalten, dazu braucht es besonders vielfältigen Erfahrungsaustausch und Rückhalt unter Menschen, die diese Situation so oder ähnlich erleben. Wo der konventionelle Typus des erwachsenen Besserwissers und Ratgebers immer häufiger an seine Grenzen stößt und sprachlos wird (nicht selten leider dann gleich im wahrsten Sinne des Wortes, weil er andere Kommunikationsmuster nicht *beherrscht* – auch das im doppelten Sinne, weil das für Männer weit typischer ist als für Frauen), da wird selbstgeschaffener Zusammenhalt und gegenseitiger Austausch unter alterstypisch Gleichbetroffenen immer wichtiger.

Cliquen sind – entgegen weitverbreiteter Ansicht – auch kein reines *Freizeit*phänomen junger Menschen. Ihre informellen Gleichaltrigenbeziehungen sind kaum weniger zentral, wenn sie in der Schule oder anderen Institutionen sind oder in Vereinen und Verbänden: informelle Cliquenzusammenhänge erweisen sich immer wieder als eine oder gar *die* entscheidende Folie, auf der sich alles andere abspielt und vollzieht, auf der alles angegangen und bearbeitet wird. – All das zu berücksichtigen, heißt freilich nicht, sich nicht kritisch in die jeweilige Entwicklung und Veränderung einzumischen. Sondern es heißt auch in diesem Kontext vor allem, die Jugendlichen ernst zu nehmen und sie dort abzuholen, wo sie stehen. In diesem Sinne verstehen sich auch immer größere Teile der neueren Jugend(sub-)kulturforschung. In ihr wurden in den letzten zehn Jahren zunehmend auch ethnologische Ansätze aufgegriffen, um Jugendkulturen oder konkrete Cliquen tatsächlich in ihrem Eigensinn näher kennen zu lernen (vgl. insbesondere: Schröder/Leonhardt 1998) und dabei gleichzeitig den eigenen Wahrnehmungs- und Erkenntnisprozess mit zu reflektieren.

Cliquen und informelle Gruppierungen stellen für junge Menschen letztlich – insgesamt betrachtet – immer wieder neue Versuche dar,

- sich in einer Welt, in der sie sich immer häufiger *vereinzelt* fühlen, selbst soziale Zusammenhänge zu schaffen,
- sich in einer Welt, in der sie sich immer häufiger *ohnmächtig* fühlen, selbst zu organisieren,
- sich in einer Welt, in der sie sich immer wieder *unbeachtet* fühlen, gemeinsam mit anderen Beachtung zu verschaffen,
- sich in einer Welt, in der sie sich immer wieder *nicht ernst genommen* fühlen, gemeinsam so aufzutreten, dass sie ernst genommen werden,
- sich in einer Welt, in der sie sich immer wieder *als Objekte* empfinden, leichter mit anderen gemeinsam etwas bewirken zu können.

Cliquenorientierte Jugendarbeit versteht die Entwicklung von Cliquen letztlich als aktive Bemühungen Jugendlicher, mehr aus ihrem Alltag und ihrem Leben zu machen, als ihre Lebenswelt sonst zu bieten scheint. Entsprechend sucht sie vom Grundprinzip her solche Prozesse nicht zu bekämpfen, sondern zu begleiten und zu unterstützen. Sie nimmt entsprechend auch die aktuellen Selbstverständnisse, Selbststilisierungen und Abgrenzungsbedürfnisse von Cliquen ernst und geht davon aus, dass all diese für die jeweiligen Jugendlichen *subjektiv* ihren Sinn haben. Selbst anstößiges oder die Umwelt gar erschreckendes Verhalten hat in aller Regel diesen subjektiven Sinn. Daher werden solche Jugendlichen diese auch kaum aufgrund von Vorhaltungen und Bestrafungen ablegen, sondern nur dann, wenn ihnen andere Muster irgendwann auch subjektiv „sinnvoller", erfolgversprechender und befriedigender erscheinen.

Auffällige, Anstoß erregende Cliquen Jugendlicher sind natürlich nicht „vom Himmel gefallen", also von außen in den potentiellen Aufgabenbereich Sozialer Arbeit geraten, sondern sind Kinder der Gesellschaft, in der sie aufgewachsen sind und leben, Kinder meist der gleichen lebensweltlichen Zusammenhänge, des gleichen Stadtteils, Wohngebiets usw., in dem man sich an ihren Auffälligkeiten stößt. Und ihre Muster von Auffälligkeiten und Anstößigkeiten sind genauso wenig vom Himmel gefallen. Die haben sie weithin vielmehr der bestehenden Erwachsenengesellschaft abgeguckt. Wir finden in Jugendcliquen im Grunde weithin die gleichen Muster von Misstrauen, Konkurrenz, Imponiergehabe, Machtausübung, Diskriminierung, Unterdrückung und Gewalt. Meist sind lediglich die Stile, Rituale und Symbole, mit denen sie all das zum Ausdruck bringen und ausleben, jugendkulturell ausgeformt. Und das heißt vor allem: sie sind in der Regel rigider, extremer pointierend, expressiver, actionbetonter und körperbetonter.

In sehr vielfältiger Hinsicht dienen Cliquen also Jugendlichen zu ihrer Identitätsbildung und Persönlichkeitsentwicklung. Und diese selbstorganisierten Bemühungen um Aneignung von Wirklichkeit geraten immer wieder sehr leicht in Konflikt mit der Erwachsenenwelt – und dabei nicht zuletzt auch mit pädagogisch ausgerichteten Institutionen. Solche Konflikte gehören zur Cliquenrealität geradezu substantiell dazu. Dass sie in einem pädagogischen Feld wie der Jugendarbeit immer wieder besonders massiv auftreten, ergibt sich nicht zuletzt aus deren Zielsetzung und Funktion. Denn einerseits sind Angebote der Jugendarbeit, ähnlich z.B. wie die Schule, von Erwachsenen geschaffen und durch deren Definitionsmacht und deren Verfügungsrecht bestimmt. Jugendarbeit aber tut vielfach so – und da unterscheidet sie sich z.B. fundamental von Schule – als ob das gar nicht so wäre und propagiert immer wieder emanzipatorische pädagogische Zielansprüche als Beschreibung von Realität. So gehört es zu ihrem Selbstverständnis, dass Jugendarbeit in ihren Einrichtungen Freiräume für Jugendliche biete, Selbstbestimmung fördere und deren Interessen und Bedürfnisse in den Mittelpunkt stelle. Tatsächlich aber sind gerade ernst gemeinte Versuche Jugendlicher, solche Selbstverständnisse als Realität zu nehmen, immer wieder auch Quelle massiver Konflikte mit Mitarbeiterinnen und Mitarbeitern, mit Trägern oder mit der Öffentlichkeit.

4.2 Grundlagen cliquenorientierter Jugendarbeit

Cliquenorientiert zu arbeiten, das bedeutet zunächst einmal nicht mehr und nicht weniger, als die geschilderte Bedeutung und Funktion von Cliquen wirklich ernst zu nehmen, also deren subjektive und deren objektive Bedeutung zugrunde zu legen und zu akzeptieren. Das heißt zunächst, die Einzelnen nicht isoliert, sondern in und mit ihren relevanten sozialen Vernetzungen zu sehen, jedenfalls immer dann, wenn diese Netze – oder einige dazu gehörige Personen – präsent sind. Denn selbst, wenn nur einer oder eine aus der Clique anwesend ist, wirkt sich das aus – wie im Grunde natürlich auch alle wissen. Also kommt es darauf an, das dann auch immer mit einzubeziehen – und nicht etwa nur darauf zu hoffen, dass „aus jener Ecke keine Störungen kommen". Dieses Muster finden wir vor allem in der Praxis aber jedenfalls immer wieder dort, wo der Anlass für das Zusammentreffen nicht in der Clique liegt, sondern anderweitig begründet ist: wo sich etwa Cliquenmitglieder in einem Verein treffen, in der Schule – oder sonst wo. Immer ist dann auch die Clique präsent. Und deren Zugehörige werden sich dann auch zumeist so einbringen, äußern, präsentieren und entfalten, wie es zu ihrer Cliquenzugehörigkeit passt. Das wiederum beinhaltet vielfältige Einflüsse: Da spielt es z.B. eine erhebliche Rolle, welche Bedeutung eine Clique aktuell für einen hat und wie man sich dort zugehörig fühlt, welche Erwartungen die Clique an einen stellt (und wie verbindlich), welchen Status man in ihr hat oder haben möchte usw.

Cliquenorientiert zu arbeiten, das setzt also voraus, nicht nur die einzelnen Jugendlichen kennenlernen zu wollen, sondern gerade auch dasjenige soziale Netz, in dem sie sich meist bewegen, wenn Jugendarbeit mit ihnen in Kontakt ist – während andere soziale Netze der Jugendlichen in solchen Situationen eher ausnahmsweise mal oder nur gelegentlich ganz unmittelbar präsent sind (wie Familie, Nachbarschaft, Schule, Betrieb, andere Jugendhilfeangebote u.ä.). Das anzuerkennen und anzunehmen, das als Ausgangspunkt pädagogischen Handelns zu sehen, das sagt erst einmal noch nichts darüber aus, ob oder inwieweit die Präsenz der Clique und *deren* Entscheidung, wer gerade wo dabei ist, als förderlich oder hinderlich für pädagogische Vorhaben erscheint. Es besagt erst einmal nur, dass man nicht einfach darüber hinweggehen kann, jedenfalls nicht, wenn man pädagogisch etwas erreichen will. Das zeigt etwa folgendes schon klassische Beispiel: Da möchte eine Mitarbeiterin gezielt die Mädchen in einer extrem machogeprägten Clique stärken. Wenn sie sich den Weg dahin aber nur in Form getrennter Arbeit mit den Mädchen vorstellen kann, dann wird sie wahrscheinlich erst einmal lange gar nichts erreichen, weil jene Mädchen genau das meist gar nicht *wollen* – und die Jungen das meist auch nicht zulassen würden. Geschlechtsreflektierende Arbeit ist hier wahrscheinlich erst einmal nur möglich *innerhalb* der bestehenden Strukturen, also in Anwesenheit von Jungen – oder gar nicht.

Cliquen lernt man letztlich nur durch Teilnahme, durch Dabei-Sein kennen, am besten dann, wenn das ganz normale Cliquenleben seinen Gang nimmt. Aus pädagogischer Sicht hat dem teilnehmenden, erkundenden und verstehenden Zugang – jedenfalls analytisch gesehen – ein zweiter Schritt zu folgen, nämlich die Erkundung der wertenden/bewertenden Seite. Konkret geht es dabei vor allem um die Frage, welche wichtigen Leistungen, Fähigkeiten, Kompetenzen und Stärken die jeweilige Clique für die Alltags- und Lebensbewältigung ihrer Mitglieder erbringt – und zwar aus *deren* Binnensicht wie aus der pädagogisch motivierten Außensicht. Da interessiert die Sicht der Mitglieder der Clique also genauso wie die der Jugendarbeiterinnen und Jugendarbeiter – einschließlich von differierenden Sichtweisen in der Clique und im Team.

Cliquenorientierte Arbeit ist also immer ein Doppeltes:

- Erstens ist sie eine systemisch angelegte Arbeit mit jungen Menschen im Kontext ihrer selbstgeschaffenen sozialen Zusammenhänge.
- Und zweitens ist sie Arbeit an und mit diesen systemischen Zusammenhängen, um deren Leistungsfähigkeit zu entfalten und zu verbessern.

Cliquenorientierung heißt natürlich nicht, wie immer mal wieder unterstellt wird, sämtliche Ausdrucks- und Erscheinungsformen von Cliquen gut zu heißen oder gar, nicht antasten zu wollen. Es geht vielmehr darum, *prinzipiell* erstens die *subjektive* Bedeutung der Cliquen für deren Mitglieder ernst zu nehmen und zu akzeptieren, und zweitens auf solch einem Hintergrund die produktive Weiterentwicklung ihrer jeweiligen Stärken und Potentiale zu fördern – und zwar nicht zuletzt auch durch eine Bearbeitung ihrer fragwürdigen und problematischen Seiten. Andererseits bedeutet Cliquenorientierung – wie der Begriff sagt – eine *Orientierung* auf Cliquen und deren Bedeutung, aber nicht eine *ausschließliche* Arbeit in und mit Cliquen (unter Verzicht auf Arbeit mit anderen Konstellationen, auf Einzelarbeit, Arbeit mit wenigen, Arbeit mit Freunden oder Paaren sowie Arbeit mit Untergruppierungen oder Teilgruppen). Nur ein Beispiel dafür: Jungen stehen meist unter einem besonders massiven Druck, Probleme und Ängste nicht offen zu zeigen, da das hegemoniale Männerbild den starken Mann fordert, der alle Probleme „im Griff" hat. Daher kommt dem Einzelgespräch gerade mit Jungen oft eine besonders große Bedeutung zu – auch dann, wenn man cliquenorientiert arbeitet. (Vgl. zum cliquenorientierten Ansatz ausführlich: Krafeld 1992)

Immer wieder dagegen findet sich in der Praxis, aber auch in der Theoriediskussion (vgl. z.B. Möller 2000, S. 323ff.) die Vorstellung, Cliquenorientierung stabilisiere die problematischen Seiten vieler Cliquen, zumal viele auffällige oder anstößige Taten sich vorwiegend oder typischerweise aus der Clique, genauer, aus dem Alltag *bestimmter* Cliquen heraus entwickeln. Deshalb aber pauschal cliquenorientiertes Arbeiten mit auffälligen Cliquen in Frage zu stellen, lässt notwendige Differenzierungen vermissen. Nach der gleichen Logik könnte man dann sonst auch jede Arbeit mit auffälligen „Problemfamilien" ablehnen. Auf solch eine Idee käme aber wohl niemand in der Sozialen Arbeit, obwohl wir wissen, wie schlimm es in vielen Familien aussieht, wie viele junge Menschen dort für ihr Leben beschädigt werden, oder, dass z.B. ein Großteil von Gewalt gegen Kinder und von sexuellem Missbrauch in Familien stattfindet.

Gerade für junge Menschen, die erleben, dass sich immer seltener andere Menschen für sie interessieren, sie sich immer seltener irgendwo sozial aufgehoben und zu Hause fühlen, sind ihre informellen Gleichaltrigengruppierungen oft auch ein zentraler Ort dafür, differenziertere Handlungsmuster für den Umgang mit eigenen Gerechtigkeits- und Ungerechtigkeitsempfindungen zu entwickeln. Und im gelingenden Fall gehört dazu vor allem die praktisch-konkrete Entfaltung von Reflexivität, von Fähigkeiten zu Perspektivenwechsel und Empathie, der Fähigkeit, zwischen Verschiedenartigkeit und Verschieden*wertig*keit zu unterscheiden, der Fähigkeit, in uneindeutigen Situationen Handlungsfähigkeit zu entfalten, sowie schließlich einer entsprechend differenzierten Konflikt- und Kompromissfähigkeit.

Zusammengefasst folgt daraus für die praktische pädagogische Arbeit mit Jugendcliquen vor allem:

1. Cliquenorientierte Jugendarbeit wendet sich an Jugendliche, die sich in einer Clique organisiert haben, die ihnen subjektiv zur Zeit wichtig ist. Wer dann zur Zielgruppe gehört und wer nicht, das definiert sich entsprechend in aller Regel über die Cliquenzugehörigkeit. Sie sucht mit jungen Menschen *in* ihren selbstgeschaffenen sozialen Zusammenhängen zu arbeiten und der Beratung, Begleitung und kritischen Unterstützung bereits bestehender *Selbstorganisierungszusammenhänge* junger Menschen einen zentralen Stellenwert einzuräumen.
2. Cliquenorientierte Jugendarbeit akzeptiert nicht nur die Selbstorganisationsprozesse Jugendlicher, sondern auch die damit meist verbundenen – und nicht selten sehr rigide demonstrierten – *Abgrenzungsbedürfnisse* nach außen hin. Sie lässt entsprechend ab von der konventionellen Zielsetzung von Jugendarbeit, gleichzeitig offen sein zu wollen für unterschiedlichste Jugendliche, die selbst oft eigentlich nichts miteinander zu tun haben wollen – andererseits aber oft nur unter genau dieser Voraussetzung an Angeboten von Jugendarbeit partizipieren können.
3. Cliquenorientierte Jugendarbeit versteht Cliquenakzeptanz nicht als *methodischen* Trick, um Zugang zu den Jugendlichen zu finden, sondern als handlungsleitendes Grundprinzip. Sie weiß, dass sie mit Cliquen nur arbeiten kann, wenn akzeptiert wird, dass deren Denkmuster und Verhaltensweisen, deren Stilformen und Rituale zur Clique gehören und daher nicht (z.B. durch Verbote) auszugrenzen sind, zumal nicht diejenigen, die die Cliquen für sich im Moment als selbstverständlich oder gar als substantiell empfinden. (Das gilt selbst da, wo es z.B. um tägliches Saufen, regelmäßige Randale, rassistische und sexistische Sprüche geht.) – Meist bleibt, gerade bei extremen Cliquen, nur die Alternative: Beginnen wir mit denen so, wie sie „momentan drauf" sind? Oder verweigern wir ihnen genau deshalb Angebote von Jugendhilfe und überlassen wir diese heranwachsenden Menschen vielleicht allein den Sicherheitsorganen (die wahrscheinlich ja auch längst an ihnen dran sind).
4. Cliquenorientierte Jugendarbeit sucht nicht Jugendliche mit Aktivitätenangeboten anzusprechen, zu ködern und zu „fangen", sondern sie sucht erst einmal Zugang zu deren Alltag zu finden und zu den einzelnen Personen in der Clique (vor allem zu denen, die in der Clique als wichtig gelten). Beziehungsarbeit steht denn auch in aller Regel im doppelten Sinne vor Aktivitätenangeboten: zeitlich und bedeutungsmäßig gesehen. Das heißt natürlich nicht, auf Chancen mit angemessenen Aktivitätenangeboten zu verzichten. Nur sind solche – entgegen weit verbreiteter Einschätzung – meist besonders *wenig* geeignet, den Pädagoginnen und Pädagogen die ersten Schritte zu erleichtern und als Türöffner zu dienen. Das liegt nicht zuletzt

daran, dass Cliquen meist ungemein darauf achten, ja nicht ihre Autonomie an andere zu verlieren. Und gerade auffällige Cliquen haben sich meist längst besonders große Kompetenzen darin angeeignet, entsprechende Annäherungsversuche höchst sensibel auszuloten und auszutesten.

5. Cliquenorientierte Arbeit findet dort statt, wo die jeweiligen Jugendlichen sich aufhalten und aufhalten wollen, nicht dort, wo Räumlichkeiten von anderen als angemessene „Orte von Jugendarbeit“ definiert sind. Entsprechend unerlässlich sind *aufsuchende Ansätze und Anteile*, selbst da, wo Cliquen teilweise auch vorhandene Jugendeinrichtungen nutzen. Und wo ihnen Raumangebote gemacht werden, da finden diese oft nur Anklang, wenn sie Bedürfnisse nach *Eigenwelten* von Cliquenleben ernst nehmen.
6. Dem ungeheuren Mangel an Raum für informelle soziale Vernetzungen junger Menschen kann andererseits letztlich nicht begegnet werden durch ein Angebot von immer mehr Jugendeinrichtungen oder der Schaffung vieler kleinräumlicher Angebote. Das wäre weder finanzierbar noch sinnvoll. Es gibt also letztlich keine Alternative dazu, cliquenorientierte Jugendarbeit immer anzugehen als Begleitung und Unterstützung von Prozessen der *(Wieder-)aneignung* von Umwelt und der Absicherung informeller sozialer Räume *innerhalb* der Lebenswelten Jugendlicher selbst, statt bestehende Trends zu fördern, Lebenswelten „kinder- und jugendfrei“ zu machen und Kinder und Jugendliche in pädagogische Restzonen (zu denen dann Jugendzentren werden) abzudrängen. Cliquenorientierte Arbeit versteht entsprechend vorhandene Jugendeinrichtungen denn auch primär als *Stützpunkte* in den Lebenswelten Jugendlicher.
7. Cliquenorientierte Jugendarbeit ist somit immer *lebensweltorientierte Jugendarbeit*, die sich prinzipiell (und nicht nur nebenbei oder nur einzelfallorientiert) einmischt in die alltäglichen Lebenszusammenhänge junger Menschen. Zentrale Aufgaben sind dabei vor allem Vernetzungsaufgaben, Experteneinmischungen und Konfliktberatungen zur Verbesserung der Lebensqualität und der – gegenwärtigen und zukünftigen – gesellschaftlichen Teilhabe *junger* Menschen.
8. Cliquenorientierte Jugendarbeit muss wie jede Beziehungsarbeit langfristig und mit personeller Kontinuität angelegt sein, weil nur so verantwortlich Beziehungsarbeit aufgebaut werden kann. Denn zum einen dauert es in der Regel ziemlich lange, bis vertrauensvolle Beziehungen aufgebaut sind (nach Erfahrungen von aufsuchend arbeitenden Jugendarbeiterinnen und Jugendarbeitern im Schnitt 1/4Jahr, wenn teilweise spezielle Räumlichkeiten mit dieser Clique genutzt werden können, und bis zu einem Jahr, wenn die gesamte Arbeit „auf der Straße“ stattfindet). Und zum zweiten hat es cliquenorientierte Jugendarbeit vielfach mit erheblich beziehungsgeschädigten Jugendlichen zu tun, die vielleicht einen nochmaligen Beziehungsabbruch nicht (mehr) verkraften würden.
9. Cliquenorientierte Jugendarbeit hat sich auf die zeitlichen Dimensionen und die Zeitrhythmen der jeweiligen Zielgruppe einzustellen. Das heißt vor allem:

- Fällt die Clique auseinander – oder wird sie eigentlich nur noch durch pädagogische Angebote zusammen gehalten – so zerrinnt die Grundlage für entsprechende Jugendarbeit.
- In Cliquen entfalten junge Menschen meist ein sehr gegenwartszentriertes Zeiterleben. Darauf hat sich pädagogische Arbeit einzustellen, statt eigene Erwartungen an Planbarkeit und Kontinuität zugrunde zu legen. (Das heißt aber natürlich nicht umgekehrt, sich die Spontaneität der Zielgruppe auch für das eigene Handeln aufzwingen zu lassen – und nach deren Pfeife zu tanzen.)

Seit Cliquenorientierung zum weithin gängigen konzeptionellen Anspruch in der Jugendarbeit geworden ist, zeigen sich zunehmende Tendenzen, *jede* Arbeit mit Cliquen pauschal richtig zu finden oder gar zu idealisieren – oder, noch anders, Jugendarbeit auf Arbeit im gesamten Cliquenverbund zu reduzieren. Daher ist es abschließend wichtig, folgende Aspekte als zentrale Handlungsmaximen herauszuheben:

1. Anfangen, wo die Clique steht ... und sich mit ihr in Bewegung setzen (statt sich mit ihr dort gemütlich einzurichten, wo diese im Moment steht!).
2. Die *subjektive* Relevanz und Funktion der Clique für die Jugendlichen wahrnehmen und ernst nehmen – aber auch die *subjektiven,* sowie die von außen diagnostizierten Grenzen *(statt nur das Positive zu sehen und außerdem eine rosarote Brille aufzusetzen!).*
3. Die Leistungsfähigkeiten und Stärken der Clique als selbstorganisiertes soziales Netz wahrnehmen, schätzen und nutzen *(aber sich auch mit dem befassen, was sie nicht oder nicht befriedigend oder vertretbar leistet).*
4. Die *subjektive* Einschätzung der Stärken und Schwächen ihrer Clique durch die Jugendlichen wichtig nehmen *(ohne das freilich als kritikgeschützte oder gar unumstößliche Sicht zu nehmen).*
5. Die jeweilige jugendkulturelle Ausrichtung der Clique als Bemühen um subjektgeleitete gesellschaftliche Teilhabe zu begreifen *(ohne damit allerdings alles gut und richtig zu finden oder zu entschuldigen).*
6. Einmischungen von außen und Konfrontation mit anderen Sichtweisen nicht ausschließen, weil ernst nehmen auch das verlangt. *(Denn wer vor Kritik verschonen will, nimmt den anderen auch nicht ernst – oder hat resigniert!)*
7. Die Clique als soziale Basis sehen, ... ohne aber alles im Cliquenverbund (mit allen) angehen und bewältigen zu wollen, (sondern je nach Situation intensive Arbeit auch, ja oft gerade mit einzelnen, mit Paaren oder mit Untergruppierungen zu leisten).
8. Förderung möglichst vielfältiger sozialer Vernetzungen mit und neben der Cliqueneinbindung anstreben (statt hinzunehmen, wenn Jugendliche sich nur in ihrer Clique bewegen – und daneben für sie vielleicht nichts an sozialen Zugehörigkeiten interessant ist).
9. Bei aller Wertschätzung für die Clique parallel dazu bei den einzelnen Jugendlichen Optionen offen halten, fördern oder entfalten, sich zu gege-

bener Zeit innerhalb der Clique oder von der gesamten Clique abgrenzen oder absetzen zu können. *(Denn nur, wer auch akzeptable Alternativen zur gegenwärtigen Clique für sich sieht, ist auch offen für cliquenkritische Reflexions-, Auseinandersetzungs- und Veränderungsprozesse.)*

Nicht übersehen darf man schließlich, das längst nicht jede Clique überhaupt etwas mit Sozialer Arbeit zu tun haben will. Und zweitens lässt nicht jede Clique erwarten, dass Soziale Arbeit bei ihr überhaupt relevante Einmischungs- und Veränderungschancen hat. Das kann etwa bei gangartigen Cliquen der Fall sein, bei organisatorisch eingebundenen rechtsextremistischen Cliquen, bei Cliquen mit vorrangiger Suchtorientierung – und schließlich auch bei manchen Cliquen, in denen eine oder mehrere Personen als so dominant erscheinen, dass keine ausreichenden pädagogischen Handlungsspielräume mehr gegeben zu sein scheinen. Dieses Phänomen tritt vor allem immer wieder dort auf, wo Menschen, die selbst längst dem Jugendalter entwachsen, aber an altersentsprechender gesellschaftlicher Integration gescheitert sind, eine Clique von Jüngeren völlig zu beherrschen scheinen. Unter solchen Bedingungen trotzdem cliquenorientierte Arbeit anzubieten, das wäre sicherlich falsch. Aber diese Entscheidungsgrundlage kann sich auch ändern. Und in diese Richtung kann Soziale Arbeit nicht nur Entwicklungen beobachten, sondern auch Einfluss nehmen. Ein Beispiel dazu: Eine gewaltauffällige Clique jüngerer Jugendlicher tanzte völlig nach der Pfeife eines ca. dreißigjährigen Sozialarbeitsresistenten mit u.a. extremen Suchtproblemen und extremer Aggressivität. Zu der Clique wurde ein offener Kontakt gepflegt und ihr klar gesagt, dass eine Betreuung nur in Frage komme, wenn Sozialarbeit dazu nicht mit jenem Dreißigjährigen Konkurrenzen ausfechten müsse. Die Clique(!) fällte dann nach einiger Zeit die Entscheidung, sich von ihrem „Boss“ abgrenzen zu wollen.

Und schließlich: Bei der Arbeit mit jeder Clique stellt sich irgendwann die Frage, wann Soziale Arbeit die Arbeit mit ihr beendet – und wie (es sei denn, die Jugendlichen haben von sich aus diesen Schritt vollzogen, ehe das von sozialarbeiterischer Seite her anstand). Gerade die Beendigung intensiver beziehungsgetragener Arbeit ist oft sehr schwer zu realisieren. Und alle kennen Beispiele, in denen Betreuungen viel zu lange liefen und/oder sich Fachkräfte von vertraut gewordenen Zielgruppen oder gestrauchelten Einzelpersonen nicht zurückziehen/trennen mochten. Trotzdem ist diese Frage in der Fachliteratur wie in der Aus- und Fortbildung kaum mal ein Thema. Einige Grundregeln drängen sich geradezu auf:

Cliquenbetreuung sollte, zumindest in aller Regel, spätestens dann beendet werden,

1. wenn die Clique eigentlich deutliche Auflösungstendenzen zeigt und zunehmend nur noch durch die pädagogische Betreuung zusammengehalten wird, man sich sonst kaum noch treffen würde,
2. wenn die Cliquenmitglieder aufgrund ihres Alters der Zielgruppe der Kinder- und Jugendhilfe entwachsen sind (wobei es dafür im KJHG so-

wie in den kommunalen Förderungskriterien teils sehr unterschiedliche Altersbegrenzungen gibt),

3. wenn die Cliquenmitglieder sich offensichtlich nicht mehr in alterstypischen Entwicklungsprozessen heranwachsender junger Menschen befinden, sondern sich Entwicklungsprozesse längst stabilisiert und verfestigt haben (mögen die auch im Einzelfall noch so prekär oder bedrohlich sein),
4. wenn die Cliquenmitglieder oder der Cliquenalltag von Suchtverhalten dominiert sind,
5. wenn prioritäre Einbindungen in andere Zusammenhänge, z.B. in extreme politische, extreme religiöse oder in kriminelle Zusammenhänge Zugänge immer schwerer machen, oder wenn sozialarbeiterische Arbeit gar für derartige Zwecke instrumentalisiert werden soll,
6. wenn die Clique sich in Zusammenhängen bewegt und einbindet, in denen Sozialer Arbeit entscheidende Handlungsräume entzogen sind.

Selten jedoch gelten solche Faktoren für alle in einer Clique gleichzeitig. Entscheidend ist in all solchen Situationen also, wer die Clique prägt oder steuert (wie in dem o.a. Beispiel etwa). Und zweitens bedeutet eine Einstellung cliquenorientierter Arbeit nicht notwendig, gleichzeitig jede weitere Begleitung oder Unterstützung einzelner aus dieser Clique abzulehnen. In all solchen Fällen ist allerdings entscheidend, sich dabei auf den eigenen Auftrag zu konzentrieren – und sich nicht allein deshalb weiter gefordert zu sehen, weil andere die Lücke nicht füllen werden. Der eklatante Mangel, der in unserer Gesellschaft an Unterstützungsleistungen für junge Erwachsene mit fundamentalen Integrationsschwierigkeiten herrscht, ist – entgegen verbreiteter Praxis – längst kein Grund dafür, davon Betroffenen dann eben notfalls weiterhin Jugendhilfeleistungen anzubieten. Auch in dieser Hinsicht kann Jugendhilfe nicht „der Lückenbüßer der Nation“ sein, wenn sie ihren eigenen Auftrag ernst nimmt. (Aufsuchende Arbeit im Sinne jener Ansätze von Streetwork-Arbeit, die *nicht* ausdrücklich an eine Altersgruppe gebunden ist (z.B. im Obdachlosen- oder im Drogenbereich), ist in dieser Hinsicht natürlich offener.

Die Beendigung längerer Cliquenbetreuungen ist im Übrigen keine Angelegenheit, die von einem auf den anderen Tag erfolgen sollte, sondern ein durchaus in vielerlei Hinsicht ähnlich schwieriger Prozess wie die Anfangsphase, jedenfalls dann, wenn das Ende von Pädagoginnen und Pädagogen angestrebt wird. Das beginnt damit, der Clique frühzeitig zu verstehen zu geben, was als eigene Aufgabe angesehen wird und wann sich warum diese Tätigkeit ihrem Ende nähern wird. Zweitens bedeutet das, rechtzeitig Maßstäbe und Regeln dafür zu setzen, was unter welchen Bedingungen noch wie laufen kann – und was nicht (oder zumindest nicht mehr so wie gewohnt). Drittens bedeutet das, rechtzeitig künftig nutzbare Beratungs- und Unterstützungsmöglichkeiten auszusondieren und – wo möglich – auch konkret auf den Weg zu bringen. Und viertens schließlich bedeutet das, den Verabschiedungsprozess selbst auch als besonderen Prozess zu gestalten und zu durchleben, nicht zuletzt vielleicht auch mit einer gewissen Feierlichkeit oder mit besonderen Höhepunkten. Gerade dann wird auch deutlich und kann auch gemeinsam durchlebt werden, dass es sich oft für beide Seiten um schwierige, schmerzende Abschiede handelt. Schließlich gehört es zu den (gerade in der Arbeit mit auffälligen jungen Menschen) ganz wichtigen sozialen Kompetenzen, Beziehungen zu beenden, ohne damit bei den jungen Menschen Misserfolgs- oder gar Traumatisierungserfahrungen zu aktualisieren.

4.3 Cliquen als Raum zur Entfaltung von Geschlechtsidentität

4.3.1 Jungen und Mädchen in Cliquen

Rechneten sich, wie schon erwähnt, in den 50er Jahren nur etwa ein 1/3 der Jugendlichen – und dabei vorwiegend Jungen – solchen Gruppierungen zu, so waren es bereits 1992 (Shell-Studie) nahezu 80% der Jungen wie der Mädchen (vgl. dazu zusammenfassend: Schröder 1995, S. 116f.). Cliquen sind also – jedenfalls quantitativ – längst keine Domäne von Jungen mehr: Nach Allerbeck/Hoag waren Mädchen noch 1962 nur halb so oft wie Jungen Mitglieder in einer Clique. 1983 dagegen stellen sie keinen Geschlechtsunterschied mehr fest: „Die Mehrheit beider Geschlechter gehört Cliquen an!“ (1985, S. 38) Die sogenannte Brigitte-Studie von 1982 kommt für Mädchen (Seidenspinner/Burger 1982, S. 73), die Shell-Studien von 1981 und 1985 kommen hinsichtlich des Geschlechtervergleichs zu ganz ähnlichen Zahlen (Zinnecker 1987, S. 261 f.). Und seither werden die Zahlen in neueren Untersuchungen im Prinzip immer wieder bestätigt. (Vgl. z.B. 11. Jugendbericht 2002, S. 127) Die starke Zunahme der Beteiligung von Mädchen an informellen Gleichaltrigengruppen deutet darauf hin, dass die konventionellen, familienzentrierten Integrationsmuster für Mädchen insgesamt an Gültigkeit verloren haben. „Über die informelle Jugendgruppe erobern sie sich den jugendspezifischen Freiraum, der bisher den Jungen vorbehalten war.“ (Liebel 1990, S. 215)

Diese allgemeinen Zahlen gehen allerdings darüber hinweg, dass Cliquen je nach Alter, Geschlecht und sozialer Herkunft häufig sehr unterschiedlich aussehen. Typisch ist etwa bis in eine Altersphase von 13 bis 15 Jahren hinein die geschlechtshomogene Clique, während jenseits dieser Altersphase die geschlechtsheterogen zusammengesetzte Clique üblich ist, bei Mädchen in all diesen Altersphasen sehr oft ergänzt durch den Typus der „besten Freundin“. Hinsichtlich der sozialen Zusammensetzung fällt auf, dass sich größere und relativ offene Cliquen vorwiegend in unteren sozialen Schichten finden – mit einer Ausnahme allerdings: den reinen Mädchencliquen. Sie sind durchweg in allen Schichten meist allenfalls so groß, dass sie sich gerade noch in privaten Wohnungen treffen können. Ähnlich kleine Cliquen finden wir bei Jungen am ehesten noch in bildungsorientierten Mittelschichten. Dort gibt es immer wieder kleinere Kreise von Jungen, die speziell ausgerichtet sind auf höchst intensive Beschäftigungen mit ganz bestimmten Hobbys und Aktivitäten. Ansonsten sind Jungencliquen und gemischte Cliquen zumeist erheblich größer. Und gerade in unteren sozialen Schichten sind größere und oft relativ diffuse Cliquenzusammenhänge typisch. Besonders groß und ein besonders breites Altersspektrum umfassend sind vor allem Cliquen zugewanderter Jugendlicher, vor allem jener, die vergleichsweise noch relativ wenig gesellschaftlich integriert sind. Dort finden sich teils auch Muster großer Szenen mit einer regionalen Ausbreitung ohne deutliche Ausdifferenzierungen in (Teil-)Cliquen als kleine, personal intensive soziale Zusammenhänge. (Vgl. insg. ausführlicher dazu: Krafeld 1992, S. 29-50; Krafeld 1999; Hafenegger/Jansen 2001, S. 9-19)

Die seit mindestens zwei Jahrzehnten etwa gleich häufige Zugehörigkeit von Mädchen und Jungen zu Cliquen bedeutet allerdings keineswegs, dass auch von der Qualität her ein Verschwinden größerer geschlechtstypischer Unterschiede festzustellen wäre. In Cliquen reproduzieren sich vielmehr nach wie vor in ganz hohem Maße diejenigen geschlechtstypischen Verhaltensmuster, die in dieser Gesellschaft, bzw. genauer, in den jeweiligen Milieus vorherrschen oder als selbstverständlich gelten. Manches spricht sogar dafür, dass solche Muster dort teilweise eher verstärkt als abgebaut werden. So verweist Winter darauf, dass die typische Sozialisation es Jungen in Cliquen schwer mache, sie selbst zu bleiben, zumal, wenn sie sich wegen unzureichender anderweitiger sozialer Einbindungen auf diese Clique besonders angewiesen fühlen (Winter 1993, S. 155). Oder Untersuchungen in gewaltauffälligen Cliquen haben herausgearbeitet, dass und wie sich dort geschlechtsspezifische Muster der Initiierung, Ausübung und Anerkennung von Gewaltverhalten immer wieder reproduzieren und dass selbst bei gewaltauffälligen Mädchencliquen nicht von einer Emanzipation von konventionellen Zuschreibungen von Geschlechtsmustern gesprochen werden kann. Solche Vorstellungen sind zwar verbreitet, finden aber empirisch keine Bestätigung. (Vgl. Bruhns/Wittmann 2002) Amerikanische Studien kommen zu dem Schluss, dass selbst in reinen Mädchengangs in extremer Weise konventionelle Weiblichkeitsbilder konstruiert werden. (So Joachim Kersten im Fernsehsender XXP am 12.6.2003)

Ebenso lässt sich das sehr verbreitete dualistische Denken von Mädchen als Opfer- und Jungen als Tätergeschlecht nicht durchhalten. Erst in allerletzter Zeit allerdings finden Opfererfahrungen von Jungen in den pädagogischen Diskussionen nicht mehr ausschließlich dann Beachtung, wenn es letztlich darum geht vorzubeugen, dass „mal aus Opfern Täter werden" – und damit solche Jungen mit ihrem Leiden nicht nur in den Geruch geraten, keine „richtigen" Männer zu sein, sondern sich auch als Person mit angeblichen Täterdispositionen verdächtig zu machen. (Vgl. z.B.: Hollstein 2000; Lenz 2000)

Aber trotz allem lässt sich insgesamt sagen: „Mädchen haben in den letzten dreißig Jahren schrittweise das erlangt, was für Jungen schon zu Beginn des Jahrhunderts eine Selbstverständlichkeit wurde: eine Jugend zu haben, d.h. einen gesellschaftlich erlaubten Freiraum des Probehandelns und des Experimentierens mit der eigenen Person." (Wagner-Winterhager 1986, S. 527) Nach wie vor sind sie dabei allerdings in vielerlei Hinsicht auf Jungen angewiesen, die sie mitnehmen oder ihnen Zugang verschaffen in „action"-betonte, abenteuerreiche, erlebnisintensive Lebenssituationen im Alltagsdschungel der Städte. Der Anschluss an eine jungengeprägte Clique öffnet vielfach erst Türen zu Erfahrungs- und Erlebenswelten, von denen Mädchenerziehung und geschlechtsspezifische Erlaubnis- und Verbotssysteme Mädchen eigentlich immer fernzuhalten suchten. Da nehmen es die Mädchen dann auch vielfach hin, dass die Jungen fast durchweg vorgeben, was an „action" passiert, und die Mädchen teils eher mitlaufen, teils eher zuschauen und teils sogar vom unmittelbaren Geschehen völlig ausgeschlossen sind. Als problematisch empfinden sie dagegen weit mehr, dass diese Jungen ihnen gegenüber als Partner ganz anders sind: Eine Mitarbeiterin aus der Arbeit mit rechten Cliquen drückt das so aus: „In den Beziehungen machen diese Makker oft ganz schnell den Teddybär. Sie wollen mit den Mädchen ins Bett, die Mädchen aber mit ihnen auf die Straße." (Lutzebäck u.a. 1995, S. 548)

4.3.2 Zum Wandel weiblicher und männlicher Lebenskonzepte

Wir haben in den letzten drei bis vier Jahrzehnten eine tiefgreifende Veränderung weiblicher Normalbiographien und weiblicher Lebensentwürfe erlebt. Es war zwar wohl eher der Druck gesellschaftlicher Verhältnisse, der das zuwege brachte als die Kraft weiblicher Emanzipationsbewegungen. Aber die allermeisten Frauen empfinden diese Veränderung insgesamt als positiv, als bereichernd – wenn auch vielfach längst nicht als ausreichend, dann aber jedenfalls als Schritte in die richtige Richtung.

Ganz anders bei den Männern. Dort erleben wir zeitlich später, nämlich erst allenfalls seit zwei Jahrzehnten, zunehmende Ängste und Unsicherheiten davor, angestrebte und für selbstverständlich erachtete Normalbiographien und männliche Lebensentwürfe nicht mehr realisieren zu können - oder jedenfalls nicht mehr so, wie es eigentlich als selbstverständlich erscheint (und gewünscht wird). Die Krise der Arbeitsgesellschaft, jedenfalls im Sinne einer Krise der Vollbeschäftigungsgesellschaft, macht es immer unsicherer und ungewisser, wie junge Menschen stabil und dauerhaft im Erwerbsleben Fuß fassen können. Und ein Mann gilt nun mal in unserer Gesellschaft nur dann als richtiger Mann, wenn er etwas ist, nämlich beruflich ist – und wenn er davon zu gegebener Zeit eine Familie ernähren kann.

Gerade Jungen und männliche Jugendliche, die noch auf dem Weg sind, Mann zu werden, sehen sich damit konfrontiert, dass für sie die Wege zum Mann-Sein immer ungewisser und brüchiger werden: das angestrebte Leitbild von Mann-Sein und dessen tatsächliche Erreichbarkeit klaffen immer weiter auseinander. Und was ist, wenn es nicht klappt, daran mag eigentlich niemand denken: die angehenden Männer nicht, die Pädagoginnen und Pädagogen nicht – und die Politik (von der Arbeitsmarkt- bis hin zur Sicherheitspolitik) erst recht nicht. Dabei sind vielfältige Folgen der Verunsicherung und Gefährdung normativer Wege zum Mann-Sein längst an vielen Stellen zu greifen. Und genauso unübersehbar ist, dass es nicht reicht, die an der Hürde zum Arbeitsmarkt Scheiternden mit immer neuen kompensatorischen Maßnahmen noch mehr und noch mehr dafür trimmen zu wollen, was doch immer schwerer zu erreichen ist. Denn daran, dass immer Millionen vor der Tür stehen und trotzdem lebenswert leben wollen, ändert all das nichts. Wer die Schere zwischen herrschendem Leitbild männlicher Normalbiographien und dessen tatsächlicher Erreichbarkeit immer noch als individuelles, und als individuell zu bewältigendes Problem begreift, kann den von dem Problem Betroffenen nicht gerecht werden. So wird im Feld der Angebote zur Bewältigung des Übergangs ins Erwerbsleben inzwischen immer häufiger Lebensunfähigkeit produziert statt bessere Lebensfähigkeit, wie Tilly Lex in einer Untersuchung des Deutschen Jugendinstituts nachwies. (Lex 1997, S. 321f.)

Worum es geht, das soll hier ein typisches Beispiel aus dem Alltag von Jugendberufshilfe verdeutlichen:

> In einer Maßnahme des 2. Arbeitsmarktes für Jugendliche verlieben sich ein junger Mann und eine junge Frau ineinander. Bald schon wird die Frau ungewollt schwanger. Nach dem ersten Schrecken entscheiden sich beide, das Kind gemeinsam aufziehen zu wollen. Interessant ist nun, wie das Umfeld darauf reagiert: Die angehende junge Mutter fühlt sich schnell ganz anders als Frau geachtet und ernst genommen. Man interessiert sich für sie und die Bewältigung ihrer komplexen Lebenslage – so sehr, wie sie es vielleicht nie vorher erlebt hat: wie es ihr geht, wie sie mit diesem oder jenem fertig wird oder umzugehen gedenkt.
>
> Erst recht, wenn der dicker werdende Bauch zu sehen ist, steht sie immer häufiger im Mittelpunkt, erlebt – neben manchen Vorhaltungen vielleicht – in vielfacher Weise Anteilnahme, Zuwendung, Rücksichtnahme – und nicht zuletzt sogar Neid. Die Gespräche mit Gleichaltrigen, mit Eltern, mit Anleitern oder mit Pädagoginnen[21] sind gerade jetzt oft sehr eingehend und intensiv und drehen sich eigentlich (fast) um alles, was sie jetzt beschäftigt und was jetzt für sie neu und wichtig ist. Das macht es ihr leichter und hilft ihr teilweise sehr, mit ihren verschiedensten Aufgaben, Schwierigkeiten und Problemen in dieser Situation besser fertig zu werden – zumal sie bei all dem auch ganz viel an praktischer Unterstützung und Hilfe erfährt. – Der Abschluss der Maßnahme und die Integration in die Arbeitswelt verlieren gleichzeitig erst mal entscheidend an Bedeutung, erscheinen subjektiv vielleicht sogar im Moment ganz unwichtig.

---

21 Die unterschiedliche männliche und weibliche Form hier entspricht in der Relation der quantitativen Verteilung der Geschlechter in diesen beiden Funktionen, noch mehr aber dem *Image* als eher typisch männlichen bzw. eher typisch weiblichen Tätigkeiten (abgesehen von Anleiterinnen in typisch weiblichen Sparten natürlich). Wie bedeutsam solche Zuschreibungen sind, demonstriert die Vorstellung, ein männlicher Sozialpädagoge sei in einem Team mit ausschließlich weiblichen Anleitern oder Meistern tätig.

Ganz anders die Situation des jungen Mannes, der auf dem Weg ist, Vater zu werden: Plötzlich sieht auch er sich mit einer völlig neuen Lebenssituation konfrontiert, die eine Fülle neuer Aufgaben und Probleme mit sich bringt – zumal dann, wenn er ehrlich bestrebt ist, ein „guter" Partner und Vater zu werden. Aber für ihn – und für fast alle, die mit ihm über seine neue Situation sprechen – zählt nun erst einmal nur eines: Er muss es schaffen, endlich schaffen, beruflich Fuß zu fassen und davon eine Familie ernähren zu können. Daran wird sich zeigen – und nur daran -, ob er der neuen Verantwortung gerecht wird, ob er sich nun als „richtiger Mann" erweist – oder als Versager. Alles andere kommt danach! Das sieht er selbst so! Und das sehen eigentlich alle anderen in seiner Umgebung auch so!

Und vielleicht schafft er es ja auch. Aber dann wird er höchstwahrscheinlich eine Arbeit haben, die ihm künftig kaum Zeit lässt für die neue Vaterrolle und für die Entwicklung der Partnerschaft. Oder er schafft es nicht! Dann hat er als Mann versagt, dann ist er an den Aufgaben eines Mannes gescheitert, noch ehe er recht zum Mann geworden ist.

Und wenn man dann einige Jahre weiter in die Zukunft guckt, dann spricht etliches dafür, dass jene Beziehung längst auseinandergebrochen ist, dass die Frau in einer relativ prekären Situation lebt und sich mit dem dauernden Dilemma herumschlägt, nicht genug für ihr Kind, nicht genug für ihren unqualifizierten (Teilzeit-)job und nicht genug für sich selbst zu tun – und es nie allen drei Seiten gleichzeitig recht machen zu können. Und der Vater ist fast nur noch ein Zahlvater – wenn überhaupt! Sei es, weil er nicht anders will oder nicht anders kann. Und im Berufsleben hat er auch nicht richtig Fuß gefasst. Er hängt sozusagen zwischen allen Stühlen, beruflich und privat.

Auffällig ist an dieser Geschichte vor allem dies: Für die angehende Mutter geht es jetzt um das Zurechtkommen in und mit ihren zukünftigen *Lebenswelten*, in aller Komplexität, Vielschichtigkeit und Schwierigkeit. Und es geht für sie darum, in welchem Verhältnis die verschiedenen Lebensbereiche überhaupt zueinander stehen, wie sie erträgliche Balancen zwischen verschiedenen Aufgaben finden kann. All das ist Gegenstand langer, oft kurvenreicher Entwicklungs- und Entscheidungsprozesse.

Für den angehenden Vater dagegen geht es erst einmal „nur" um eins, nämlich darum, nun endlich in der *Arbeitswelt* Fuß zu fassen. Arbeit zu haben und davon eine Familie ernähren zu können, das gilt nach wie vor gemeinhin als *Voraussetzung,* sich als angehender Vater den neuen Aufgaben und Problemen in anderen Lebensbereichen stellen zu können, z.B. der Frage, wo die werdende Familie wohnen kann, wie zu Babyausstattung zu gelangen ist, von wem das Kind vielleicht später betreut werden kann. – Allerdings wird solch ein scheinbar selbstverständliches berufsfixiertes Leitbild immer riskanter. In Zeiten der Vollbeschäftigung konnte man(n) wenigstens davon ausgehen, bei ausreichender Anstrengung auch *tatsächlich* mit eigener Arbeit eine Familie ernähren zu können. Ob oder wie man dann *anderen* Aufgaben der Lebensbewältigung, nicht zuletzt den neuen familialen Aufgaben, gerecht wurde und wird, das war und ist eine ganz andere Sache! Man denke nur an die Kriterien für offiziell zumutbare Mobilität und Flexibilität oder an die allzu oft erlebte Schere zwischen: gar keine Arbeit oder zu viel Arbeit haben. Für diejenigen, die im Erwerbsleben Fuß gefasst haben, ist dann das Hauptproblem, ob und wie daneben überhaupt noch Raum bleibt für anderes: für Hausarbeit und Familienarbeit, für Partnerschaft und Vaterschaft

– und für sich selbst. Und Raum dafür, konkrete Vorstellungen, Interessen, Bereitschaft und Lust dafür zu entwickeln.

Der Zeitpunkt, durch „eigener Hände Arbeit“ eine Familie ernähren zu können, ist für sehr viele angehende junge Männer heute sehr ungewiss oder gar unkalkulierbar weit fern. Diese Unsicherheit betrifft längst auch breite Mittelschichten, selbst Studienabsolventen in Studiengängen, die noch vor wenigen Jahren als besonders zukunftsträchtig galten. Besonders massiv betroffen ist aber selbstverständlich das Gros derer, die überhaupt keinen oder nicht mehr als einen Hauptschulabschluss haben, oder die zu dem (oft vergessenen) Drittel an Zugewanderten unter den angehenden jungen Männern zählen.

In jener eben schon erwähnten Studie des Deutschen Jugendinstituts kam Tilly Lex zu dem Ergebnis, dass es bei mindestens einem Drittel aller Jugendlichen in arbeitsmarktfördernden Maßnahmen letztlich nur noch um die Abfederung gesellschaftlicher Ausgrenzungsprozesse gehe. (Lex 1997, S. 321f.) Und gesellschaftliche Ausgrenzung bedeutet für angehende junge Männer fast immer auch ein Scheitern an den geltenden Maßstäben männlicher Normalität. Sozialarbeiterinnen und Sozialarbeiter, die mit Aussiedlern arbeiten, berichten immer mal wieder von jungen Männern, die von sich sagen: „Ich habe keine Freundin. Denn ich hab ja noch keinen Beruf. Und da geht das noch nicht!“ Bei diesen Männern ist besonders offensichtlich, besonders direkt greifbar, dass die in unserer Gesellschaft gültige Antwort auf Herbert Grönemeyers gesungene Frage: „Wann ist ein Mann ein Mann?“ nach wie vor lautet: Dann, wenn er was ist, nämlich beruflich was ist! Und alles andere muss sich dann zeigen! – Und das heißt gleichermaßen zweierlei: Erstens natürlich, dass Arbeit, Erwerbsarbeit für angehende Männer als unersetzlicher Schlüssel zum anerkannten Erwachsensein als Mann gilt. Und zweitens – das wird dabei meistens übersehen: Dass dann alles andere *nicht* so wichtig ist, zurückstehen muss! Allgemein bekannt ist das Bild: Ein richtiger Mann hat immer alles im Griff – oder er bricht zusammen (sei es als tragischer Held oder als Versager)! Dabei spielt sich das reale Leben meist immer dazwischen ab – und will auch in diesen vielschichtigen Zwischensphären gelebt, entfaltet und bewältigt sein.

In dem oben geschilderten Fall geht es für *beide*, für die angehende junge Mutter wie für den angehenden jungen Vater, um weit mehr als um Berufsintegration. Es geht um höchst komplexe Prozesse von Lebensbewältigung, bei der Bewältigungsschritte in den *verschiedensten* Lebensbereichen – oft diffizil – aufeinander bezogen und aufeinander abgestimmt sein müssen. Frauen erfahren in solchen Situationen typischerweise Unterstützung dabei, ihre schwierige *Lebens*situation „in den Griff zu bekommen“ und zu meistern. (Für die allerwenigsten bedeutet das übrigens heute noch einen längerfristigen oder dauerhaften Abschied von der Integration in die Arbeitswelt – selbst für viele islamisch geprägte Frauen nicht mehr.)[22] Für Männer dagegen

22 Dass spätere Reintegrationen dann aber inzwischen (wieder) immer häufiger in marginalisierten Formen erfolgen und dabei gleichzeitig die Schere zwischen Anforde-

konzentriert sich die anstehende Bewältigungsaufgabe gerade auch in solch einer Phase entstehender Familie letztlich erst einmal voll und ganz auf die *Berufs*situation. Frauen werden in solchen Prozessen denn auch umgekehrt oft sehr schnell viel kompetenter darin, komplexe oder prekäre Lebenslagen bewältigen zu können (aber sich auch eher mit prekären Lebensaussichten zu arrangieren), während junge Männer heute der zunehmenden Gefahr ausgesetzt sind, mit dem Scheitern beruflicher Integration insgesamt als Versager zu gelten, als lebensbewältigungs*inkompetent* da zu stehen. (Gerade auch in diesem Zusammenhang wäre es übrigens einmal interessant, die besonders hohe Attraktivität von Subkarrieren in randständigen Milieus und besonders in einigen Zuwanderer-Milieus zu beleuchten – die ja nicht zuletzt auch Subkarrieren zum Mann-Werden anbieten.)

In Situationen wie der geschilderten bräuchte es also Anleiter und Pädagoginnen, die Gender Mainstreaming verstehen als Strategie, die Auseinandersetzung mit jenen in dem jeweiligen sozialen Raum als selbstverständlich geltenden Überzeugungen und Orientierungen von Männern und Frauen *bewusst* in das eigene Handeln zu integrieren. (Horstkemper 2002, S. 42) Hier geht es nicht, oder in der Regel jedenfalls nicht vorrangig, um Konfliktpotentiale im *Verhältnis* der Geschlechter zueinander (wie es sonst vielfach zentraler Gegenstand geschlechtsspezifischer Konzepte ist), sondern um unterschiedliche Varianten einer selbstbestimmten Lebensführung (ebd. S. 51) – und um ein partnerschaftliches Bemühen, diese unterstützend aufeinander abzustimmen.

Gerade im Bereich der Förderung der beruflichen Integration von angehenden jungen Männern scheint dieser Blickwinkel besonders wichtig zu werden: schlägt sich doch kaum irgendwo sonst das zunehmende Auseinanderklaffen der Gültigkeit herrschender Leitbilder erwerbszentrierter Normalbiographien und deren *tatsächlicher* Erreichbarkeit so deutlich nieder wie hier. Und gleichzeitig sind gerade hier längst ungeheuer viele junge Männer zu erleben,

- die sich *regressiv* vom herrschenden Konzept männlicher Normalbiographie verabschiedet zu haben scheinen, indem sie eigentlich *gar nichts* mehr wollen, gar nichts mehr können und – als „geborene Loser“ – auch scheinbar zu nichts mehr zu motivieren sind,
- die *kompensatorisch* eine expressive Selbstinszenierung und Selbststilisierung von Männlichkeit (oder dem, was sie dafür halten) betreiben, durch Mackertum, Machogehabe, durch Gewalt, sowie durch Deutung gesellschaftlicher Prozesse mit Naturkategorien, die Eindeutigkeit versprechen (wie sie in Extremform der Rechtsextremismus anbietet), oder drittens jene,

---

rungen des Arbeitsmarktes und Angeboten zur Kinderbetreuung – und schon gar zur Kinderförderung! – immer weiter auseinander klafft, ist eine andere Seite.

- die *subtil* mit Subkarrieren einen alternativen anerkannten Status als Mann anstreben (ein gerade auch unter Zuwanderern besonders verbreitetes Muster).

All diesen wird die gängige bloße *Kumulation* berufsintegrationsfördernder Maßnahmen längst nicht mehr gerecht, auch wenn immer neue vorgeschaltete niedrigschwellige Maßnahmen ideologisch dieses System zu stützen suchen und mit der neuen aktivierenden Arbeitsmarktpolitik auch immer massiverer förderungsloser Zwang ausgeübt wird. Wie ich an anderer Stelle ausführlich dargelegt habe (vgl. Krafeld 2000; 2001b u. 2004), ist längst eine Umorientierung von einer arbeitsmarktfixierten zu einer lebensweltorientierten Jugendberufshilfe überfällig, für die nicht Arbeit *alles* ist – und für die man entsprechend nicht ohne Arbeit „nichts ist“, sondern für die Arbeit nicht mehr und nicht weniger ist als das zweifellos wichtigste *Medium* zur menschenwürdigen Teilhabe in dieser Gesellschaft. Gesellschaftliche Teilhabe zur Not auch trotz ungesicherter beruflicher Integration *erreichbar* machen zu können – und damit auch das Erreichen männlicher Identität –, das verlangt von Jugendberufshilfe und Sozialarbeit insbesondere,

- die *Qualität* lebensweltbezogener sozialer Netze und sozialer Beziehungen im Alltagsleben auszubauen, weil heute letztlich nur lebensweltbezogene Zughörigkeit stabile Zugehörigkeit gewährleisten kann,
- gebrauchswertorientierte Leistungen nicht für irgendwen, sondern für den *eigenen* sozialen Nahraum anzustreben, um dafür *dort* entsprechende Anerkennung zu erlangen, vor allem deshalb, weil Lohnarbeit (allein) immer seltener stabil Status, Selbstwertgefühl und Anerkennung bieten und dauerhaft gewährleisten kann,
- *Verbindung* arbeitsweltbezogener Integrationsbemühungen mit lebensweltlichen Zusammenhängen, statt Schritte zu beruflicher Integration immer häufiger an *Verzicht* auf lebensweltliche Integration zu koppeln (z.B. durch gezielte quartiers*ferne* Fördermaßnahmen, durch entwurzelnde Mobilitätsanforderungen, durch lange Fahrzeiten, durch Erwartung von Überstunden u.a.).

Warum derartige Umorientierungen in ganz besonderer Weise für Jungen und junge Männer wichtig sind, das will ich im folgenden mit fünf Punkten näher erläutern:

1. Da das berufsfixierte Lebenskonzept des „Du bist, was du bist“ ein männliches ist, sind männliche Jugendliche, die noch auf dem Weg zum Mann sind, auch von dessen *Brüchigwerden* besonders betroffen. In weiblichen Lebenskonzepten ist der Stellenwert des Berufes weder so vorherrschend, noch so eindeutig und durchgängig. „Wechselfälle des Lebens“ (Sichtermann 1987) bringen hier immer wieder Gewichtsverschiebungen, die die Identität als Frau nicht antasten, sondern eher noch untermauern (wenn auch die Folgen vielfach prekär sind).

2. Das herrschende männliche Lebenskonzept ist mit einer Pyramide zu vergleichen, deren (unverzichtbares) Fundament die Berufsintegration ist, ohne das scheinbar nichts geht. Wer am Arbeitsmarkt scheitert, scheitert ganz leicht auch an der Mannwerdung, (hat damit z.B. auch bei Frauen kaum eine Chance – jedenfalls, soweit es um den Wunsch nach dauerhafter Partnerschaft oder Familie geht). Ein am Arbeitsmarkt gescheiterter Mann gilt leicht in jeder Hinsicht als ein Versager – bis hin zur Partnerwahl.[23] Bei Frauen ist das anders: Deren Ansehen, das Ansehen als Frau (und u.a. auch die Beziehungschancen einer jungen Frau) werden durch solch ein Schicksal kaum beeinträchtigt. Denn weibliche Lebenskonzepte sind im Spektrum verschiedener Lebenssphären angesiedelt und darauf angelegt, in verschiedenen Phasen des Lebens Konzentrationsverschiebungen mitzumachen – seien es freiwillige oder erzwungene. Erwerbsarbeit (und die Vorbereitung darauf) hat einen phasenbedingt *wechselnden* Stellenwert, statt kategorisch unerlässliches Fundament für alles andere zu sein.
3. In der Arbeit mit jungen Frauen wird grundsätzlich nicht erst in *besonderen* Situationen (wie in jenem Schwangerschaftsbeispiel) – der gesamte Lebenszusammenhang berücksichtigt, ernst genommen und einbezogen. Der ist allgemein sowieso viel präsenter als bei jungen Männern – nicht zuletzt natürlich auch, weil junge Frauen sich viel eher entsprechend einbringen und mitteilen. In Extremsituationen kann dann darauf aufgebaut werden.
4. Gerade in den letzten Jahren sind in der Jugendberufshilfe und insgesamt innerhalb des zweiten Arbeitsmarktes eine Vielzahl spezieller Angebote für junge Mütter entstanden, die die Förderung der Integration in die Arbeitswelt ausdrücklich mit vielfältigen anderen Angeboten der Alltags- und Lebensbewältigung verbinden (wenn auch teils auf problematische Weise). Angebote für junge Väter, die auch nur in irgendeiner Weise deren familiale Situation oder deren andere Lebenszusammenhänge mitberücksichtigen, sind dagegen allenfalls als exotische Besonderheiten für hochqualifizierte Fachkräfte in innovativen Branchen durch die Medien gegangen (als spezielle zusätzliche Maßnahme zum Erhalt der Leistungsfähigkeit besonders begehrter Arbeitskräfte). Auf ein Beispiel in der Jugendberufshilfe bin ich dagegen bislang nur in einem einzigen Fall gestoßen: Als sich in einer Gruppe von 16 Jugendlichen innerhalb kürzester Zeit der fünfte(!) mit einer anstehenden Vaterschaft konfrontiert sah, machte ihnen eine Sozialpädagogin ein komplexes, lebensbewältigungsorientiertes Angebot – aber klammheimlich, ohne dass der Träger das so mitkriegen sollte! Denn dadurch wurde dann natürlich auch das „Trim-

---

23 Galt das bislang vor allem für die Suche nach einem Partner für eine Familiengründung, so wird das nach Einführung des Arbeitslosengeldes II mit seinen verschärften Bedingungen zur Anrechnung von Partnereinkommen sicherlich viel weitere Wirkungen haben.

men für den Arbeitsmarkt" vernachlässigt. Und das dürfe man ja angeblich *gerade* bei solchen Jugendlichen auf keinen Fall machen!

5. Im Bereich der Jugendsozialarbeit finden wir komplexe lebensweltorientierte Ansätze für junge Männer bislang praktisch nur dort, wo es um Zielgruppen geht, bei denen „an Integration in Arbeit erst einmal überhaupt nicht zu denken ist", weil die sich und ihr Leben „überhaupt nicht im Griff haben". (Vgl. ausführlicher zu diesen Punkten: Krafeld 2000, S. 138-150; Krafeld 2001a) Lebensweltorientierung wird damit degradiert zum – bei manchen unvermeidbaren – methodischen Umweg, um zum „Eigentlichen" zu kommen.

Die Vergleiche zwischen den Geschlechtern zeigen: Die Betrachtung von Bemühungen um die Integration in die Arbeitswelt als *einem*, wenn auch zentralen Element von Lebensbewältigung, Lebensentfaltung und gesellschaftlicher Teilhabe ist so neu gar nicht. Nur kommt sie im Umgang mit *einem* Geschlecht praktisch bis heute nicht vor, nämlich bei dem männlichen. Und bei dem weiblichen wird sie vielfach so gehandhabt, dass damit letztlich zumeist pragmatisches Arrangieren und Sich-Abfinden mit instabilen, prekären, diskriminierenden und marginalisierenden Anpassungsprozessen im Spektrum konventioneller weiblicher Lebenskonzepte gefördert wird. (Vgl. insgesamt dazu auch: Böhnisch 2003)

Gender Mainstreaming als gesellschaftspolitisches Programm, wie es gegenwärtig eher von oben her vorgegeben wird als von unten her zu wachsen, verlangt dagegen Entscheidungs- und Veränderungsprozesse, die für angehende junge Männer endlich auch deren lebensweltlichen Zusammenhänge einbeziehen in Bemühungen um die Förderung beruflicher Qualifikation – und die bei angehenden jungen Frauen diese Zusammenhänge *anders* als bislang üblich einbeziehen, nämlich so, dass damit *tatsächlich* persönliche Entfaltung und gesellschaftliche Teilhabe gefördert werden. Nur so ließe sich auch perspektivisch das herrschende Bedeutungsgefälle zwischen arbeitsweltlichen und lebensweltlichen Zusammenhängen – mit ihren jeweiligen geschlechtsbezogenen Zuschreibungen – abbauen. Nur so ließen sich also auch lebenswertere *Alternativen* erschließen zu jenem in den letzten Jahrzehnten favorisierten Gleichstellungskonzept, dass sich auf die gleichberechtigte Teilhabe von Frauen an der *tradierten* männerdefinierten Arbeitswelt stützt, statt geschlechtsbedingte Beeinträchtigungen *beider* Geschlechter auf je *spezifische* Weise ernst zu nehmen. Wie tief solch ein Denken aber verwurzelt ist, das zeigt nicht zuletzt die aktuelle Genderdiskussion. Immer wieder wird auch dort die Kategorie der „Benachteiligung" benutzt, die nach *Relationen* (zum anderen Geschlecht) fragt (vgl. z.B. die Beiträge in Gender Mainstreaming 2001), statt nach der jeweiligen *eigenen* Qualität – und die gleichzeitig in weiten Teilen dem System der polarisierten Zweigeschlechtlichkeit verhaftet bleibt. Solche Differenzansätze aber schreiben letztlich die Geschlechterdichotomie fort, allenfalls unter Aufwertung ihrer „weiblichen Polarität". (Meyer 2001, S. 28)

Zum zweiten liegt im Gender Mainstreaming eine bedeutsame Chance, lebensweltliche Orientierungen endlich aus der (sozial-)pädagogischen Nische kompensatorischer *pädagogischer* Interventionen herauszuholen. Denn Gender Mainstreaming als *politisches* Programm (von EU und Bundesregierung) bezieht sich zunächst einmal auf administrative und organisatorische Ebenen. (vgl. ebd., S. 25f.) Auch in der Jugendhilfe ergeben sich damit zunächst einmal Anforderungen an eine Veränderung administrativer und organisatorischer Ebenen. Und solch eine Veränderung muss natürlich auch, ja gerade auf entsprechende Veränderungen in der Arbeitsmarkt- und Sozialpolitik zielen – und konkreter, vor allem auf Änderungen der Vorgaben der Bundesagentur (früher: Bundesanstalt) für Arbeit. Gender Mainstreaming ernst zu nehmen, das geht letztlich nicht ohne „die traditionelle männliche Fixierung auf Erwerbsarbeit als zeitökonomisches und sinnstiftendes Zentrum der Lebensführung“ (Scherr 2001b, S. 86) aufzulösen und sich dem Problem des ungewisseren und diskontinuierlicheren Stellenwerts von Erwerbsarbeit in zukünftigen männlichen Biographien zu stellen.

Hinsichtlich des Gender Mainstreamings kann es in diesem Zusammenhang allerdings nicht nur um die jungen Menschen gehen, die (noch) keinen stabilen Zugang zur Arbeitswelt gefunden haben. Scheinbar selbstverständliche Muster geschlechtsspezifischer Ausprägungen lassen sich nicht offen erfassen und reflektieren, wenn der Blick nicht auch auf die Mitarbeiter gerichtet wird, die mit diesen jungen Menschen arbeiten. Denn gerade in der Jugendberufshilfe und insgesamt in den Maßnahmen des zweiten Arbeitsmarktes sind fast nur Männer tätig, die mit dieser Anstellung oft *gerade noch* ihr konventionelles berufsfixiertes Männlichkeitsbild weiterverfolgen können, die selbst für sich das Ende konventioneller Eindeutigkeiten hautnah spüren (Meyer 2001, S. 38) und die sich selbst sozusagen an der Klippenkante des herkömmlichen männlichen Normalbiographiekonzeptes befinden – nur noch wenige Schritte vom Absturzrisiko entfernt. Stellen diese Männer sich nicht ihrer eigenen Situation und ihren *eigenen* Lebenskonzeptrisiken, so werden sie erst recht nicht „ihren Jungs“ gerecht werden können.

4.3.3 Geschlechtsreflektierende Arbeit in Cliquen

Gerade in einer Zeit, in der Jugendliche auf so vielen Ebenen mit Zukunfts- und Orientierungsunsicherheiten konfrontiert werden, gewinnt bei ihnen die Suche nach scheinbaren Sicherheiten eine besondere Qualität. Das verstärkt noch mal den pubertätstypischen Prozess, dass letztlich keine Frage so wichtig ist, keine Frage so viele Ängste und Unsicherheiten auslöst wie die: „Wie kriege ich es hin, dass aus mir ein richtiger Mann/eine richtige Frau wird und ich dabei nicht versage?“ Das lässt Jugendliche in ihren Cliquenzusammenhängen immer wieder besonders vehement und besonders rigide zu denjenigen Mustern greifen, die sie als Ausweis von Männlichkeit bzw. Weiblichkeit empfinden. Cliquen sind für die allermeisten Jugendlichen der zentrale Ort, an dem oder von dem aus immer neue Versuche und Aktivitäten gestartet werden, sich in der eigenen Geschlechtsrolle auszuprobieren, zu entfalten und zu beweisen, sich einzuüben in Begegnungen mit dem anderen Geschlecht, sich ihm darzustellen, sich zu inszenieren und in Szene zu setzen, sich Rückendeckung, Rückkopplung und Abfederung zu verschaffen für entsprechende Versuche nach außen. Hier liegt denn auch einer der zentralen Gründe dafür, weshalb so häufig Jugendarbeit bei dem Versuch scheitert, für geschlechtsspezifische Arbeitsphasen die Geschlechter zu trennen. Denn das widerspricht offenbar einem – wenn nicht dem grundlegendsten – Bedürfnis, das die Jugendlichen überhaupt z.B. in die Einrichtung, zu der Veranstaltung oder zu dieser Clique bringt, nämlich, sich im Umgang mit dem anderen Geschlecht zu üben.

Zwei zentrale Vorstellungen über geschlechtsreflektierende (geschlechtsspezifische oder geschlechtsbewusste) Arbeit mit Mädchen und mit Jungen galten – und gelten vielfach bis heute – in der Jugendarbeit als so selbstverständlich, dass selbst Diskussionen darüber lange Zeit vielfach als völlig abwegig zurückgewiesen wurden:

- Erstens hält sich bei vielen bis heute die Vorstellung, geschlechtsreflektierende Arbeit setze immer und zwingend erst einmal Geschlechtertrennung und gleichgeschlechtliche pädagogische Kräfte voraus.
- Zweitens hält sich bei vielen bis heute die Vorstellung, geschlechtsreflektierte Arbeit erfordere spezifische, pädagogisch inszenierte Gruppenbildungsprozesse, die bestimmte pädagogische Standards an Kontinuität, Stabilität, Zugehörigkeit und Eigenraum realisieren.

Beides jedoch sind Vorstellungen, die von einer *Geringschätzung* der von den Jugendlichen mit ihren Cliquen selbstgeschaffenen sozialen Zusammenhänge ausgehen – und damit letztlich auch schon vom Start her Geringschätzungen der Jugendlichen implizieren. Dass viele Jugendliche sich in der Vergangenheit für derartige Angebote nicht gewinnen und begeistern ließen, zeugt sicherlich vielfach nicht zuletzt auch von deren Fähigkeiten, sich Vereinnahmungsversuchen immer effektiver zu entziehen – egal, von wem sie kommen. Gerade im Bereich der Mädchenarbeit hat das in den letzten Jahren zu tiefgreifenden Umdenkprozessen geführt. (Vgl. z.B.: Meyer 1999; Rose 2000) Denn irgendwann ließ sich nicht mehr darüber hinwegsehen, dass mit den bis dahin gängigen Angeboten praktisch nur noch Mädchen bis zur Pubertät erreicht wurden – oder vielleicht einige ältere Mädchen, die mit ihren Milieuhintergründen und Lebensstilorientierungen den Mitarbeiterinnen sehr nahe standen.

Auch geschlechtsreflektierende Jugendarbeit in geschlechtsheterogenen Cliquen kommt also nicht umhin, die Jugendlichen dort abzuholen, wo sie stehen, und ihre Ziele auf bestehende (nicht auf wünschenswerte) Alltagsrealitäten auszurichten, also da hin, wo Jungen und Mädchen im Umgang miteinander ihre Geschlechtsidentität aufzubauen und zu entfalten suchen. Damit soll natürlich überhaupt nicht bestritten werden, dass manches Mal in geschlechtshomogenen Zusammensetzungen etliches möglich ist, was (zumal den Mädchen) im Beisein der Jungen kaum gelingen kann. Nur setzt es meist lange geschlechtsreflektierende Auseinandersetzungsprozesse voraus, ehe z.B. die Mädchen *selbst* darin einen Sinn sehen und das auch so wollen.

Im Übrigen kann sich die verbreitete Zielvorstellung, Mädchen ganz von den Jungen wegzuholen, zumal von sehr machohaft und gewaltförmig auftretenden Jungen, auch leicht als ein pädagogischer „Bärendienst" den betroffenen Mädchen gegenüber erweisen. Denn Mädchen in derartigen Cliquenzusammenhängen haben sich meist das Zusammensein mit solchen Jungen selbst gesucht, u.a. deshalb vielleicht, weil sich in deren Verhalten eigene familiale Erfahrungen widerspiegeln, Erfahrungen mit ihren Vätern, ihren Stiefvätern oder den Partnern ihrer Mütter. So schön es vielleicht wäre: Jugendarbeit kann sie nicht aus all diesen Realitäten herausholen. Sie muss sie vielmehr darin stärken, sich in ihren Realitäten anders zu behaupten – und ein Ausbrechen aus solchen Realitäten dort fördern, wo die Mädchen *selbst* so etwas wollen.

Wohl in keinem anderen Bereich von offener Jugendarbeit und aufsuchender Jugendarbeit wird immer noch so stark an Vorstellung pädagogisch organisierter Gruppenarbeit festgehalten wie da, wo es um geschlechtsreflektierende Arbeit geht. Als ich 1994 in der Zeitschrift „deutsche jugend" ein „Plädoyer für eine geschlechtsspezifische Jugendarbeit in heterogenen Zusammenhängen" veröffentlichte, empfanden viele das als Tabubruch und als massiven Angriff auf geschlechtsspezifische Arbeit, vor allem „mit dem benachteiligten Geschlecht". Inzwischen aber ist gerade in der Mädchenarbeit eine intensive Diskussion im Gange, ob nicht der Abschied von einer Gleichsetzung von Mädchenarbeit mit geschlechthomogener Gruppenarbeit überfällig ist. Das pädagogische Muster der Gruppenarbeit schafft zwar für Pädagoginnen und Pädagogen eher sicheres Terrain, für die heranwachsenden Adressatinnen und Adressaten aber erhebliche Hürden und fremde bis befremdliche Atmosphären. Warum auch sollen sie sich aus ihren vertrauten sozialen Zusammenhängen herausbewegen und ihre vertrauten Muster der Beschäftigung mit sich selbst in formalisierte Zeitrhythmen und Gruppenabläufe einbinden? Denn Cliquen zeigen meist eine ausgesprochene Gegenwarts- und Situationsbezogenheit, die längerfristige Planungen und Kontinuitäten gar nicht zulassen. Und je auffälliger und problematischer Cliquen erscheinen, um so größere Schwierigkeiten haben oft ihre Mitglieder, sich längerfristig mal „in aller Ruhe" auf etwas einzulassen.

Geschlechtsreflektierende Arbeit erfordert Bereitschaften und Fähigkeiten, sich selbstreflexiv einzubringen, also sich zu öffnen. Das geht natürlich am ehesten in vertrauten und selbstgeprägten Zusammenhängen. Und das tun natürlich nur diejenigen, die sich davon etwas versprechen – und diejenigen garantiert nicht, die für sich etwas davon befürchten. Das stellt sich für beide Geschlechter sehr unterschiedlich dar. Gehört es z.B. für Mädchen in der Regel dazu, sich in ihren Orientierungsprozessen jedenfalls „den besten Freundinnen gegenüber" und dort, wo man Vertrauen zueinander gefunden hat, zu öffnen, so sind Jungen meist durchgängig sehr darauf bedacht, ja keine Schwächen und Blößen zu zeigen, sich nicht angreifbar zu machen – es sei denn „im Suff" oder einer Frau gegenüber, einer Mitarbeiterin etwa oder einer gleichaltrigen Partnerin (die dabei dann eigentlich immer in einer konventionellen Frauenrolle eingefordert und instrumentalisiert wird). Denn, so das ungeheuer verbreitete Leitbild: „Wer ein richtiger Mann werden will, der hat keine Probleme, sondern der hat Probleme im Griff!" Das führt dazu, dass Jungen fast durchweg erst einmal nicht bereit und oft auch nicht imstande sind, im Beisein anderer Jungen von sich etwas preiszugeben und sich zu öffnen, aus Angst, durch Zeigen von Problemen, Schwächen und Unsicherheiten den eigenen Status in der Clique zu gefährden. Hinter die Fassaden demonstrativer Souveränität kommt man dann meist erst mal nur in vertraulichen Gesprächen „unter vier Augen". Das macht gerade in der Arbeit mit Jungen Phasen von Einzelgesprächen und Einzelarbeit so wichtig – allerdings unter der Voraussetzung, dass der jeweilige Jugendarbeiter oder die jeweilige Jugendarbeiterin sich dabei *nicht* in einer konventionell unreflektierten Geschlechterrolle präsentieren oder sich dahin drängen lassen.

Geschlechtsreflektierende Arbeit mit Jungen und Mädchen in Cliquen ist also längst nicht gleichzusetzen mit einer durchgängigen Arbeit mit der gesamten Clique. Arbeit mit Untergruppen und Teilgruppen (überproportional bei Mädchen), Einzelarbeit (überproportional bei Jungen) oder auch mit Partnern in Paarbeziehungen gehören selbstverständlich dazu. Gerade die aktuelle Gender-Diskussion unterstreicht, dass geschlechtsreflektierende Arbeit mit Jungen und Mädchen in Cliquen erst einmal und vor allem Bestandteil einer Beziehungsarbeit sein muss, die die eigenen, produktiv geschaffenen sozialen Zusammenhänge ernst nimmt und damit an ihre Stärken, Fähigkeiten, Kompetenzen, Entfaltungsmuster, Alltags-, Lebens- und Interaktionsstile, Interessen und Bedürfnisse ansetzt – nicht an Defiziten (wie das letztlich bis heute fast jedes Gruppenbildungsangebot und fast jeder „Kultivierungsversuch" von Cliquen tut). Auf dieser Basis der Subjektorientierung und der Anerkennung sucht sie Jungen und Mädchen in ihrer Alltagsbewältigung – und nicht zuletzt in ihrer Konstruktion von Geschlechtsidentität – zu begleiten und sie dabei in der personalen Begegnung mit dem Anders*sein* (und das ist weit mehr als dem Anders*denken*) zu konfrontieren. Insofern mischt sie sich dann natürlich auch ein in die Selbstregelungs-, Entfaltungs- und Orientierungsprozesse der jeweiligen Clique. (Vgl. dazu: Rose 2000; Möller 2002)

4.4 Stärkung der Stärken von Cliquen

Was für den Umgang mit einzelnen gilt, das gilt im Prinzip genauso auch im Umgang mit ihren Cliquen: An sie komme ich nur ran, wenn ich mich für sie interessiere, sie in ihrer Bedeutung und Funktion für die jeweiligen Jugendlichen verstehen will, wobei das für unterschiedliche Personen – und zusätzlich in unterschiedlichen Situationen – oft sehr verschieden ist: Für Jungen oder für Mädchen, für Ältere oder Jüngere, für dominantere oder „Randfiguren" usw. Daher muss der Zugang des Sich-Interessierens und des Verstehen-Wollens immer über die einzelnen in der Clique laufen, und zwar über möglichst viele. Da greift es entschieden zu kurz, sich auf die Dominanten zu konzentrieren, auf die Angehörigen des eigenen oder auf die des anderen Geschlechts, auf diejenigen, die von sich aus kommen oder leichter zugänglich sind usw. Viel wichtiger als solche gängigen Gewichtungsmaßstäbe ist jedenfalls in aller Regel die Frage, welche Bedeutung dieser bzw. diese Jugendliche selbst seiner/ihrer Clique warum und inwiefern zuschreibt und welche Bedeutung diese Person umgekehrt für die anderen Cliquenmitglieder hat – und zwar subjektiv wie von außen betrachtet.

Dieser Zugang zum Verstehen einer Clique demonstriert noch einmal, wie ungeeignet jene verbreitete Interpretation von Cliquenorientierung ist, wonach Cliquenorientierung eine durchgängige Arbeit mit der gesamten Clique bedeute. Denn genau dann kann sie gar nicht fundiert und qualifiziert entfaltet werden, weil man sich ihr spezifisches, personengeleitetes Wesen nicht erschließen kann. Gerade, weil Cliquen heute immer weniger klar von außen erkennbare Strukturen und Rollenzuschreibungen aufweisen, sondern nach außen eher nichthierarchische und spontane Bilder abgeben (die bis hin zu etlichen rechtsextremistisch orientierten Cliquen meist den Eindruck eher anarchischer Strukturen erwecken), ist die Versuchung besonders groß, sie nach *eigenen* Deutungsmustern zu interpretieren und zu beurteilen – sozusagen immer auf der Suche danach, die einzelnen Jugendlichen den *eigenen* vermuteten Deutungsschubladen zuzuordnen. Dass diese dann oft pädagogisch oder psychologisch gut begründet daherkommen, macht sie nicht geeigneter – eher noch gefährlicher. Das wohl verbreitetste Muster ist wohl das, vor allem diejenige Person oder diejenigen Personen auszumachen, von denen der „entscheidende schlechte Einfluss" ausgeht, die als Drahtzieher, Anheizer oder Rädelsführer ausgemacht werden sollen. Gerade Untersuchungen über Mädchen in gewaltauffälligen Szenen zeigen, wie sehr schablonenartige und schematische Deutungsmuster oft an der Wirklichkeit ganz weit vorbei gehen. (Vgl. Bruhns/Wittmann 2002)

Die Frage danach, was eine Clique für ihre Jugendlichen leistet, kann und muss also immer wieder von zwei Seiten angegangen werden:

1. Was erhofft sich *der jeweilige* Jugendliche von der Zugehörigkeit zu seiner Clique – und was davon meint er tatsächlich auch zu erhalten (und in welcher Qualität)?
2. Was haben *andere* Jugendliche von dem, wie sich der jeweilige Jugendliche in die Clique einbringt? Was entspricht ihrer eigenen Sicht, was der anderer Cliquenmitglieder – und wie ist die (gewiss nicht neutrale und objektive, aber doch distanziertere) Außensicht, etwa von pädagogisch qualifizierten Kräften?

Es liegt auf der Hand, dass das letztlich dauernd in Bewegung ist und es auch immer erhebliche Differenzen zwischen den Erwartungen und den Realitätseinschätzungen gibt. Für die pädagogische Arbeit mit Cliquen ist davon besonders wichtig, dass gerade in zunehmenden Unzufriedenheiten sich am ehesten Veränderungspotenziale aufbauen, in die sich professionelle Beziehungsarbeit einflussnehmend einmischen kann – egal, ob es darum geht, aus pädagogischer Sicht Cliquenprozesse qualifizieren oder Ablöseprozesse unterstützen – oder entsprechende Entscheidungsoptionen bei dem jeweiligen Jugendlichen fördern zu wollen.

Im Mittelpunkt steht allerdings letztlich immer, wie das, was eine Clique (als für viele Jugendliche ganz zentraler Zusammenhang sozialer Einbindung) *tatsächlich* leistet oder zu leisten scheint, verbessert und weiterentwikkelt werden kann. Letztlich kann das alle Bereiche der Alltags- und Lebensbewältigung betreffen, von dem Bemühen um soziale Anerkennung und gesellschaftliche Teilhabe, über den Umgang mit Konflikten, mit Gefühlen, mit Bedürfnissen oder Wünschen, mit der Entfaltung von Fähigkeiten der Kommunikation, der Interaktion, der Empathie, der Reflexivität bis hin zu Fähigkeiten, sich persönlich öffnen, Gefühle zeigen und Vertrauen entwickeln zu können. Und wo sich da etwas bewegt, da werden andererseits auch leichter bislang für selbstverständlich erachtete Schwellen und Barrieren spürbar. Beispielhaft sei etwa darauf hingewiesen, dass in gemischtgeschlechtlichen Cliquen – wie in der Gesellschaft insgesamt – soziale, kommunikative und empathische Kompetenzen vor allem immer wieder von Mädchen und Frauen eingebracht werden. Und nur da, wo damit verbundene Beschränktheiten auch *spürbar* werden, kann bei beteiligten weiblichen und männlichen Jugendlichen Motivation wachsen, daran etwas ändern zu wollen. Oder es sei daran erinnert, dass für angehende junge Männer der Druck, keine „Blößen" zu zeigen, oft so groß ist, dass selbst beste Freunde kaum etwas von dem anderen wissen (dürfen). Das Kameradschaftsideal, wie es am extremsten in rechten Gruppierungen gepflegt wird, hat aus dieser Not eine Tugend gemacht: Kameraden sollen nach außen unbedingt zusammen halten. Denn Kameradschaft ist einzig nach außen gerichtet, nicht auch nach innen (wie Freundschaft). Das gilt geradezu als ihre Stärke. Dann könne das Zusammenstehen nach außen auch nicht durch Krisen in Freundschaften belastet oder gefährdet werden. Erst dann, wenn einzelne Jugendliche in kameradschaftlich geprägten Zusammenhängen beginnen, freundschaftliche Bezüge zu vermissen, dann werden auch die schwachen Seiten solcher angeblichen Stärken deutlich spürbar – und angehbar.

Jugendarbeit hat seit ihren Anfängen immer wieder stärker als alle anderen versucht, die in Gleichaltrigengruppierungen vorfindbaren Stärken und Kompetenzen aufzugreifen und gezielt zu fördern. In der bürgerlichen Jugendbewegung des ersten Drittels des letzten Jahrhunderts mündete das direkt in das Leitbild „Jugend wird von Jugend geführt". Und die parallel entstandene Pfadfinderbewegung übertrug Gleichaltrigen praktisch die gesamte alltägliche Arbeit mit Kindern und Jugendlichen – wenn auch nach genau vorgegebenen Regeln und Plänen von erwachsenen Führerfiguren. Jugendverbandsarbeit bewegt sich bis heute zu einem erheblichen Teil zwischen diesen Polen. In der Jugendarbeit mit nicht formell organisierten jungen Menschen dagegen hat ein immenser Professionalisierungsschub in den 70er Jahren entscheidend dazu beigetragen, wenn nicht sogar letztlich dazu geführt, dass deren Zielgruppen immer selbstverständlicher primär als Adressaten, als Objekte, und nicht auch gleichzeitig als wichtige *Akteure* von Jugendarbeit gesehen werden. Das gilt zumindest, seit die in jener Zeit geradezu explodierten Ansätze von Selbstverwaltung und Selbstorganisation schon nach kurzer Blütezeit wieder an den Rand des Blickfeldes professioneller Jugendarbeit geraten waren. In den 90er Jahren wurden entsprechende Grundverständnisse dann von etlichen neu entdeckt, als aus den USA Konzepte des Peer-Helping und von Peer-Education importiert wurden. Diese, in Deutschland zunächst meist im Bereich der Drogenprävention aufgegriffenen Ansätze zielen darauf, dass besonders befähigte junge Menschen darin ausgebildet, gefördert und begleitet werden, in ihren eigenen Gleichaltrigen-Zusammenhängen „besser an die Jugendlichen und deren Bedarfe heran zu kommen". Voraussetzung dafür, dass damit nicht letztlich in Zeiten knapper Kassen Jugendliche „verheizt" werden, sind vor allem folgende Grundverständnisse:

1. Gleichaltrigenengagement ist am *effektivsten*, wenn es sich auf diejenigen ausrichtet, zu denen man gehört – und umgekehrt am schwierigsten denen gegenüber, zu denen besonders große Distanzen bestehen.
2. Gleichaltrigenengagement ist dann am *befriedigendsten*, wenn über soziale Einbindungen möglichst viel auch zurückkommt, man selbst also mitprofitiert. Das kann *direkt* durch die erbrachte Leistung sein – oder indirekt durch die Qualität sozialer Beziehungen, die dadurch entstehen oder gefördert werden.

In der Jugendarbeit gibt es immer wieder die Erfahrung, dass ein Kreis junger Menschen irgendwo lange Zeit sehr engagierte Arbeit leistet – und dass das Ganze dann unversehens domino-artig umkippt. Fast immer zeigt sich dann bei näherem Hinsehen, dass diese Engagierten keine engagierten Individuen waren, sondern sich selbst gegenseitig längst ganz viel bedeuteten, als Freundeskreis, Clique o.ä. Und wenn das dann wegbricht – durch Konflikte oder durch Ausstieg zentraler Personen – dann bricht ein zentrales, ja oft *das* zentrale Fundament der Motivation für das Engagement weg. Und dann ist es meist zu spät zu versuchen, dass das Ganze eine andere Entwicklung nimmt. Umgekehrt hätte aber vielleicht eine Beratung und Begleitung des Cliquenprozesses weitere Fähigkeiten und Kompetenzen entfalten können, die so gar nicht zum Tragen gekommen sind.

Zweitens gibt es in der Jugendarbeit immer wieder die Erfahrung, dass den Jugendlichen oft gar nicht so vorrangig ist, *was* man macht, sondern *mit wem* – und auch: mit wem nicht! Trotzdem wird immer wieder versucht, Individuen für Aktivitäten zu gewinnen, sie z.B. einzeln für ehrenamtliches Engagement motivieren und gewinnen zu wollen. Und die Enttäuschung ist immer wieder groß, wenn das nicht gelingt – oder wenn sich herausstellt, dass sich Jugendliche gemeldet haben, für die das Geplante eigentlich unwichtig ist, die aber große Lust haben, mit der anbietenden *Person* näher in Kontakt zu kommen.

Aus all dem lassen sich einige Bedingungen für erfolgversprechende Peer-Education oder pädagogische Gleichaltrigenarbeit herausfiltern. Solch eine Arbeit verlangt,

1. sich nicht nur für die anstehenden Aufgaben zu interessieren, sondern genauso für die *Personen*, die sich engagieren (sollen),
2. die soziale Einbindung und Zugehörigkeit der Engagierten zu fördern (und nicht zu belasten),
3. ein subjektiv als attraktiv und wichtig erlebtes Engagement zu entfalten,
4. eine Balance zwischen Geben und Bekommen abzusichern,[24]
5. eine angemessene und attraktive Entlohnung zu bieten durch Addition von (subjektiv relevanter) immaterieller und materieller Entlohnung (statt bloß symbolischer Anerkennungen),
6. Zielsetzungen so zu entwickeln, dass sie für alle attraktiv und gewinnbringend sind,
7. die sozialen Zusammenhänge und Vernetzungen der Zielgruppe einzubeziehen (also insbesondere die Bedeutung und Leistungsfähigkeit ihrer Cliquen und Szenen).

Diese sieben Aspekte drängen geradezu als Schlussfolgerungen auf:

1. Der *eigentliche* Ort nichtprofessionellen Gleichaltrigen-Engagements sind diejenigen sozialen Zusammenhänge, in denen die jeweiligen Jugendlichen selbst „zu Hause“ sind. Dass alters*verschiedene*, nämlich erwachsene Menschen, meist noch schlechter an fremde, befremdlich wirkende Jugendkulturen herankommen als altersgleiche, das allein ist längst noch kein Grund, Jugendliche in fremde Jugendwelten vorzuschicken. Profis müssen sich Aufgaben in fremden Welten stellen und stellen können, Laien nicht! Und wenn sie es doch mal tun oder tun sollen, dann aber unbedingt so, dass das für sie auch wirklich attraktiv ist, sie sich davon etwas versprechen können – und zwar entsprechend ihrem Einsatz. Die immer wieder gehörte Behauptung: Aber das Ganze bringt ihm oder ihr – oder bringt mir – aber auch was, verdeckt immer wieder die Nachfrage: Aber bringt es auch so viel, dass es den Aufwand dafür lohnt? Fehlt die zweite Frage, dann geht es meist lediglich um ideologische Verschleierungen des Ausnutzens und des Missbrauchs engagierter Menschen.

24 Viel üblicher ist dagegen die Erwartung mehr oder weniger selbstlosen Engagements für andere und die hohe ethische Bewertung solch eines Engagements. Meist gilt das sogar als besonderer Ausdruck sozialen Verhaltens und (christlicher) Nächstenliebe, obgleich es selbst in der Bergpredigt heißt: „Liebe deinen Nächsten wie dich selbst“ – also nicht weniger, aber auch gewiss nicht mehr als dich selbst!

2. Gleichaltrigenarbeit verlangt – neben vorbereitenden Ausbildungsphasen – durchgängige praxisbegleitende Fortbildungsprozesse, durchgängige alltagsnahe professionelle Praxisberatung sowie fachlich begleitete kollegiale Beratung unter den Gleichaltrigen.
3. Nichtprofessionelle Gleichaltrigenarbeit verlangt eine eindeutige Parteilichkeit für das Engagement dieser jungen Menschen. Und das heißt heute, da immer häufiger pädagogische Arbeit und soziale Arbeit unter fachlich unvertretbaren Bedingungen stattfindet (und stattfinden muss), vor allem dies:
   - Jedenfalls keine prekären Projekte mit Leuten, die nicht einmal dafür bezahlt werden.
   - Und erst recht keine prekären Projekte mit jungen Menschen, die selbst altersbedingt Anspruch auf Förderung ihrer Entwicklung haben.

Und bei all dem gilt: Wer junge Menschen die pädagogische Arbeit machen lässt, der oder die kann nicht allein entscheiden wollen, was gut ist und wie. Aber darüber mit ihnen ins Gespräch kommen, und zwar ernst nehmend, auf Augenhöhe und nicht von oben herab, das, gerade das vermissen sie oft sehr – die Engagierten wie ihre Zielgruppen, beide!

Dazu ein aus meiner Sicht sehr gelungenes Beispiel von Peer-Education, von Gleichaltrigenarbeit junger Menschen, das ich 1996 bei einer Studienreise in New York kennen gelernt habe[25]:

> Ein Nachbarschaftshaus, eine Art von Gemeinwesenzentrum, das zwischen Lower East Side und China Town liegt, setzt seit 1992 17-21jährige Jugendliche für beratende Streetworkarbeit mit Jugendlichen ein, die primär auf Aidsprävention zielt. Die jugendlichen Helferinnen und Helfer arbeiten in Zweier-Teams acht Stunden pro Woche auf der Straße. Parallel dazu erhalten sie ein einjähriges Training für diese Arbeit im Umfang von drei Stunden pro Woche, sowie eine kontinuierliche, jederzeit erreichbare Supervision. Die jugendlichen Helferinnen und Helfer wurden 1996 für ihre Arbeit mit 6,50$ pro Stunde entlohnt, einem Satz, den die meisten von ihnen mit anderer Arbeit kaum erreicht hätten.
>
> Dem Einstieg in diese Tätigkeit ist ein formelles schriftliches Bewerbungsschreiben vorgeschaltet und ein ausführliches Bewerbungsgespräch, in dem es vor allem um die Motivationen und Fähigkeiten für diese Arbeit geht, sowie um eigene Einstellungen zu Sexualität. Wer danach angenommen wird, kann an einem 7-wöchigen Einführungstraining mit je einem Abend pro Woche – einschließlich erster Tätigkeiten auf der Straße – teilnehmen. Das Ganze endet mit einem Examen. In dieser Phase gibt es noch keine formelle Bezahlung, aber Geschenke und Gutscheine.
>
> Für die jugendlichen Helferinnen und Helfer selbst stellt das Projekt meist einen ganz zentralen sozialräumlichen Bezugspunkt dar. Die Einrichtung wird für sie zu einem Mittelpunkt ihrer Freizeit, einem Ort, an dem man wichtige gleichaltrige Freunde hat, sich Peer-Groups, also Cliquen zugehörig fühlt – und wo man intensive, offene und ernst nehmende Beziehungen zu Erwachsenen hat. Dazu passt, dass den jugendlichen Helferinnen und Helfern neben der Beratung für das Projekt durchgängig auch

25 Durchgeführt wurde diese von der Jugendbildungsstätte Bremen, LidiceHaus mit Unterstützung durch die Körber-Stiftung. Vgl.: Amerikanische Verhältnisse 1997.

Beratung für sie selbst angeboten wird. Denn meist haben sie selbst auch große Probleme, stammen sie doch möglichst weitgehend aus genau denjenigen sozialen und ethnischen Gruppen, mit denen sie auch vorrangig auf der Straße arbeiten sollen. Beobachtern aus Deutschland erscheint dann meist als paradox, dass gleichzeitig großer Wert darauf gelegt wird, dass sich die jugendlichen Helferinnen und Helfer in Outfit, Auftreten, Sprache usw. klar als Professionals präsentieren – und nicht „als einer von euch". (Vgl. Amerikanische Verhältnisse 1997, S. 48ff.)

Im Vergleich zu den gängigen Vorstellungen, Ansätzen und Erfahrungen in Deutschland scheinen mir vor allem folgende Aspekte an diesem Beispiel besonders wichtig und nachdenkenswert zu sein:

- die Arbeit im jeweils vertrauten sozialen Bezugsfeld (statt Einsatz nach Bedarfslage oder klaren Unterscheidungen zwischen den Herkunftsmilieus pädagogischer Fachkräfte und den Herkunftsmilieus ihrer primären Zielgruppen),
- die Anerkennung und Attraktivität der Tätigkeit durch angemessene Bezahlung *und* wichtige nichtmaterielle Leistungen,
- der *durchgängige* Dreiklang von Praxistätigkeit, Fortbildung und Beratung,
- die Koppelung von Beratung für die Projektarbeit und Beratung für die eigene Lebensbewältigung,
- die zentrale Bedeutung des Projektes als soziales Bezugssystem und als soziale Basis *eigener* Lebensentfaltung und Lebensbewältigung.

Natürlich finden wir die genannten Aspekte auch bei ehrenamtlicher Arbeit und bei Gleichaltrigenarbeit in Deutschland – manche öfter, manche seltener. Aber selbst da, wo es sie gibt, da werden sie in Krisenzeiten meist relativ leicht zur Disposition gestellt. Da wird ein Jugendlicher dann eben ganz dringend anderswo gebraucht. Oder da muss er oder sie leider alleine arbeiten, da es keine Teampartner gibt. Da muss sich die Beratung und Supervision wegen Überlastung immer wieder auf Krisenintervention beschränken. Oder da bleibt, abgesehen von Weihnachtsfeier oder Ausflug, vielleicht kaum noch Kraft und Geld, sich auch näher auf die jugendlichen Helferinnen und Helfer einzulassen – und nicht nur deren Leistung und Leistungsverbesserung im Blick zu haben. – Aber es geht auch anders. Ein interessantes Beispiel dafür, das die meisten der o.a. Grundsätze ähnlich gelungen realisiert:

In Wetzlar läuft seit 1996 ein Programm „ Streetworker im Freibad" des Stadtjugendringes und des Jugendamtes, in dessen Rahmen Jugendliche ehrenamtlich zunächst als „Friedensstifter" tätig wurden. Jeweils multikulturell und gemischtgeschlechtlich zusammengesetzte Dreierteams, die möglichst weitgehend die primär im Freibad auftauchenden jugendlichen Besuchergruppen wiederspiegeln (vor allem auch unterschiedliche Gruppierungen von Zugewanderten), übernehmen täglich von 14.00-19.00Uhr diese Aufgabe. Dabei ging es zunächst vor allem darum, sich deeskalierend in Konflikte zwischen verschiedenen Jugendcliquen und -szenen einzumischen sowie bei Anmache oder Pöbeleien. Außerdem sollten sie versuchen, auf einen Rückgang von Diebstählen und Zerstörungen hinzuwirken. Für diese Tätigkeit wurden sie vorher ausgebildet. Dazu gehörten u.a. Mediationsübungen und ein Antiaggressivitätstraining. Praxisbegleitend gibt es regelmäßige Teambesprechungen und eine immer leicht erreichbare begleitende Praxisberatung. Die Teams sind in ihrer Dienstzeit an einheitlichen gelben Trikots mit entsprechender Aufschrift erkennbar und haben in dieser Zeit klare Regeln einzuhalten, u.a. in dieser Zeit selbst nicht zu baden.

Typischerweise wird das Freibad für die Helferinnen und Helfer aber auch außerhalb ihrer Dienste zu einem zentralen Ort sozialer Zugehörigkeit und persönlicher Entfaltung. Und der persönliche Kontakt in den Teams und in der Gesamtgruppe der Helferinnen und Helfer schafft wiederum die Basis dafür, sich in Konflikte und Auseinandersetzungen ganz anders einmischen zu können – nämlich über Zugehörige jeweiliger Szenen oder mit deren personaler Rückendeckung. Ungewöhnlich für weite Teile ehrenamtlichen Engagements in Deutschland ist die Honorierung der Tätigkeit in Anlehnung an Aufwandsentschädigungen im Sport. Die Jugendlichen erhalten pro Tag 25,-€, die zu 70-80% aus Spenden und Sponsorengeldern finanziert werden. Gleichzeitig ist diese Honorierung Grundlage für die Durchsetzung hoher Verbindlichkeiten bei der Ausbildung und in der Tätigkeit. (Vgl. Streitschlichter im gelben Trikot 2001, S. 6ff.)

4.5 Zielgruppenspezifische Aspekte cliquenorientierter Jugendarbeit

Fast sämtliche Theoriediskussionen und Konzeptionsdiskussionen in der Jugendarbeit kranken bis heute daran, dass meist ganz pauschal von *den* Jugendlichen gesprochen wird, allenfalls inzwischen teilweise differenziert nach Altersphasen (z.B. Lückekinder), nach Geschlecht, nach Herkunft, nach Auffälligkeit oder nach Benachteiligung und sozialer Randständigkeit. Aber wo überhaupt nähere Ausdifferenzierungen stattfinden, da bleiben diese oft auf einer eher etikettierenden als tatsächlich ausdifferenzierenden Ebene. Nicht selten stigmatisieren diese eher und ordnen junge Menschen in vorgefasste Denkschablonen ein, als dass es wirklich zu differenzierterer Wahrnehmung und Achtung potentieller Zielgruppen kommt. Kennzeichnend dafür ist nicht zuletzt, dass da, wo differenzierende Sichtweisen eingefordert oder beschritten werden, immer wieder der Kurzschluss sehr nahe liegt, es müsse deshalb um die Entwicklung *spezifischer* Angebote für bislang vernachlässigte Gruppen gehen: um Ausländerpädagogik, um Behindertenpädagogik, um Mädchen- oder Jungenarbeit, um Schwulen- und Lesbenprojekte – oder was auch immer. Und im übrigen Alltag von Jugendarbeit kommt dann vielleicht von all dem wenig oder nichts an. „Gut gemeint" schlägt da nicht selten – wie die Redensart sagt – um in „das Gegenteil von gut". Woran es dagegen nach wie vor sehr mangelt, ist der reflektierte Umgang mit Vielfalt. (Vgl. dazu: Prengel 1995)

Entsprechende selbstkritische und deutlich weiterführende Diskussionen hat es zu diesem Zusammenhang in den letzten Jahren – wie schon angeführt – vor allem im Bereich der Mädchenarbeit gegeben. Ganz anders sieht es aber bis heute z.B. mit zugewanderten Jugendlichen aus: sieht man sich Theorie- und Konzeptionsdiskussionen in der Jugendarbeit der letzten Jahrzehnte an, so scheint Jugendarbeit es – abgesehen von Randerscheinungen und Nischendiskussionen, die im Mainstream kaum ankommen – nur mit jungen Menschen zu tun zu haben, die von gesellschaftlichen und soziokulturellen Entwicklungen in Deutschland, und hier wiederum vor allem in Westdeutschland, getragen sind. Sieht man dagegen in die Praxis, so findet man etwa in Jugendhäusern von Groß- und Mittelstädten fast überall vornehmlich oder sogar fast ausschließlich junge Menschen aus Zuwanderungsmilieus. Und kaum je wird untersucht – oder auch nur erörtert –, ob und inwieweit für sie überhaupt das zutrifft, was Jugendforschung und Jugendarbeit als Grundlagen und Grundverständnisse präsentieren. So haben die Shell-Studien, die wohl bedeutendsten Jugendstudien in Deutschland, erst in ihrer 13. Untersuchung im Jahre 2000 – also fast 40 Jahre nach dem millionsten „Gastarbeiter" – überhaupt erstmals ausländische Jugendliche einbezogen.

Wenn oben Cliquen und deren Bedeutungszuwachs als Produkt von sozialgeschichtlichen Wandlungsprozessen in (West-)Deutschland beschrieben wurden, dann liegt auf der Hand, dass all diese Ergebnisse nicht einfach umstandslos auf jene jungen Menschen übertragen werden können, die als (selbst) Zugewanderte oder als Angehörige von zuwanderungsgeprägten Milieus andere sozio-kulturelle und ethno-kulturelle Zusammenhänge mitbringen. Ohne ausstehenden entsprechenden Forschungen vorgreifen zu können, lassen sich doch jedenfalls aus Praxis von Jugendarbeit folgende wichtigen Besonderheiten von Cliquen und Szenen aus Zuwanderungsmilieus benennen:

Cliquen und Szenen aus Zuwanderungsmilieus

- zeigen Besonderheiten gegenüber Cliquen einheimischer Jugendlicher, die viel mehr vom Stand erreichter Integration und Teilhabe abhängen als vom Zeitpunkt des Zuzugs – und die *parallel* zu tatsächlichen Integrationsfortschritten abnehmen,
- sind auch in ihrer Freizeit vergleichsweise intensiver mit „dem Ernst des Lebens", mit Fragen der Alltags- und Lebensbewältigung beschäftigt,
- haben vergleichsweise relativ engere Bezüge zu den Erwachsenen in ihrem Milieu,
- sind vergleichsweise altersheterogener zusammengesetzt und zahlenmäßig größer (nicht selten auch regional weiter verbreitet),
- haben *spezifische* Vorstellungen vom altersmäßigen Zeitrahmen der Jugendphase,
- sind vergleichsweise weniger anarchisch in ihren inneren Entscheidungsabläufen, sondern vergleichsweise eher hierarchisch strukturiert (mit einer oft zentralen Bedeutung von Schlüsselpersonen für die Interaktion nach außen),
- haben vergleichsweise klarere und stringentere Regelsysteme (von Verbindlichkeitsanforderungen über Ehrenkodexe bis hin zu Sanktionsandrohungen),

- haben spezifische Bedürfnisse des Abschottens nach außen (und zwar einmal gegenüber der sozialen Kontrolle aus ihrem *eigenen* Herkunftsmilieu, zum anderen gegenüber der Dominanzkultur),
- zeigen relativ geringe Toleranz gegenüber abweichenden Stilen innerhalb ihrer Kreise,
- zeigen vergleichsweise relativ geringe Toleranz gegenüber eigenständigen Selbstentfaltungsbemühungen untergeordneter Teilgruppierungen (vor allem der Mädchen und der jüngeren Jugendlichen),
- verschleiern eher subkulturelle Strömungen und Ausdifferenzierungen *innerhalb* ihres meist ethnisch, zunehmend aber auch religiös definierten Milieus (sodass z.B. unter ihnen unterschiedliche jugendkulturelle Strömungen bis heute kaum öffentlich wahrgenommen werden),[26]
- sind gerade bei kleineren ethnischen Milieus extrem heterogen zusammengesetzt,
- zeigen eher besonders expressives Konkurrenzverhalten gegenüber anderen Gruppierungen um marginale Positionen in ihren Lebenswelten (kaum eine Solidarität der Benachteiligten),
- sind von angehenden jungen Männern geprägt,
  - die wegen der marginalisierten Position ihres Milieus darauf angewiesen sind, über andere Männlichkeitsbeweise als Männer aus der Hegemonialkultur Geschlecht zu bewerkstelligen, also ihre Geschlechtsidentität handelnd zu konstruieren (Umgekehrt wird ihnen genau das dann von der Hegemonialkultur wieder zum Vorwurf gemacht.),
  - die in ihren Familien in besonderer Weise Hoffungsträger für die Zukunft sind, was mit besonders hohen Erwartungen an sie verbunden ist, aber vielfach auch mit besonders bevorzugter, teils idealisierender Behandlung,
- haben einen familialen Erfahrungshintergrund, in dem (z.B. bei türkischstämmigen Jugendlichen) Gewalt gegen Kinder (noch) viel verbreiteter ist als (inzwischen) im übrigen Teil der Bevölkerung. (Und durch entsprechende Opfererfahrungen treten dann bei jenen auch Dispositionen zu eigenem Gewaltverhalten gehäuft auf, etwa in entsprechenden Cliquen).

Vor allem ist aber wichtig – und längst nicht selbstverständlich –, dass man dann, wenn man die Besonderheiten marginalisierter Zielgruppen im Blick hat, den Blick nicht darauf fokussiert oder begrenzt. Auch diese Menschen haben das Recht, nicht immer wieder nur pauschal als Ausländer, als Türken, als Aussiedler u.a. gesehen zu werden, sondern wie alle anderen auch als Subjekte ihres Lebens und ihrer Bemühungen um gelingende und befriedi-

---

26 Das heißt natürlich nicht, dass es diese nicht längst auch gäbe. Man denke nur an die große Bedeutung der HipHop-Kultur unter türkischstämmigen Jugendlichen oder an neuere jugendkulturelle Phänomene im Schnittfeld von politischen, kulturellen und religiösen Orientierungen bei vielen Jugendlichen mit islamisch geprägten Traditionslinien.

gende Lebensbewältigung. Dabei brauchen sie oft Unterstützung – vielleicht mehr als viele andere. Und vor allem auch teilweise anders, nämlich ganz konkret *ihnen* angemessen! Was sie dabei aber wohl am wenigsten brauchen, das sind gutmeinende Helfer aus der hegemonialen Fremdkultur, die sie angesichts ihrer angeblichen Schwächen und Defizite an die Hand nehmen wollen. Gerade in der Arbeit mit gesellschaftlich diskriminierten und marginalisierten Zielgruppen ist es besonders wichtig,

- aus den „Opfern der Gesellschaft" nicht *Objekte* von wohlmeinender Sozialer Arbeit zu machen, sondern gerade solche Menschen als Subjekte der Bewältigung ihrer schwierigen Lebenslagen ernst zu nehmen,
- nicht Benachteiligungen und Defizite kompensieren zu wollen (deren Definition sich dann fast zwangsläufig wieder an der zu hohen – und zu einseitigen – Messlatte der Dominanzkultur orientiert), sondern deren spezifischen Stärken und Kompetenzen für die gelingende und befriedigende Bewältigung von *deren* Lebensrealität in den Mittelpunkt zu stellen und zum Ausgangspunkt weiterer Förderungs- und Unterstützungsprozesse zu machen,
- deren Handlungs- und Bewältigungsstrategien nicht nur anhand geltender Normen zu beurteilen, sondern mindestens genauso hinsichtlich ihrer Wirksamkeit – um bei Gegensätzen zwischen Normansprüchen und Erfolgschancen die Bewältigung dieses *Dilemmas* als das vielleicht zentrale Problem zu sehen. (Vgl. dazu auch: Scherr 2002)

Gerade im Zusammenhang mit Cliquen aus Zuwanderungsmilieus muss auch kurz die verbreitete Vorstellung angesprochen werden, durch pädagogisch organisierte Kontakte zwischen Cliquen unterschiedlicher jugendkultureller und/oder ethnokultureller Milieus ließen sich Vorurteile und Konfliktpotentiale abbauen. Rainer Dollase hat kürzlich in einer Studie nachgewiesen (2001), dass diese Vorstellung falsch, ja nicht selten sogar riskant ist. Denn letztlich gelinge das nur unter ganz bestimmten Voraussetzungen (die allzu oft überhaupt nicht beachtet oder als wichtig behandelt werden):

1. Beide Seiten haben einen gleichrangigen Status.
2. Es geht nicht nur um Begegnung, sondern um ein kooperatives Arbeiten für ein *gemeinsames* Ziel.
3. Die Mitglieder beider Gruppen lernen sich tatsächlich *persönlich* näher kennen.
4. Der Kontakt wird von außen gefördert – durch Autoritäten, Normen o.ä.
5. Der Kontakt findet *regelmäßig* statt, nicht nur gelegentlich oder einmalig.
6. Das Klima ist für *beide* Seiten angenehm.
7. Soziale Zuschreibungen strukturieren *nicht* den Umgang miteinander.
8. Die eigene Identität wird durch das Zusammentreffen *nicht* als bedroht empfunden.
9. Es gibt gute Gelegenheiten, sich *individuell* „in Szene zu setzen" und mit Konflikten umzugehen.

10. Die Entfaltung interaktiver und sozialer Kompetenzen wird gefördert.
11. Die Entfaltung eines gemeinsamen Wir-Gefühls wird gefördert.
12. Es erfolgt keine Gleichsetzung von Präferenzen homogener sozialer Kontakte (dem Wunsch, „unter sich" sein wollen) mit einer Diskriminierung anderer. (Dollase 2001)

Sind diese Voraussetzungen aber nicht gegeben, dann können gut gemeinte Begegnungen auch leicht ins Gegenteil umschlagen. Und das wird dann meist den Jugendlichen angelastet und vorgeworfen. Wenn Erziehung, wenn Pädagogik aber nicht das erreicht, was sie erreichen will, dann liegt das tatsächlich nur in den seltensten Fällen vor allem an den Kindern und Jugendlichen.

Riskant sind pädagogische Strategien der Begegnung zum Abbau von Vorurteilen vor allem immer dann, wenn den jeweiligen jungen Menschen gleichzeitig kein Recht eingeräumt wird, sich zeitweise nur mit „Gleichgesinnten" irgendwo in Ruhe aufhalten und „zu Hause" fühlen zu können. Denn nur, wer ein „Zu-Hause" hat, wo man unter sich ist, kann Ausflüge in die Fremde anregend und spannend finden. Gerade das wird im Umgang mit jungen Menschen aber immer wieder vergessen.

5. Lebensweltorientierung und lebensweltorientierte Einmischungen

5.1 Lebensweltorientiert, sozialraumorientiert, gemeinwesenorientiert – um was geht es?

In weiten Teilen von Jugendarbeit wird inzwischen wie selbstverständlich in Anspruch genommen, lebensweltorientiert, sozialraumorientiert, alltagsorientiert, gemeinwesenorientiert, stadteilorientiert oder milieuorientiert zu arbeiten. Was sich allerdings hinter all diesen Begriffen für Verständnisse verbergen – und die Auflistung ist wahrscheinlich immer noch nicht vollständig – das ist meist allenfalls sehr verschwommen erkennbar. Gerade in Gesprächen mit Praktikerinnen und Praktikern ist denn auch immer wieder zu erleben, wie diese Begriffe scheinbar beliebig wechselnd in die Beschreibung eigener konzeptioneller Verständnisse eingestreut werden. Entsprechend wenig sagen sie dann natürlich aus. Andererseits geht es hinter diesem Begriffswirrwarr um fundamentale Weichenstellungen in der neueren Entwicklung der Jugendhilfe. Das macht es nötig, im Folgenden zunächst zu präzisieren, was diese Begriffe jeweils herausheben und was deren Verständnisse, jedenfalls üblicherweise, unterscheidet. Dabei konzentriere ich mich hier auf diejenigen Aspekte, die für die Praxis aufsuchender Jugendarbeit von besonderer Relevanz sind.

Für die Praxis Sozialer Arbeit ist als erste und wichtigste Unterscheidung zunächst einmal herauszuheben, dass „Sozialraumorientierung“ nach einem planungsorientierten Blick auf „das Ganze“ eines verwaltungsmäßig definierten Gebietes strebt, während „Lebensweltorientierung“ versucht herauszufinden und zugrunde zu legen, welche Lebenszusammenhänge für diejenigen Menschen *tatsächlich* wichtig sind, die in den Blick genommen werden. Und was *denen* wichtig ist, das hängt von ganz anderen Faktoren ab als von Verwaltungsgrenzen und das ist erst recht nicht für all jene gleich, die in der gleichen Gegend wohnen und für die vielleicht die gleichen Sozialdaten zutreffen (wie Schichtzugehörigkeit, Herkunft, Geschlecht, Wohnsituation, Bildungsabschlüsse, Beschäftigungs- und Einkommenssituation usw.). Ulrich Deinet, der das Konzept der sozialräumlichen Jugendarbeit entwickelte (vgl. Deinet 1999), um (endlich auch) ausdrücklich die Gegebenheiten der Lebenswelten von Kindern und Jugendlichen einzubeziehen, weist darauf hin, dass der Begriff der Sozialraumorientierung in aller Regel dazu verwandt wird, die Zusammenhänge zu erfassen, in denen sich das Aufwachsen von

Kindern und Jugendlichen (innerhalb eines geografisch abgegrenzten Bereichs) vollzieht. (Ebd. S. 11f.) Aus dieser Sicht sind dann die jeweiligen Kinder und Jugendlichen *Betroffene*, *Objekte* der Bedingungen, unter denen sie aufwachsen. Im Unterschied zum Sozialraumbegriff hebt der Begriff der Lebensweltorientierung ausdrücklich die *subjektive* Seite hervor, also die tätige (und damit letztlich auch immer beeinflussende, mitgestaltende und verändernde) *Aneignung* ihrer Umwelt und ihrer Lebenszusammenhänge. Im Prozess der handelnden Aneignung entfalten Kinder und Jugendliche ihre *eigenen* Deutungs- und Handlungsmuster, mit denen sie ihre Lebenswelt zu begreifen und zu entfalten suchen. Nicht selten wird in diesem Sinne dann auch im Plural von Lebenswelten gesprochen, weil sich die Lebenswelten von Kindern und Jugendlichen natürlich nicht einheitlich sind und sich nicht an verwaltungsmäßig vorgegebene Grenzen halten (Ortsgrenzen, Stadtteile, Quartier, Einzugsbereiche von Jugendhäusern u.ä.), sondern individuell ausgeformt werden.[27] Typisch ist zweitens für die aktive Aneignung von Umwelt, dass sie sich längst nicht mehr zirkular, in konzentrischen Kreisen um das Zuhause herum entfaltet und ausdehnt, sondern dass Kinder heute schon sehr früh verinselte Lebenswelten entwickeln: Das von Helga Zeiher entwickelte Inselmodell geht davon aus, dass sich schon für Kinder wichtige Teile des Alltags an sehr unterschiedlichen, oft weit voneinander entfernten Orten vollziehen – zwischen denen dann unbekannte Welten liegen, durch die sie meist die Mutter von einem Ort zum andern, zum Kindergarten, zu Kindergartenfreunden, zur Oma oder sonst wo hin chauffiert. (Vgl. Zeiher 1983) Mit wachsendem Alter nimmt die Zahl solcher untereinander unverbundener Inseln immer mehr zu, beispielsweise aufgrund der Lage von Schule, von Freizeitangeboten und Sportanlagen. Und die Gleichaltrigen, die sie dort überall kennen lernen, kommen auch aus einem immer größeren Umfeld. Cliquen und Szenen entwickeln sich dann meist auch entlang dieser lebensweltlichen Zusammenhänge, über die Schule vor allem, immer weniger dagegen über die Nachbarschaft. (Vgl. ausführlich zum Konzept der Lebensweltorientierung: Grunwald/Thiersch 2002)

Jugendarbeit hat es also immer damit zu tun, dass die Lebenswelten von Kindern und Jugendlichen nie deckungsgleich sind mit geographisch oder verwaltungsstrukturell definierten Sozialräumen, auf die professionelle Planung letztlich immer bezogen ist. Selbst eine aufsuchende Jugendarbeit, die ihr Ziel darin sähe, möglichst überall zu sein, wo Kinder und Jugendliche sich hinbewegen, könnte das nicht schaffen (einmal ganz abgesehen davon, dass solch eine geradezu hintersteigende, nachsetzende Jugendarbeit letztlich

27 Warum Deinet seinen wichtigen Ansatz allerdings trotz dieser klaren Unterscheidungen und trotz seiner eigenen Positionierung „sozialraumorientierte Jugendarbeit" nennt und nicht den Begriff der Lebensweltorientierung als Schlüsselbegriff nimmt, das erläutert er leider nicht. Vielmehr trägt er durch häufigeres, teils inhaltlich nicht nachvollziehbares Pendeln zwischen den Begriffen Sozialraumorientierung und Lebensweltorientierung mit dazu bei, die besondere subjektorientierte, aneignungsorientierte Qualität des Begriffs der Lebensweltorientierung undeutlicher werden zu lassen.

auf Kolonialisierung und umfassende Kontrolle von Lebenswelten junger Menschen hinauslaufen würde). Im Wortsinne wird ja auch richtiger Weise von Lebenswelt*orientierung* gesprochen, nicht von lebensweltumspannender Jugendarbeit (wie es sich nicht zuletzt auch so manche Präventions-Fanatiker am liebsten wünschen würden). Trotzdem muss, wie Deinet formuliert, jede sozialräumlich angelegte Jugendarbeit, die ernst machen will mit Ansprüchen der Subjektorientierung, immer wieder die formalen und geographischen Grenzen sozialräumlicher Planung überschreiten. (Deinet 2002, S. 78)

Von den eingangs aufgelisteten Begriffen werden gegenwärtig ganz überwiegend vor allem zwei verwandt: die Lebensweltorientierung und die Sozialraumorientierung. Der Begriff der Lebensweltorientierung hat im Laufe der Jahre weithin den Begriff der Alltagsorientierung verdrängt (soweit er nicht manchmal synonym verwandt wird). (Vgl. insbesondere dazu: Thiersch 2003) Ähnlich hat der Begriff der Sozialraumorientierung weitgehend den der Gemeinwesenorientierung verdrängt. Ohne hier näher auf die Diskussionen um den Alltagsbegriff einzugehen, sei hier kurz erwähnt, dass er zwar ebenfalls die subjektive Seite und die Vielfalt der Lebenszusammenhänge hervorhebt, gerade in der Praxis aber immer wieder in dem Sinne verwandt wird, die Vielfalt lebensweltlicher Zusammenhänge als eher unüberschaubare oder gar diffuse Beliebigkeit zu behandeln, nichtreflexive Alltagsroutinen als selbstverständlich zu nehmen und sich in und mit dem gegebenen Alltag einzurichten. – Und der Gemeinwesenbegriff ist eher aus folgenden Gründen in den Hintergrund getreten:

- Einmal wird er vielfach noch verbunden mit dem Boom der Gemeinwesenarbeit in den 70er Jahren, von dem nicht mehr viel übrig geblieben ist.
- Zweitens ist der Begriff des Gemeinwesens vielen zu sehr an vorgegebene kommunale Verwaltungsstrukturen gebunden, werden damit zu leicht verwaltungsmäßig definierte Orte oder Stadtteile verbunden. Der Begriff der Sozialraumorientierung dagegen lässt offener, was als Sozialraum definiert wird, wie groß- oder kleinräumig der Begriff also jeweils konkret gefüllt wird. (Da kann es dann z.B. auch um eine Siedlung mit wenigen Wohnblocks gehen).
- Drittens nimmt der Gemeinwesenbegriff ausdrücklich alle Generationen gleichermaßen in den Blick und lässt sich von daher weniger zielgerichtet auf die Arbeit mit Kindern und Jugendlichen fokussieren.

Vor allem Lothar Böhnisch hat als weiteren, eher ergänzenden Begriff den der Milieuorientierung in die Diskussion gebracht. (Böhnisch 1994) Der Milieubegriff betont „die besondere Bedeutung persönlich überschaubarer, sozialräumlicher Gegenseitigkeits- und Bindungsstrukturen – als Rückhalte für soziale Orientierung und soziales Handeln. (....) Milieustrukturen sind durch intersubjektive biographische und räumliche Erfahrungen charakterisiert und als solche hoch emotional besetzt. (....) Milieubeziehungen steuern also die Lebensbewältigung.“ (Böhnisch 1998, S. 165).

In der Praxis von Jugendarbeit ist es aber oft eher zweitrangig, welcher *Begriff* verwandt wird, als vielmehr die Frage, wie er *inhaltlich* gefüllt wird.

Vor allem ist immer wieder entscheidend, inwieweit die Adressatinnen und Adressaten von Jugendarbeit tatsächlich als *Subjekte* ihres Strebens gesehen werden, ausgehend von ihren konkreten Lebenszusammenhängen ihr Leben zu entfalten und zu bewältigen. Denn dann lässt sich z.B. Lebensweltorientierung nicht auf die Kooperation und Vernetzung mit *Institutionen* beschränken, und schon gar nicht vor allem nur mit denjenigen Institutionen, die selbst auch *direkt* mit den gleichen jungen Menschen zu tun haben (wozu u.a. vielfach auch Polizei und Justiz gehören). Und erst recht verbietet sich dann die verbreitete Praxis, *die* Problemlagen von und mit Kindern und Jugendlichen sich so zurecht zu definieren, dass sie in die Schubladen der „bewährten“ Angebotspaletten der beteiligten Institutionen passen. Der ansonsten eher unpräzisere Begriff der Alltagsorientierung mag hier helfen, den Blick weiter zu fassen und derartige Mechanismen zu vermeiden.

5.2 Jugend und die Suche nach Raum zur eigenen Entfaltung

Im Alltag fast jeder Jugendarbeit beginnt Lebensweltorientierung konkret bei der Beschäftigung mit der Frage, wo sich eigentlich welche Jugendlichen in ihrer freien, unverregelten Zeit mit anderen Gleichaltrigen relativ stressfrei treffen, aufhalten und entfalten (können). Im Zusammenhang mit der Frage, wie aufsuchende Jugendarbeit erste Zugänge zu Jugendlichen entwickelt, war darauf bereits in Kapitel 3.1.2 ausführlich eingegangen worden, ohne allerdings an jener Stelle näher auf die Hintergründe dieses Phänomens einzugehen. Denn die liegen in tiefgreifenden gesellschaftlichen Veränderungsprozessen. Wir leben in einer Gesellschaft, in der seit einigen Jahrzehnten zunehmend sämtliche Territorien und Räume monofunktionalisiert worden sind. Das bedeutet, dass allmählich so gut wie alle Flächen und Räume möglichst funktional und effektiv nur auf einen einzigen Zweck ausgerichtet wird – und jede andere Nutzung dort möglichst unterbunden werden soll. Praktisch überall wurden inzwischen exklusive Nutzungsregeln durchgesetzt, nach denen jeweils nur (noch) das stattfinden soll oder darf, wofür die jeweiligen Flächen und Räume eingeplant sind: Verkehr, Einkauf, Parkfläche, Abstandsgrün, ökologische Schutzzone usw. – oder auch Kinderspielplatz (bis 12 Jahre), Jugendzentrum, Vereinssportplatz. Exklusivität bedeutet, dass man dort jeweils inzwischen *nur noch* das darf, was dort ausdrücklich erlaubt oder gewollt ist. Andere, sogenannte sekundäre oder multiple Nutzungsmöglichkeiten dagegen werden immer mehr sanktioniert. Und das Recht auf Zugang zu Territorien vermittelt sich zunehmend darüber, inwieweit Zugangs- und Nutzungsberechtigungen (meist käuflich) erworben werden können, durch Ankauf oder Anmietung (die nur Erwachsenen möglich sind) oder stundenweise durch Konsum, Eintrittsgelder oder Mitgliedschaften. Der Werbeslogan der Sportverbände „Sport ist im Verein erst schön“ hat schließlich auch die Kehrseite, „...weil du sonst keinen Platz dafür finden wirst" und „...weil du anderswo ganz schnell Ärger kriegen wirst". Und auf der Straße, dem größten allgemein zugänglichen öffentlichen Bereich, gehören junge Menschen erst dann gleichberechtigt dazu, wenn sie einen Führerschein und ein motorisiertes Fahrzeug erworben haben. Bis dahin können sie dort nur dann einigermaßen sicher sein, wenn sie – im doppelten Wortsinn – immer ganz am Rande bleiben.

Typisch war noch vor ein, zwei Generationen, dass Kinder und Jugendliche sich in der Umgebung ihrer Wohnung eigentlich an sehr vielen Orten aufhalten und treffen konnten, auf der Straße, auf (Hinter-)höfen, auf etlichen gewerblich genutzten Grundstücken, auf brachliegenden Grundstücken, ungenutzten Zwischen- und Randzonen usw.. Ärger bekamen sie, wenn sie dort etwas anstellten. Heute dagegen reicht es meist schon, mit mehreren anderen Kindern oder Jugendlichen irgendwo zu *sein*, um Ärger zu riskieren. Und das geschieht besonders schnell, wenn man wegen seines Outfits oder wegen seines körperlichen Aussehens als fremd eingeordnet wird. Diesen Wandel gibt es – entgegen weit verbreiteter Meinung – nicht nur in größeren Städten, sondern inzwischen meist fast genauso in Kleinstädten oder auf dem Land (allerdings dem Anschein nach in Ostdeutschland noch längst nicht so durchgreifend). Da sind es dann z.B. die eingezäunten Einfamilienhäuser oder selbst die technisierten Bauernhöfe, die niemand mehr zu seinen Spielplatz erwählen darf. Auch die verbreitete Vorstellung, dass fehlender Raum für die Entfaltung junger Menschen primär ein Problem in sogenannten benachteiligten Vierteln sei, trifft so nicht zu. Man verfolge nur einmal, mit welch einer Entschiedenheit gerade in sogenannten besseren Vierteln jedes Risiko der Störung von Ruhe, Ordnung und Privatsphäre vehement bekämpft wird, besonders, wenn Kinder oder Jugendliche den allerkleinsten Anlass dafür geben. Selbst die Schulen mit ihren Schulhöfen, die ja eigentlich speziell zur Förderung junger Menschen geschaffen wurden, machen bis heute vielfach nach Schulschluss dicht – auch wenn sich im Hinblick auf die Schulhöfe in den letzten Jahren vieles verändert hat: Genau die gleichen Orte also, die Kinder und Jugendliche morgens regelmäßig betreten *müssen*, *dürfen* sie wenige Stunden später nicht mehr aufsuchen und nutzen.

Von vielen unbemerkt, hat sich also in den letzten Jahrzehnten ein tiefgreifender Wandel im Umgang mit Raum vollzogen, der in ganz besonderer Weise Kinder und Jugendliche einschränkt,

- weil gerade ihre alterstypischen Entwicklungsprozesse viel – und flexibel nutzbaren – Raum brauchen,
- weil junge Menschen besonders wenig *eigene* primäre Verfügungsgewalt über Räume haben, sondern eigentlich fast überall Mitnutzer von Räumlichkeiten und Territorien sind, über die andere bestimmen, die anderen gehören,
- weil sich junge Menschen ausdrückliche Nutzungsrechte (abgesehen vom eigenen Zimmer in der elterlichen Wohnung) meist nur noch stun-

denweise funktionsspezifisch erkaufen können (per Eintrittskarte oder Mitgliedsausweis),
- weil öffentliche Territorien inzwischen weitgehend exklusiv von Erwachsenen angeeignet werden (in denen sie entsprechende Ordnungsvorstellungen durchzusetzen suchen).

Hellmut Lessing hat die Tragweite dieser gesellschaftlichen Entwicklung schon vor fast zwanzig Jahren verglichen mit der Entwurzelung, Verdrängung (und Kriminalisierung) der Nomaden einst durch die Privatisierung von Grund und Boden, wie sie sich in Mitteleuropa vor etwa 2000 Jahren vollzog. Und dieser Vergleich regt – auch wenn natürlich jeder Vergleich irgendwo „schief" ist – ungeheuer dazu an, der Vielschichtigkeit dieses Veränderungsprozesses und seiner Wirkungen und Folgen differenzierter nachzugehen. Denn der rasante Verlust informeller sozialer Räume hat kaum zu überschätzende Folgen. Das gilt schon für kleine Kinder. Wie viele elterliche Interventionen sind heute vor allem deshalb nötig, weil unsere Lebenswelten Kindern immer weniger Entfaltungs- und Entdeckungsmöglichkeiten lassen? Und eine andere Dimension erreicht das in der Jugendphase, in der Zeit der Suche nach dem „eigenen Platz im Leben". Schließlich brauchen Entwicklungs- und Entfaltungsprozesse – zumal soziale Lernprozesse – Raum, Raum im sozialen wie im territorialen Sinne. Und sie setzen ein gehöriges Maß an Ruhe und Gelassenheit voraus, um sich in Ruhe auf andere einlassen, um sich ausprobieren und um experimentieren zu können. Wer dagegen ständig mit Stress von außen rechnen muss, wer dauernd mit Versuchen zur Vertreibung konfrontiert wird, der hat z.B. gar keinen Raum, differenziertere Selbstregulierungs- und Konfliktbewältigungsmuster zu entwickeln: Für den scheint vielleicht das Muster „Hau drauf und weg" genau angemessen zu sein.

Wem grundlegende sozialräumliche Entfaltungsmöglichkeiten fehlen, dem fehlt auch die Voraussetzung dazu, sich als *Subjekt* des eigenen Lebens erleben, ausprobieren und entfalten zu können. Denn das kann man nur da, wo man *selbst* die Verantwortung für sich haben kann und haben darf. Kinder, zumal kleine, brauchen dabei zweifellos mehr an Begleitung und Unterstützung als ältere, brauchen etliche Zeit auch die dauernde Erreichbarkeit von Betreuungspersonen im Hintergrund. Aber gerade an ihnen lässt sich schon sehr schön beobachten, wie sehr sie ihre Situation als Subjekte selbstverantwortlich in die Hand nehmen, gestalten und produktiv entfalten, wenn sie so sehr in ihre Welt eintauchen, dass sie alles Drumherum, einschließlich anwesender Betreuungspersonen, nicht mehr wahrnehmen. In solchen Situationen haben sie sich die *Verfügungsmacht* und die *Definitionsmacht* über ihr sozialräumliches Aktionsfeld produktiv angeeignet. Die Monofunktionalisierung von Raum allerdings, die sich ja längst bis in viele Wohnungen hinein fortsetzt („Geh gefälligst mit deinem Kram in dein Kinderzimmer! Wofür hast du das denn?"), lässt für solche selbstverantworteten Prozesse immer weniger Raum. Auch in der stationären Jugendarbeit in Jugendeinrichtungen heißt es immer wieder ganz schnell von den Fachkräften, „Aber wir haben doch die Verantwortung!“, wenn es z.B. darum geht, junge Menschen allein Räumlichkeiten nutzen zu lassen oder ihnen andere Selbstentfaltungsmöglichkeiten zuzugestehen. Das Angebot pädagogisch definierter Räume ist also in unserer Gesellschaft immer mit einer gewissen Entmündigung junger Menschen verbunden. Und die wiederum produziert dann nicht zuletzt jene Muster von „Unreife“ mit, die dann wiederum zur Legitimation dafür herhalten muss, dass man „die jungen Menschen doch nicht einfach machen lassen kann, was sie wollen“. Volle Verantwortung für sich selbst haben junge Menschen nur da, wo sie sich pädagogischer Betreuung, Aufsicht und Kontrolle entziehen – und sich z.B. nicht „von der Straße holen“ lassen. Aufsuchende Arbeit dagegen versteht sich als Gast in den Lebenswelten junger Menschen, vor allem in der Lebenswelt Straße, und beansprucht nicht, dort die Verantwortung zu haben oder zu übernehmen. Vielmehr ist aufsuchende Arbeit permanent damit konfrontiert, dass anstößig auftretende Jugendliche dort, wo sie sich treffen, faktisch die Verfügungsmacht *und* die Definitionsmacht ausüben – oder auszuüben suchen. Sie entscheiden dort. Und sie tragen die Verantwortung. Und letztlich kann ihnen dort auch niemand die Verantwortung abnehmen für ihren Umgang mit sich und mit anderen.

Wo dagegen pädagogische Arbeit einrichtungszentriert stattfindet (ob in Jugendeinrichtungen, in der Schule oder sonst wo), da wird ganz überwiegend mit der Frage, welche Verantwortung junge Menschen für sich selbst haben (und übernehmen dürfen), ganz anders umgegangen.[28] Obwohl diese Frage immer an ganz konkrete Lebenszusammenhänge gebunden ist und letztlich durch *gesellschaftliche* Veränderungen der Bedingungen des Aufwachsens auch immer neu (und verändert) aufgeworfen wird, wird sie immer wieder zu einer rein *pädagogischen* Frage umdefiniert, nämlich zu der Frage, wie reif und wie verantwortungsvoll die jeweiligen Jugendlichen mit Eigenverantwortung eigentlich umgehen können. Und entschieden wird darüber dann in aller Regel ganz allein nach Maßstäben von außen, wodurch die Kinder und Jugendlichen dann automatisch zu *Objekten* pädagogischer Verantwortung degradiert und entsprechend entmündigt werden. Das haben Kinder und Jugendliche immer wieder zu verarbeiten. Und wie sie das tun, das muss dann immer wieder als Beweis für die Richtigkeit solcher Entmündigungsprozesse herhalten. Denn wem Verantwortung genommen wird, so könnte man sagen, der wird leicht nicht nur Verantwortung los, sondern läuft damit auch verstärkt Gefahr, sich künftig eher verantwortungslos zu entwickeln.

Eigenverantwortung wird in pädagogisch definierten Zusammenhängen immer wieder unwillkürlich zu etwas gemacht, für das man sich vorab erst einmal als reif, als zuverlässig und als *würdig* zu erweisen hat, statt von einem Menschenbild auszugehen, dass *alle* Menschen (vom ersten bis zum letzten Lebensmoment) ganz grundsätzlich als *Subjekte* ihrer selbst – und

---

28 Entscheidend dafür ist nicht – das verdient, ausdrücklich betont zu werden – ob Einrichtungen genutzt werden, sondern, ob die pädagogische Arbeit entscheidend über Einrichtungen definiert wird, also *konzeptionell* einrichtungszentriert stattfindet.

damit letztlich als selbstverantwortlich für sich – begreift. Mit solch einem Menschenbild erhalten alle Einmischungen von außen den Charakter von *Beiträgen* zur Förderung, Unterstützung und Begleitung von subjektgeleiteten Entwicklungs- und Entfaltungsprozessen, in denen Menschen sich und ihr Selbst produktiv konstruieren und gestalten. Und Einmischungen von außen können nur dann die Form von Beiträgen haben, statt Anpassungsvorgaben zu sein, wenn nicht die Ziele und die Wege für das Streben nach eigener Entfaltung, nach gesellschaftlicher Teilhabe und einem Leben in Würde von außen vorgegeben, sondern im Austausch miteinander gesucht, ersonnen, erschlossen oder gefunden werden. Dieser Austausch, diese Kommunikation miteinander läuft natürlich z.B. bei Säuglingen ganz anders ab als bei Jugendlichen (oder auch bei demenzkranken Alten). Aber die prinzipiellen Möglichkeiten gibt es dafür immer, wenn nur die Offenheit und Bereitschaft vorhanden ist, den anderen wirklich wahrnehmen und ernst nehmen zu wollen. Das beinhaltet allerdings weit mehr und ist weit komplexer, als nur auf konkrete Äußerungen, Botschaften und Signale „in der eigenen Sprache“ zu achten. Und das beinhaltet umgekehrt natürlich auch, den anderen mit sich, mit dem eigenen Anderssein und mit entsprechenden Grenzsetzungen zu konfrontieren – ist also auch fundamental verschieden von einer Haltung, die Kinder und Jugendlichen immer machen zu lassen, was sie wollen – und sie so lassen zu wollen, wie sie im Moment sind.

Für die konkrete Jugendarbeit heißt das: Die allermeisten Jugendeinrichtungen sind durch die Monofunktionalisierung von Räumen und Territorien in unserer Gesellschaft mit einer strukturellen Überforderung konfrontiert. Das gilt ganz besonders, wenn sie offen für alle Jugendlichen sein sollen – oder wenn sie zumindest alle jenen Jugendlichen erreichen sollen, die irgendwo im Einzugsbereich Anstoß erregen. Und informelle Gruppierungen Jugendlicher sehen sich immer schneller vor die Alternative gestellt, sich entweder mit dem Fehlen informeller sozialer Räume abzufinden (also z.B. von der Straße zu verschwinden), oder Anstoß zu erregen. Und wer Anstoß erregt, riskiert etwas. Wer Anstoß erregt, hat andererseits aber auch (angesichts der herrschenden Muster zur Verwendung knapper Mittel) bessere Chancen, jugendarbeitsdefinierte Angebote zu bekommen. Das ist sozusagen der *geheime* Lehrplan in den faktischen Sozialisationserfahrungen.

Der unendliche Streit darum z.B., ob man extrem anstößig auftretenden Jugendlichen überhaupt Räume anbieten darf und wie weit deren Anpassungsleistungen dafür gehen müssen, hält fast durchgängig davon ab, das Problem sozialräumlicher Enteignung der nachwachsenden Generationen *grundsätzlicher*, nämlich lebensweltbezogen (und nicht nur cliquen- oder zielgruppenbezogen) aufzugreifen. Wichtig ist also, das Ganze als zentrales Problem *von* (fast allen) jungen Menschen, nicht als zentrales Problem speziell *mit* auffälligen jungen Menschen zu sehen. Nur wenn es gelingt, die kumulierenden Verdrängungs- und Vertreibungsprozesse in den Lebenswelten umzukehren und – in der Formulierung von Hellmut Lessing – an einer *(Wieder-)aneignung* von Umwelt zu arbeiten (Lessing 1984), hat Lebensweltorientierung in der Jugendarbeit wirklich eine Chance. Denn nur so – und nicht etwa durch immer mehr Jugendeinrichtungen – lässt sich erreichen, dass junge Menschen überhaupt Platz für Entwicklungs- und Veränderungsprozesse haben – und nicht nur dann, wenn man ihn bezahlen kann und/oder sich als ausreichend würdig, angepasst (oder umgekehrt als bedürftig im Sinne nichtgelungener Anpassungsleistungen) erweist. Und nur im Kontext von Bemühungen um Wiederaneignung von Umwelt hätten Jugendeinrichtungen die Chance, tatsächlich das zu sein, was sie sein wollen und aus pädagogischer Sicht – nicht aus ordnungspolitischer Sicht – auch sollen: Nämlich Zentren, Kristallisationsorte zur Förderung der Entwicklung junger Menschen und deren gesellschaftlicher Integration und Teilhabe zu sein, verbunden mit einer „Erziehung zu einer eigenverantwortlichen und gemeinschaftsfähigen Persönlichkeit", einer Befähigung zu Selbstbestimmung und zu gesellschaftlicher Mitverantwortung und sozialem Engagement (§1 u. §11 KJHG).

Längst gibt es in der Kinder- und Jugendarbeit eine ganze Reihe von Ansätzen, die auch direkt Wiederaneignung von Umwelt anbieten. Vor allem aktivitätengetragene (und entsprechend zeitlich eng begrenzte) Formen gibt es seit Jahrzehnten, teils schon seit den Anfängen von Jugendarbeit. Man denke nur an die Große Fahrt der bürgerlichen Jugendbewegung oder an die Zeltlager insbesondere der Pfadfinderbewegung und der Arbeiterjugendorganisationen – oder auch an die bis in die 20er Jahre zurückreichende Tradition der Erlebnispädagogik. Eher auf Dauer angelegte Konzepte zur Förderung der Wiederaneignung von Umwelt durch Kinder und Jugendliche finden wir in der Tradition der Abenteuerspielplätze schon seit den 60er Jahren und in den Kinder- und Jugendfarmen seit Anfang der 80er Jahre. Auch die Schaffung frei zugänglicher Flächen für Sportaktivitäten hat zumindest bei den Bolzplätzen eine jahrzehntelange Tradition. In den letzten 10-15 Jahren sind dann mehr und mehr unterschiedliche Angebote dazu gekommen, bis hin zu ganzen Sportgärten oder zu mobilen Sportangeboten, die – Busprojekten in der aufsuchenden Jugendarbeit ähnlich – regelmäßig unterschiedliche Orte anfahren und damit eine ganz besondere Variante des Aufsuchens praktizieren.

Trotz all dieser wichtigen Ansätze ist natürlich klar, dass sich mit pädagogischen Angeboten allein das gesellschaftliche Problem territorialer Enteignungsprozesse letztlich nicht bewältigen lässt, zumal es neben einer sozialen eine ganz starke altersspezifische Dimension hat. Was in unserer hochindividualisierten Konkurrenz- und Leistungsgesellschaft von Erwachsenen, aus Erwachsenenwelten heraus, Kindern und Jugendlichen inzwischen alles zugemutet und abverlangt wird, das läuft immer häufiger darauf hinaus, ihnen selbstverständlich grundlegende Rechte auf sozialräumliche gesellschaftliche Teilhabe abzusprechen. Und das gilt nicht nur in sogenannten Problemgebieten oder für jene Kinder und Jugendlichen, die als benachteiligt etikettiert werden. Teilweise räumt man ihnen dort sogar noch eher Möglichkeiten ein, sich in ihrem Umfeld handelnd Territorien und Räume anzueignen. In sogenannten besseren Wohngebieten dagegen beginnen Interventionen gegen alle derartigen Bemühungen viel früher und rigider. Gerade Projekte und Initiativen z.B., die sich in besseren Wohngegenden für wohnungsnahe Spielräume für Kinder einsetzen, machen immer wieder die Erfahrung, das selbst der kleinste, von Hunden verdreckte Grünstreifen mit allen Mitteln gegen jede Nutzung von (Nachbar-)Kindern verteidigt wird – und bei jedem kleinsten Raumangebot (einer Bank, einem Kletterbaum oder einem Sandkasten etwa) gleich ein Schreckensbild der Zusammenrottung aller Kinder des Viertels und „das ganz große Chaos“ befürchtet wird.

Lebensweltorientierung verlangt also eigentlich als Erstes und Grundsätzlichstes den Blick darauf, wo „vor Ort“ eigentlich die verschiedensten Kinder und Jugendliche Platz haben, Platz finden für ihre Entwicklung und Entfaltung – und das weit, bevor es um pädagogische Angebote, also um Unterstützung, Begleitung, Beratung oder Hilfe für einen Teil von ihnen geht. Mit wem auch immer Jugendarbeit *pädagogisch* arbeitet, ist sie doch – im Sinne der Grundsätze des KJHG – letztlich immer auch für die Förderung der Entwicklung *aller* Jugendlichen in dem sozialräumlichen Umfeld, in dem sie arbeitet, mitverantwortlich. Diese Unterscheidung zwischen einer *pädagogischen* Dimension und einer *gesellschaftspolitischen* Dimension der Aufgabenstellung, diese daraus resultierende Unterscheidung zwischen einem engeren pädagogischen und einem oft viel weiteren gesellschaftspolitischen Mitverantwortungsbereich ist allerdings in den professionellen Selbstverständnissen von Jugendarbeiterinnen und Jugendarbeitern noch viel zu selten verankert – obwohl die im KJHG formulierten Aufgabenstellungen an die Jugendhilfe solch ein Selbstverständnis eigentlich eindeutig implizieren.

Besonders wichtig ist solch ein differenzierendes Aufgabenverständnis natürlich vor allem da, wo es um aktuelle Konflikte geht, z.B. um territoriale Konflikte zwischen unterschiedlichen Jugendszenen. Es wäre beispielsweise unverantwortlich, mit einer rechten Clique pädagogisch zu arbeiten, die sich in ihrem Wohnort eine hegemoniale Position verschafft hat, ohne dort dann zumindest gleichzeitig und offen pluralere Entfaltungsmöglichkeiten für andere zu schaffen, vor allem für solche, die von jenen bislang bedroht oder verdrängt werden. Ziel gesellschaftlicher Einmischung wäre dann also, dass sich auch andere Jugendliche, die nicht zur rechten Szene gehören oder die zu jener Szene künftig auf Distanz gehen wollen, in diesem Ort ungefährdet bewegen und entfalten können. Mancherorts müssen für wirklich pluralere informelle und formelle sozialräumliche Angebote aber überhaupt erst (wieder) Möglichkeiten geschaffen werden – und damit Voraussetzungen dafür, dass sich junge Menschen jugendkulturell und sozial z.B. anders als rechts orientieren können.

Eine lebensweltorientierte Jugendarbeit hat sich – das wird dabei schon deutlich – nicht nur selbst in die Lebenswelten ihrer Zielgruppen einzumischen, sondern sie hat ebenso *deren* Einmischungsprozesse interessiert und auch einmischend zu begleiten. Das gilt vor allem dort, wo Jugendarbeit als aufsuchende Arbeit stattfindet, oder dort, wo Nutzerinnen und Nutzer von Jugendeinrichtungen diese – im Sinne von Hans Thiersch (vgl. Thiersch 1985) – primär als Stützpunkte zur Wiederaneignung von Umwelt begreifen. Und das gilt zweitens dort, wo es um Einmischungen in akute Konflikte zwischen der eigenen Zielgruppe und ihrer Umwelt geht. Denn es ist ja gerade bei auffälligen, Anstoß erregenden Jugendlichen nicht so, dass sie nicht wahrgenommen werden und niemand ihre Interessen und Positionen in ihre Umwelt einbringt. Das haben sie längst selbst in die eigene Hand genommen, weit mehr sogar, als etliche andere Jugendliche – wenn auch nicht selten auf abstoßende und erschreckende Weise. Neben der unmittelbaren Einmischung in die Lebenswelten Jugendlicher geht es also auch sehr oft um die Einmischung in die Einmischungen, die die Jugendlichen längst selbst betreiben. Eine solche Einmischung in jene Einmischungen hat immer gleichermaßen – und zeitlich parallel(!) – zwei Dimensionen zu verfolgen:

- den Abbau sozial anstößiger, insbesondere andere Menschen diskriminierender oder gar gefährdender Einmischungen,
- das Bemühen um weiterreichende Möglichkeiten eigener Entfaltung und gesellschaftlicher Teilhabe.

Die Öffentlichkeit freilich ist fast durchweg ausschließlich an der ersten Dimension interessiert und sperrt sich gegen die Wahrnehmung der meist fast untrennbar damit verbundenen zweiten Dimension (selbst um den Preis häufiger Ineffektivität ausschließlich ordnungs- und sicherheitspolitischer Maßnahmen). Dabei sind Auffälligkeiten und Anstößigkeiten, die die Umwelt bei jungen Menschen moniert, immer auch – oder sogar primär – als deren *subjektgeleitete* Bemühungen zu sehen, sich besser entfalten und besser gesellschaftlich teilhaben zu können. Und was in diesem Sinne nützlich und wirksam ist, welche gesellschaftlich akzeptierten oder auch gesellschaftlich skandalisierten Verhaltensweisen, das bestimmt letztlich das Umfeld weit mehr als die Jugendlichen selbst.

5.3 Zum Grundverständnis lebensweltorientierter Praxis

Die Bedeutung und die Vielschichtigkeit von lebensweltorientierten Einmischungen in der Jugendarbeit, zumal in der aufsuchenden Jugendarbeit, wird bis heute zumeist eklatant unterschätzt – zumal von außen. Aber das gilt vielfach auch in der Arbeit selbst. Bei aller Unterschiedlichkeit von Projekten aufsuchender Arbeit scheint in ihnen doch eine Erfahrung einhellig zu sein, nämlich die, zumindest anfangs viel zu wenig Aufmerksamkeit und Zeit für die Einmischung in die lebensweltlichen Zusammenhänge aufgewandt zu haben, also in die lebensweltlichen Bedingungen und Zusammenhänge des Aufwachsens derjenigen jungen Menschen, mit denen man arbeitet oder arbeiten will. Von außen und in der Anfangsphase von Projekten wird vielmehr meistens selbstverständlich davon ausgegangen, dass die Arbeitszeit möglichst weitgehend für die *unmittelbare* Arbeit mit jungen Menschen aufgewandt wird – und dass daneben alles andere, angefangen von Verwaltungsarbeiten über Projektsicherung bis zu Kooperationen, einen möglichst geringen

Stundenanteil umfassen soll. Immer wieder wird dafür in Gesprächen als Maximalzahl 10% oder allenfalls 20% genannt. Erfahrene, schon länger in erfolgreich arbeitenden Projekten tätige Mitarbeiterinnen und Mitarbeiter schildern allerdings fast durchgängig, dass sie lange die Bedeutung der lebensweltlichen Einmischungen viel zu sehr unterschätzt – und viel zu einseitig auf die unmittelbare pädagogische Arbeit und unmittelbar personenbezogene Förderung gesetzt hätten. Die Praxis habe sie aber gelehrt, dass die Effektivität der Arbeit in der Regel dann am größten sei, wenn der Anteil der unmittelbar personengerichteten Arbeit und der Anteil für lebensweltliche Einmischungen sich in etwa die Waage hielten. Schließlich sei dort erstens der Nährboden, auf dem die Probleme gewachsen seien. Und zweitens seien die Wege zu gesellschaftlicher Teilhabe für junge Menschen heute derartig unüberschaubar, risikoreich und ungewiss, dass Veränderungen meist nur im Wechselverhältnis von Individuum und Umwelt Chancen hätten, nicht aber Versuche, allein das Individuum zu ändern bzw. zu qualifizieren.

Trotz dieser Erfahrungen wehren sich gerade engagierte neue Mitarbeiterinnen und Mitarbeiter oft erst einmal lange gegen diese Erkenntnis, gegen eine Formel „Hälfte – Hälfte", weil es ihnen eigentlich meist näher liegt, mehr unmittelbar mit den Jugendlichen zu arbeiten – und weil sie das Gefühl haben, für „ihre Jugendlichen" eigentlich immer viel zu wenig Zeit zu haben. Zweitens haben sie natürlich meist auch ganz schnell leidvolle oder frustrierende Erfahrungen mit ineffektiven Kooperationsaktivitäten und mit Blockadehaltungen in dem lebensweltlichen Umfeld gemacht. Und drittens erwartet die Öffentlichkeit von ihnen, die Jugendlichen zu ändern, damit alles andere leichter und besser so bleiben kann, wie es ist – oder, hoffentlich endlich – so wird, wie es eigentlich schon immer sein sollte. Gerade dieser dritte Aspekt demonstriert, wie sehr letztlich immer wieder durchschlägt, gesellschaftliche Problemlagen erstens in Probleme Jugendlicher umzudefinieren und im zweiten Schritt dann zu pädagogisieren.

Qualifizierte Lebensweltorientierung setzt also immer qualifizierte Kenntnisse der Lebenswelten voraus. Erste und wichtigste Grundlage ist natürlich immer das direkte Interesse an den Lebenswelten derjenigen Kinder und Jugendlichen, mit denen man arbeitet oder arbeiten will. Dazu gehört natürlich auch, diese Lebenswelten zunächst einmal *direkt* erkunden zu wollen und in diesen Lebenswelten *eigene* Kontakte aufzubauen. Gerade im Rahmen der sozialräumlichen Jugendarbeit wurde dazu ein breites Spektrum sehr geeigneter Methoden entwickelt oder zusammengetragen (vgl. Deinet 1999; Deinet/Krisch 2002).

Die Praxis allerdings sieht oft ganz anders aus: Da werden oft mehr oder weniger intensiv bei unterschiedlichen Behörden vorhandene Sozialdaten gesammelt, nicht selten sogar, ohne mitzureflektieren, welche Erkenntnisinteressen eigentlich hinter den entsprechenden Datenerhebungen standen – und welche vielleicht nicht. Oder es werden Personen, die sich – meist aus einer anderen beruflichen Rolle heraus – mit der anvisierten Zielgruppe näher auskennen, nach ihren Erkenntnissen befragt. Das sind dann oft auch die Gleichen, die aus dieser Rolle heraus ganz bestimmte Erwartungen an Jugendarbeit haben. Umfassend sind somit entsprechende Schilderungen nicht. Und objektiv schon gar nicht! So wichtig die beiden genannten Vorgehensweisen sind, sind sie doch zumindest immer dann sehr problematisch,

1. wenn nicht immer auch ihre begrenzte Aussagekraft und ihr interessengeleiteter Blickwinkel hinterfragt und mitreflektiert wird,
2. wenn nicht gleichzeitig und möglichst unvoreingenommen versucht wird, sich in *direkter* Begegnung ein *eigenes* Bild von der jeweiligen Zielgruppe und ihren Lebenszusammenhängen zu machen (vor allem durch ethnologisch orientierte Erkundungsmethoden).[29]

Wer aber als Mitarbeiterin oder Mitarbeiter in der offenen Jugendarbeit seine Einrichtung nur verlässt, soweit dazu Zeit bleibt, wird kein Gespür dafür entwickeln können, was die Lebenswelten der Kinder und Jugendlichen außerhalb der Einrichtungen ausmacht. Und dieses Aufgabenverständnis ist nach wie vor sehr verbreitet, ja, gilt vielfach – auch heute noch – als normal und selbstverständlich. In vielen, allzu vielen Konzeptionen von Jugendeinrichtungen findet sich denn auch über die lebensweltlichen Hintergründe und Zusammenhänge der Zielgruppen kaum mehr als die Auflistung klischeehafter Zuschreibungen von relativ allgemeinen Sozialdaten und oft pauschal assoziierten Deutungsmustern. Das Bild, das dabei von den Zielgruppen der eigenen Arbeit entworfen wird, verstellt im Endeffekt dann eher den klaren Blick auf sie und deren offene Wahrnehmung. Denn im Wesentlichen geht es meist um eine Ansammlung von Benachteiligungsfaktoren und Defizitzuschreibungen. Die mögen dazu dienlich sein, die Lebensbedingungen der Zielgruppen zu skandalisieren – und damit die Wichtigkeit der eigenen Arbeit zu begründen. Aber sie werden den jungen Menschen in Wirklichkeit kaum gerecht! Und erst recht sind sie keine geeignete Grundlage für pädagogisches Handeln.

Mindestens ebenso problematisch ist die weit verbreitete Tendenz, Lebensweltorientierung gleichzusetzen mit Vernetzung und Kooperation – genauer: Vernetzung und Kooperation mit Professionen – und noch genauer: Vernetzung und Kooperation mit Non-Profit-Professionen, die im gleichen sozialräumlichen Feld tätig sind und die in der ein oder anderen Weise ebenfalls unmittelbar mit der jeweiligen Zielgruppe zu tun haben (also z.B. Schule, Polizei, verschiedenste Träger der Jugendhilfe, der überbetrieblichen beruflichen Förderung, von Kulturarbeit, Sport usw., bis hin zu Kommunalpolitik und Kommunalverwaltung). Lebensweltorientierung, so hat man immer wieder den Eindruck, erschöpft sich für viele in der Beteiligung an einer schier endlosen Kette von Ausschüssen, Runden Tischen, Arbeitsgemein-

29 Ein auch für die Jugendarbeit sehr anregendes, in Deutschland kaum bekanntes Buch zur ethnologisch angelegten Feldforschung in Randkulturen der Gesellschaft hat der sehr unkonventionell forschende Wiener Soziologe Roland Girtler 1995 veröffentlicht, das die Ergebnisse seiner forschenden Ausflüge u.a. in die Welten von Stadtstreichern, Prostituierten und Zuhältern, Glücksspielern, Schmugglern, Fußballfans und Gefängnisinsassen schildert. (Girtler 1995)

schaften, Kooperationsrunden u.ä.. Dort prallen dann oft sehr verschiedene Vorstellungen über Zielgruppen und deren Lebenszusammenhänge aufeinander, ganz abgesehen von oft sehr konträren Zielsetzungen. Und Einigungen sind dann oft sehr schwer, weil alle die Ausgangslage durch die Brille *ihrer* Profession betrachten und erst einmal und vor allem erreichen wollen, dass im Sinne und im Interesse *ihrer* Profession und ihres Professionsverständnisses Veränderungen und Fortschritte erzielt werden. Mit der tatsächlichen Lebensrealität der jeweiligen Zielgruppen hat das dann allzu oft nur wenig zu tun, vor allem, wenn dann mit Kompromissen nur an das herangegangen wird, worüber vielleicht Minimalkonsense oder Formalkompromisse zu erreichen sind – einmal ganz abgesehen von den gängigen Ritualen gegenseitiger Schuldzuschreibungen und Forderungen.

Je mehr Lebensweltorientierung gleichgesetzt wird, übersetzt wird mit Vernetzung und Kooperation, umso mehr werden komplexe lebensweltliche Zusammenhänge verkürzt auf das, was bestehende Institutionen, Organisationen und Einrichtungen mit ihren bisherigen Handlungsmustern für wichtig erachten. An anderer Stelle wurde bereits darauf hingewiesen, wie problematisch die in der Sozialen Arbeit gängige Redensart ist, all das, was ihre Träger leisten, nicht nur als Praxis, sondern sogar exklusiv als „*die* Praxis" zu bezeichnen – und nicht etwa die Praxis der Lebensentfaltung und Lebensbewältigung ihrer Adressatinnen und Adressaten in den Mittelpunkt zu stellen. In solchen Sprachmustern demonstrieren sich letztlich immer wieder selbstreferentielle Denkweisen und Haltungen, mit denen man letztlich um sich selbst kreist. Genau das setzt sich fort, wenn Lebensweltorientierung gleichgesetzt wird mit der Orientierung auf Einrichtungen, Institutionen und Organisationen, die mit der gleichen Zielgruppe zu tun haben. Eine Soziale Arbeit, speziell eine Jugendarbeit, die für sich nicht zuletzt auch die Wahrnehmung anwaltlicher Funktionen für ihre Zielgruppen in Anspruch nimmt, kann sich unter dem Anspruch lebensorientierter Arbeit nicht auf die Fremd- und Außenblicke anderer beschränken, die mit der gleichen Zielgruppe zu tun haben. Sie muss vielmehr oft eher das genaue Gegenteil forcieren, will sie für ihre Adressatinnen und Adressaten Veränderungen in ihren Lebensbedingen erreichen: also z.B. darauf bestehen, dass auch (direkt) *mit* Jugendlichen geredet wird – und nicht nur *über* sie, dass man dabei genauso *deren* Sichtweisen in *deren* Sprache zuhört, wie man es umgekehrt von ihnen erwartet.

5.4 Handlungsprinzipien lebensweltlicher Einmischungen

Es erscheint angesichts der bisherigen Entwicklung noch zu früh zu sein, einheitliche Grundprinzipien für Lebensweltorientierung und lebensweltorientierte Einmischungen in der aufsuchenden Jugendarbeit zu formulieren, zumal die konkreten Situationen sehr verschieden und Erfahrungen noch viel zu wenig systematisch aufgearbeitet und ausgewertet sind. Was aber Sinn macht, das ist der Versuch, auf einem theoretischen Hintergrund aus bisher vorliegenden Erfahrungen aufsuchender Jugendarbeit sozusagen „bewährte“ Handlungsprinzipien abzuleiten – ohne damit allerdings den Anspruch auf umfassende Gültigkeit und auf Vollständigkeit zu erheben. Mit „bewährt“ ist damit also dann hier – anders als sonst häufig – nicht das Normal-, das Üblich-Gewordene gemeint. Sondern es geht vor allem um erfolgreich erprobte innovative Ideen und Ansätze, die teils vielleicht nur aus einzelnen Projekten stammen, also in einem quantitativen Sinne noch unerprobt sind, die sich aber im Sinne konzeptioneller Ansprüche als sinnvoll und geeignet bewährt haben.

Um nicht auf der Ebene der Aneinanderreihung vieler mehr oder weniger interessanter Einzelerfahrungen zu bleiben, sollen im folgenden (Zwischen-) Ergebnisse des Versuchs präsentiert werden, aus jahrelanger praxisbegleitender und praxiserforschender Auswertung und Analyse heraus konzeptionelle Schlussfolgerungen zu ziehen, um diese – in aller Vorläufigkeit – zu zentralen Handlungsprinzipien für zukünftige Praxis aufsuchender Arbeit zu verdichten. Grundsätzliche Darlegungen werden dabei im Folgenden teilweise ergänzt durch konkrete Beispiele aus der Praxis. Strukturiert lassen sich die relevanten Aspekte in vier Hauptkomplexen zusammenfassen:

1. Umgang mit Kooperationen und Vernetzungen
2. Realisierung professioneller Qualität aufsuchender Arbeit
3. Ergänzung knapper Ressourcen
4. Abbau von Unzuständigkeitsstrategien in der Jugendhilfe

Wiederholtes Aufgreifen einzelner Aspekte und Zusammenhänge lässt sich dabei allerdings trotzdem nicht ganz vermeiden, jedenfalls nicht sinnvoll, da es hier schließlich um den praktischen Umgang mit meist hochkomplexen Zusammenhängen geht.

5.4.1 Zum Umgang mit Kooperationen und Vernetzungen

1. Sozialräumliche Erkundung des Umfeldes

Bei der Initiierung von Projekten aufsuchender Jugendarbeit besteht oft ein massiver unmittelbarer Handlungsdruck. Der verleitet dann allzu leicht dazu, sich unmittelbar und vollständig auf die Arbeit mit einer jeweiligen Zielgruppe auszurichten, statt zunächst einmal die sozialräumlichen Zusammenhänge zu erkunden, in denen die aufsuchende Arbeit aufgenommen werden soll. Kein Bauherr würde ein Haus beginnen, ohne erst eine angemessene Planungsphase vorzuschalten. Aber wo es um Pädagogik oder um Soziale Arbeit geht, da herrscht ungemein häufig die Vorstellung vor, dass doch allen völlig klar sei, worum es ginge und was jetzt getan werden müsse. Fehler oder Schwächen in der Anfangsarbeit, die dadurch entstehen, sind oft später kaum noch aufzufangen.

Eine anfängliche sozialräumliche Erkundung zielt gleichzeitig auf sehr verschiedene Ebenen. Wichtig sind insbesondere

- die Erkundung der sozialen und sozialräumlichen Zusammenhänge, aus denen heraus jene (Problem-)Faktoren erwachsen sind, die nun zu aufsuchender Arbeit drängen,
- die Erkundung der Charakteristika, Formen und Muster gesellschaftlicher Teilhabe und gesellschaftlicher (Selbst-)behauptung verschiedenster Gruppierungen im sozialräumlichen Umfeld (und nicht nur die Erkundung von Problemlagen!),
- die Erkundung informeller Raumaneignungsprozesse von Kindern und Jugendlichen und – umgekehrt – sozialräumlicher Verdrängungsbemühungen und -strategien gegenüber Kindern und Jugendlichen in diesem Umfeld,
- die Erkundung aktueller Interessen- und Konfliktkonstellationen in dem jeweiligen sozialen Umfeld, insbesondere derer mit besonderer altersdifferenzierender Komponente (wo also zumindest auf einer Seite junger Menschen stehen).

Um gezielter einschätzen zu können, welche kurz-, mittel- und langfristigen Zielsetzungen „vor Ort" überhaupt realistisch sind, gehört weiter dazu zu erkunden,

- wer eigentlich im sozialräumlichen Umfeld welches Interesse daran hat, dass sich etwas ändert an der Situation, die dazu geführt hat, hier mit aufsuchender Arbeit beginnen zu wollen,
- und wer davon Interessen hat, die zumindest prinzipiell in die gleiche Richtung zielen wie die Ausgangszielsetzungen des jeweiligen Projektes (also, wer „vor Ort" eigentlich selbst Interesse daran hat, z.B. fremdenfeindliche Grundorientierungen oder gewaltförmige Übergriffe zurückzudrängen oder – ganz anderes Beispiel – Kindern und Jugendlichen das Recht einzuräumen, sich in der Umgebung ihrer Wohnungen auch stressfrei mit anderen Gleichaltrigen treffen und aufhalten zu dürfen).

Nur dann, wenn auch diese beiden Fragen angegangen werden, lässt sich die eigene Arbeit gezielt in Kooperationen und Vernetzungen einbinden, die das Vorhaben fördern und nicht – wie allzu häufige Praxis – von vornherein fremdbestimmt steuern oder behindern.

2. Personenzentrierte Kooperationen entfalten

Meistens ist es – wie schon erwähnt – bei Kooperationen und Vernetzungen üblich, dass sie sich auf Institutionen, Organisationen oder Einrichtungen beziehen, und dass es darum geht, alle direkt oder indirekt Beteiligten von ihnen an einen Tisch zu bringen. In der aufsuchenden Jugendarbeit (allerdings nicht nur dort) hat es sich in der Praxis aber immer wieder als weit effektiver erwiesen, jeweils gezielt nach kooperationsbereiten und engagierten *Perso-*

nen an relevanter Stelle zu suchen, die bereit und in der Lage sind, auch über die Eigeninteressen ihrer jeweiligen Institution hinaus zu denken und sich einzubringen. Der verbreitete Typus der Delegierten, die vor allem *ihre* Institution, ihre Organisation, ihren Verband, ihre Partei usw. vertreten sollen (und die sich auch selbst so verstehen), ist geradezu typisch für unfruchtbare oder zähe Kooperationen – es sei denn, man versteht unter Kooperation das Instrumentalisieren und Einspannen anderer für eigene Interessen und Zielsetzungen. Und solch ein Verständnis ist wahrlich nicht selten offen oder verdeckt zu finden. Diese Variante reizt natürlich vor allem immer wieder diejenigen, die dazu die entsprechende Macht und Durchsetzungskraft auf ihrer Seite wähnen. Zu denen aber gehört Soziale Arbeit in aller Regel nicht.

Gerade in kleineren Kommunen ist immer wieder eine ganz spezielle Variante von Kooperation zu erleben, die man als multiple Kooperation bezeichnen könnte. Denn dort sind oft Menschen beteiligt, die sich gleichzeitig aus verschiedensten Zusammenhängen kennen und nicht nur in ihrer beruflichen Funktion. Das kann besondere Blockadezusammenhänge schaffen. Aber das kann auch ganz besondere Chancen bieten für personal getragene und personal vertraute Vernetzungen relativ gleichgesinnter und ähnlich engagierter Menschen, die sich vielleicht mit ihren Grundhaltungen immer wieder in verschiedenen Kooperationszusammenhängen begegnen – und auch privat miteinander in Kontakt sind. Wo bei neuen oder veränderten Aufgaben auf solche Netze aufgebaut werden kann, da gibt es natürlich besonders gute Entwicklungschancen. (Die andere Seite, nämlich die Erstarrung solcher Beziehungsgeflechte in bornierten Deutungs- und Handlungsritualen, gibt es natürlich auch!)

3. Kooperation auf Augenhöhe angehen

Sehr häufig finden sich da, wo etliche Institutionen kooperieren, erhebliche Kooperationsgefälle, also auf der einen Seite machtvolle Beteiligte (ohne die manchmal eigentlich nichts geht oder zu gehen scheint) und auf der anderen Seite relativ machtlos wirkende Beteiligte (denen man vor allem klar machen will, was sie gefälligst zu tun haben). Versuche, solch relativ Ohnmächtige funktionalisieren zu wollen, führen allerdings meist nicht sehr weit – nicht zuletzt auch zur Enttäuschung derer, die so etwas aus ihrer Position heraus immer wieder versuchen. Da mag man dann hinterher der schwachen Seite die Schuld dafür zuschieben und ihr vielleicht das Leben schwer machen. Aber Fakt bleibt auch dann, dass das Gewollte meist nicht erreicht wurde und allenfalls in ganz geringem Maße erzwungen werden konnte. Denn in der Sozialen Arbeit sind allgemein die Entscheidungs- und Handlungsspielräume so breit, dass zwar durch Außendruck die eigentliche Arbeit immer schwerer – oder gar unmöglich – gemacht werden kann, dass aber *effektive* andersgerichtete Arbeitsleistungen nur sehr schwer und nur in sehr begrenztem Maße zu erzwingen sind, so lange und so weit Mitarbeiterinnen und Mitarbeiter nicht selbst dahinter stehen.

Fruchtbare und effektive Kooperation verlangt immer zunächst einmal eine *Achtung* der anderen Seite und deren Existenz(-berechtigung). Nur dann ist eine Kooperation auf Augenhöhe möglich, die das Grundverständnis und das Profil der jeweils anderen Seiten ernst nimmt – und die auch nicht danach trachtet, das zu unterminieren und mit Macht durch eigene Vorstellungen ersetzen zu wollen. Ein Bereich, in dem das immer wieder eine ganz besondere Rolle spielt, ist die Kooperation zwischen Jugendarbeit und Polizei. Denn die gelingt nur da, wo *beide* Seiten nicht versuchen, das in Frage zu stellen, was das Profil und den Eigensinn der jeweils anderen Seite ausmacht. Das heißt nicht, die andere Seite nicht zu kritisieren oder ihr keine Leistungen abzufordern. Aber es heißt, dass es dann darum gehen muss, was hier Jugendhilfe als gute Jugendhilfe und Polizei als gute Polizeiarbeit leisten müsste – und nicht, wo Jugendhilfe sich z.B. für polizeiliche Aufgaben einspannen lassen, also der Polizei deren Aufgaben und Probleme abnehmen solle. (Siehe dazu ausführlicher Kapitel 7)

4. *Vermeidung von Abhängigkeiten*

Kooperation wird vor allem auch immer dann erschwert, wenn Kooperationspartner in engen Abhängigkeitsverhältnissen zueinander stehen. Denn die schlagen jeweils sehr leicht dann durch, wenn die mächtigere Seite sich nicht *einvernehmlich* durchsetzen kann. Die klassische Situation ist die kommunal finanzierte Jugendarbeit, für die Finanzgeber und Kooperationspartner oft eins sind. Insofern erweisen sich größere, nicht lokal begrenzte Träger als weniger abhängigkeitsgefährdet, oder auch Träger, die aus besonders breit angelegten Kooperationen sehr vieler Beteiligter im Gemeinwesen entstanden sind (so etwa das Prinzip bei Projekten der Mobilen Jugendarbeit in Stuttgart).

Aufsuchende Jugendarbeit braucht gerade wegen des immensen Erwartungsdrucks, dem sie zumeist ausgesetzt ist, ausreichende Unabhängigkeit zur *fachlich* begründeten Entscheidung, welchen Erwartungen sie sich wie stellt – oder auch nicht. Fachliche Standards lassen sich meist nur dann durchsetzen und durchhalten, wenn z.B. nötigenfalls in Konflikten auch damit gedroht werden kann, das jeweilige Team an dieser Stelle abzuziehen und anderswo effektiver einzusetzen. Denn gerade aufsuchende Jugendarbeit ist immer wieder mit Gemeinwesen konfrontiert, die ihre Probleme mit extrem anstößig wirkenden Menschen auf die Soziale Arbeit abzuwälzen suchen und meinen, diese müsse ihre Probleme entsorgen. Und wenn diese sich solchen Erwartungen nicht entziehen kann, dann steht sie sehr schnell als Versager da. Denn es ist natürlich nicht möglich, völlig unrealistische Erwartungen zu erfüllen – egal, wie massiv und mit wie viel Druck das vielleicht gefordert wird: in Kooperationsrunden, über die Presse, über den Träger, über den Finanzgeber – oder wen auch immer. Denn fast immer geht es in solchen Zusammenhängen ja um hocheskalierte Konflikte zwischen Teilen des Gemeinwesens und einer anstößig wirkenden Teilgruppe dort. Und Sozialarbeit gehört dabei meist zu keiner der beiden Konfliktseiten. Ein Beispiel dafür:

In einer seit Jahren bestehenden und mittlerweile extrem eskalierten Konfliktsituation zwischen einer suchtgeprägten Randaleclique und dem gutbürgerlichen Wohnumfeld galt ein aufsuchendes Team als letzte Hoffnung, Deeskalation zu erreichen. Tatsächlich aber wurde die Situation eher immer noch schlimmer, weil parallel die Eskalationsspirale gegenüber der Randaleclique immer wieder angezogen und jede Beteiligung an Deeskalationsversuchen verweigert wurde. Man kann sagen: Der Krieg gegen die Clique wurde schärfer, und gleichzeitig geriet das Team immer mehr unter Druck, weil es immer noch nicht Frieden geschaffen hatte. Schließlich fasste das Team – mit Rückendeckung durch den Träger – folgenden Entschluss:

1. Das Team sieht sein vorrangiges Ziel darin, möglichst schnell direkte Gespräche zwischen den Konfliktparteien zustande zu bringen, da nur darüber Deeskalation erreichbar sei. Es werde sich also ab sofort weigern, über die Köpfe der Jugendlichen hinweg zu reden, zu verhandeln oder als Bote zwischen den Fronten vermitteln zu wollen. Vielmehr biete sich das Team in Bezug auf die Konfliktlage ausschließlich als Mediator an.
2. Das Team wird sich nur an solchen Gesprächen beteiligen, für die den Jugendlichen keine Vorbedingungen gestellt werden, die es ihnen erschweren oder sie darin entscheidend behindern, ihre Sicht einzubringen. Insbesondere heißt das,
   - ihnen nicht abzuverlangen, nur einzelne ausgesuchte Vertreter zu senden, die sich dann schon zahlenmäßig einer völligen Übermacht von Erwachsenen gegenübersähen und gleichzeitig ihres eigenen sozialen Rückhalts beraubt wären (Aussage des Teams dazu: Dann schicken wir auch nur jeden Zehnten von uns. Und einen Zehnten haben wir nicht. Wir sind nur zwei!),
   - ihnen nicht abzuverlangen, völlig nüchtern zu erscheinen oder sich in Auftreten und Sprache den Erwachsenen anzupassen. Beide Seiten müssten sich vielmehr so geben und einbringen können, wie sie sind. Forderungen hätten sich daher darauf zu beschränken, z.B. keine Betrunkenen mitzubringen und keine Gewalt auszuüben.
3. Wenn es bei der Verweigerung direkter Gespräche bleibt und stattdessen weiter von Sozialarbeit erwartet wird, die Jugendlichen so ruhig zu stellen oder weg zu schaffen, bis dass das Umfeld zufrieden ist, dann fehle hier jede Grundlage für sinnvolle und effektive Soziale Arbeit. Und dann solle das Team möglichst bald abgezogen und anderswo effektiver eingesetzt werden.

Ergebnis dieser klaren Position war schließlich eine Bürgerversammlung, zu der erstmals auch die Clique eingeladen wurde. Und auf ihr erlebten alle hautnah, wie ungeheuer schwer es offenbar war, „mit solch kaputten Typen ins Gespräch zu kommen“ – obwohl die erschienenen Jugendlichen sich sehr mühten. Nach der Versammlung war denn auch die Haltung zum aufsuchenden Team völlig umgeschlagen: „Lasst uns bloß nicht allein mit denen! Dann trauen wir uns ja gar nicht mehr vor die Tür. Ihr seid doch die einzigen, die überhaupt noch an die ran kommen und mit denen reden können.“ Und genau diese Erfahrung schuf erst die Bereitschaft, Sozialer Arbeit wesentlich mehr Handlungsräume zuzugestehen und an deeskalierenden Bemühungen aktiv mitzuarbeiten.

5. *Anderen keine Zuständigkeiten und Verantwortlichkeiten abnehmen*

All jene Problemlagen, mit denen aufsuchende Jugendarbeit es immer wieder zu tun hat, sind weder vom Himmel gefallen noch angeboren, sondern sind in ganz konkreten Zusammenhängen des Aufwachsens junger Menschen entstanden und gewachsen. Oft lässt sich sogar ganz konkret und direkt nachvollziehen, wie Änderungen in den Lebenswelten bestimmter junger Menschen zu Veränderungen bei ihnen und zu Veränderungen in ihrer künftigen Aneignung von Umwelt geführt haben. Gleichwohl ist die Umwelt immer wieder geneigt, die Bewältigung entsprechender Probleme allein der Sozialen Arbeit zu überantworten und sich selbst von dieser Aufgabe frei zu machen. Hinzu kommt ein zweiter Erwartungsstrang: dass nämlich aufsuchende Jugendarbeit dabei helfe, dass andere Institutionen *ihre* ureigenste Aufgabe – als Schule, als Polizei, als Wirtschaftsbetrieb, oder auch als Jugendeinrichtung z.B. – besser und erfolgreicher leisten. Aber aufsuchende Jugendarbeit kann z.B. nicht leisten, Folgen des Zwangscharakters von Schule und der Selektionsfunktion von Schule aufzuheben. Und sie kann auch das Paradox nicht lösen, dass die gleichen Kinder und Jugendlichen, die vormittags Ärger bekommen, wenn sie *nicht* zur Schule gehen, einige Stunden später Ärger riskieren, wenn sie auf den nun abgesperrten Schulhof wollen. Da kann aufsuchende Arbeit umso eher etwas leisten, je mehr sich auch Schule bewegt.

Aufsuchende Jugendarbeit kann sich letztlich endloser Zugriffs- und Instrumentalisierungsversuche nur erwehren, wenn erstens andere dazu gebracht werden, bereit und offen deren *Eigen*sinn ernst zu nehmen, und wenn zweitens von aufsuchender Arbeit nur ein aus *deren* Profession definierter *Beitrag* zur Bewältigung von Problemlagen erwartet wird (der auch nur dann seine Wirkung entfalten kann, wenn auch andere ihrerseits ihre Beiträge mit einbringen). Und das Ganze muss möglichst *gleichzeitig* erfolgen. Allzu oft dagegen beginnen Teams, mit auffälligen Jugendlichen zu arbeiten – und hoffen dann endlos darauf, irgendwann einmal auch Teile des Umfeldes davon überzeugen zu können, dass sich auch da was ändern solle. Das lädt diese im Endeffekt oft geradezu dazu ein, sich dann doch lieber gar nicht überzeugen zu lassen. Denn so lange scheint man dann ja auch nicht gefordert zu werden. Das typische In-Vorleistung-Treten von aufsuchender Arbeit, indem man erst einmal einen Kontakt, eine Beziehung aufbaut zu auffälligen jungen Menschen, die von anderen gesellschaftlichen Institutionen meist nicht oder nicht mehr erreicht werden, erschwert tatsächlich oft, eine wirklich angemessene Akzeptanz und Beteiligung von anderen Seiten durchzusetzen. Denn einerseits kann man dann ja die Jugendlichen nicht einfach wieder hängen lassen, zweitens will man kaum gerade Begonnenes einfach abbrechen, und drittens hat man ja gezeigt, dass man auch so arbeiten kann, ohne dass gleichzeitig auch andere was tun. Hier scheint ein verbreitetes Muster durch, mit dem sich aufsuchende Jugendarbeit „gut gemeint“ immer wieder eigene Wirksamkeit selbst erschwert.

6. Sich Einbringen als Experten

Mitarbeiterinnen und Mitarbeiter in der Jugendarbeit, zumal in der aufsuchenden Jugendarbeit, sind meist im lokalen Umfeld besondere Experten für junge Menschen und deren Lebenslagen, vor allem Experten für solche jungen Menschen und deren Lebenslagen, die auffällige Schwierigkeiten haben und/oder machen. Ihr vergleichsweise sehr umfangreiches und sehr breit gefächertes Wissen über diese Menschen und deren Wege und Bedingungen des Aufwachsens könnte sehr wertvoll sein für all diejenigen, die anderswo mit den gleichen oder mit ähnlichen Jugendlichen zu tun haben – ob in der Schule, in anderen Bereichen von Jugendhilfe, in der Jugendberufshilfe, in Ausbildungsbetrieben, bei der Polizei, in der Justiz, bei der Stadtplanung und Verkehrsplanung, bei Wohnungsbaugesellschaften, in Einkaufszonen u.s.w.. Denn anderswo werden diese Jugendlichen viel, viel leichter nur mit sehr ausschnitthaftem, funktional begrenzten Blick wahrgenommen, als Schüler, als Auszubildende, als Arbeitslose, als Tatverdächtige usw.. Entsprechend kennt sie kaum jemand so gut wie oft Mitarbeiterinnen und Mitarbeiter in der Jugendarbeit. Und dieses Expertenwissen ist einiges wert, könnte es doch anderen sehr dabei helfen, *ihren* Job besser zu machen.

Haben Jugendarbeiterinnen und Jugendarbeiter sich solch ein Expertenwissen angeeignet, dann sollten sie es auch auf eine Weise einbringen, dass es geachtet und wertgeschätzt wird. Ein Markt für dieses Expertenwissen ist sicherlich überall da, wo andere damit ihre *eigenen* Aufgaben und Interessen effektiver angehen können. Ideal wäre es, wenn es gelingt, sich überall dort mit dem eigenen Expertenwissen möglichst unentbehrlich zu machen. Dann erschließen sich damit nämlich für die Jugendarbeit auch ungeahnte zusätzliche Möglichkeiten, Belange junger Menschen anwaltlich einzubringen und fruchtbare Kooperationen auf Augenhöhe aufzubauen.

> In einem Neubaustadtteil etwa, der als besonderer sozialer Brennpunkt galt, fanden sich vor Jahren eine Reihe von besonders engagierten Fachkräften aus unterschiedlichsten Bereichen zusammen, in denen sie es alle mit besonders auffälligen Jugendlichen zu tun hatten. Sie luden sich dann zwei erfahrene Streetworker aus einem anderen Stadtteil ein, um mit deren Hilfe ein differenzierteres Bild von dieser Zielgruppe zu bekommen und entsprechend gezielter Handlungsperspektiven in diesem Gemeinwesen entwickeln zu können. Diese brachten dann nicht nur ihr vorhandenes Wissen ein, sondern auch ihre methodischen Kompetenzen zur Durchführung von sozialräumlichen Erkundungen vor Ort. Mit diesen Erkundungen suchten sie schwerpunktmäßig lebensweltliche und sozialräumliche Erfahrungen von solchen Jugendcliquen zu erheben, die ansonsten kaum noch von jemandem erreicht – und angehört – wurden. Und das wiederum gab ein wichtiges Fundament ab für die Qualifizierung der Arbeit in etlichen verschiedenen Institutionen. Dass daraus dann u.a. auch ein sehr gut im Stadtteil verankertes Streetworkprojekt entstand, war schließlich allenfalls eine Facette des Gesamterfolges dieses Vorgehens.

In der Praxis aber machen Sozialarbeiterinnen und Sozialarbeiter allzu oft das genaue Gegenteil und entwerten ihr Spezialwissen so sehr, dass keiner mehr etwas davon hören will. Das geschieht vor allem fast immer dann, wenn sie sich wieder und wieder darum bemühen, andere darüber aufzuklären, wie ihre Jugendlichen wirklich sind, um damit um mehr Verständnis für sie werben wollen oder um mehr Entgegenkommen. Dann wirkt solch Wissen leicht wie das Anpreisen von Sauerbier, das keiner will – das nur stört und aufhält. Umgekehrt ist es, wenn sie Interesse an ihren Insider-Kenntnissen wecken und fördern, wenn sie zeigen, dass sie Wissen besitzen, von dem Zuhörende gern mehr hätten.

Ihr Expertenwissen muss aufsuchende Jugendarbeit also in ihrem Umfeld nachfrageorientiert, nachfrageweckend und offensiv anbieten, freilich erstens unter Achtung von Vertraulichkeit und Persönlichkeitsschutz, und zweitens nicht umsonst! Hier liegt eine der wenigen Chancen für Jugendarbeit, auszubrechen aus der selbst und fremd zugeschriebenen Position von eigener relativer Ohnmacht und Einflusslosigkeit, nicht immer nur appellieren, fordern oder bitten zu müssen, sondern selbst Leistungen und Gegenleistungen aushandeln zu können. Die Bedingungen dafür sind, so paradox das klingen mag, oft dann besonders gut, wenn entweder ein Träger bereits anerkanntermaßen erfolgreich aufsuchende Arbeit leistet – oder wenn er noch gar nicht angefangen hat (aber entsprechender Handlungsbedarf dringlich erscheint und der Träger als kompetent gilt).

Ein zweites, ebenfalls vielleicht paradox erscheinendes Phänomen verdient ebenfalls Erwähnung: Die Expertenrolle offensiv einzusetzen, das fällt in der Regel wohl dann leichter, wenn „vor Ort“ sehr komplexe Problemlagen mit verschiedensten potentiellen Zielgruppen aufsuchender Arbeit existieren und nicht bereits ganz klar ist, dass aufsuchende Arbeit sich einer einzigen, bereits festgelegten Zielgruppe zuwenden soll. Denn dann muss das Expertenwissen lebensweltbezogen und nicht (nur) zielgruppenbezogen eingebracht werden.

7. *Einfordern von humanen Grundhaltungen, auch anstößigen Zielgruppen gegenüber*

So verständlich der emotionale Wunsch manchmal sein mag, irgendwer solle einem eine sogenannte Problemgruppe vom Hals schaffen, so unrealistisch ist diese Haltung meist. Das gilt zumindest in all denjenigen Konflikten, in denen die Beteiligten in ihren alltäglichen Lebenswelten aufeinander treffen. Gerade da ist es unabdingbar – und gleichzeitig meist besonders schwer – auch für die Gegenseite die Achtung von *deren* Rechten auf Lebensentfaltung und gesellschaftlicher Teilhabe einzufordern, und das auch von niemandem zur Disposition stellen zu lassen. (So begründet beispielsweise auf den ersten Blick der Ruf „Nazis raus“ erscheinen mag, ist seine Kehrseite doch immer die Frage: Wohin dann aber mit ihnen?) Fundamental ist, selbst eine (Selbst-)verpflichtung auf eine *unbedingte* (und das heißt ganz wörtlich: *nicht* an Bedingungen geknüpfte) humane Grundhaltung *allen* gegenüber zu präsentieren, und sie genauso unbedingt Kooperationspartnern abzufordern. Manchmal – wenn auch nicht unproblematisch – hilft bei der Durchsetzung der Akzeptanz dieses Anspruchs der Hinweis darauf, dass sich die Steigerung in immer rigideres Durchgreifen letztlich nicht nur nicht human vertretbar, sondern erwiesenermaßen auch nicht *effektiv* ist. Auch insofern erweisen sich Durchgreifparolen als Ideologie. In den USA beispielsweise ist die Zahl der Gefängnisinsassen seit Mitte der 70er Jahre auf das sechsfache gestiegen. Der Anteil der inhaftierten Bevölkerung liegt inzwischen zehnmal höher als in Mitteleuropa. Von den schwarzen Männern zwischen 20 und 30, die in Gettos aufgewachsen sind, sind sogar fast 90% im Gefängnis oder nur mit Auflagen frei. Und gleichzeitig ist die Kriminalität, vor allem die schwere Kriminalität, in den USA nicht gesunken. Die Schere zwischen der Kriminalitätshäufigkeit dort und hier ist sogar immer weiter auseinander gegangen. Trotzdem wird dieses Repressionsmodell hier immer wieder präsentiert. Deshalb noch ein krasseres Beispiel für die Unhaltbarkeit der immer wieder auflebenden These, mit mehr Repression das Phänomen anstößiger Cliquen in den Griff bekommen zu können: Als die Nazis in den späten 30er Jahren immer massivere Schwierigkeiten mit Cliquen hatten, schufen sie 1939 eine eigene HJ-Polizei und im Laufe des Krieges sogar spezielle Jugend-KZs. Ab 1942 galt schon allein Zugehörigkeit zu einer Clique als Straftat. Aber trotz KZs, trotz zahlreicher Todesurteile und willkürlicher Hinrichtungen nahm die „Cliquen- und Bandenbildung" immer weiter zu, wie es in einem Runderlass des Reichsführers-SS und Chefs der Deutschen Polizei von Ende Oktober 1944 heißt. Selbst mit massenhaftem Terror waren also Gleichschaltung und Anpassung nicht wirklich durchzusetzen. (Vgl. Klönne 1982, S. 263ff.)

Versuche, anstößige Menschen zu Anpassung zwingen zu wollen oder zu vertreiben, ohne sich gleichzeitig für deren Lebensentfaltung und Lebensbewältigung zu interessieren, gehen fast immer schief. Meist lassen sie sich weder zur gewünschten Anpassung zwingen noch effektiv vertreiben, selbst mit Polizeigewalt nicht. Gerade die Polizei ist sogar oft extrem genervt von immer wiederkehrenden entsprechenden Aufträgen. Selbst da, wo man extrem anstößige Menschen für einige Zeit inhaftiert, sind sie dann aber auch irgendwann – meist schlimmer – wieder da (und zwar nicht irgendwo, sondern meist genau da, wo sie vorher waren!).

5.4.2 Zur Realisierung professioneller Qualität trotz unterschiedlichster Außenerwartungen

1. Aktives, konzeptionsgeleitetes Arbeiten – statt re-aktivem Feuerwehrverhalten

Aufsuchende Jugendarbeit wird immer wieder „zum Einschreiten" gerufen, wenn in ihrem Umfeld junge Menschen in einer Weise auffällig werden, die erheblichen Anstoß erregt. Dabei ist zu bedenken, dass erstens anstößiges Verhalten in keiner Weise sachgerecht messbar, sondern sehr subjektiv von den jeweiligen Empfindungen und Deutungsmustern derer abhängig ist, die für sich Grund empfinden, Anstoß zu nehmen! Und zweitens spielt eine sehr große Rolle, wer sich dann damit auch Gehör verschaffen kann – Resonanz findet – mit seiner Anstoßnahme.

In jedem Fall aber geht es dann darum, dass re-agiert wird – wie begründet oder nicht begründet der Anlass im Einzelfall auch sein mag, Anstoß zu nehmen. Ein Großteil der Polizeiarbeit ist so angelegt, nämlich re-aktiv. Und das muss auch so sein, so wichtig polizeiliche Prävention auch ist. Pädagogische Arbeit dagegen richtet sich auf den ganzen Menschen und dessen Entwicklung und Veränderung aus, nicht speziell auf konkrete Ereignisse und Taten, und erst recht nicht speziell auf anstößige Ereignisse und Taten. Soziale Arbeit muss vielmehr ganzheitlich und zukunftsorientiert agierend angelegt sein, konzeptionell ausgerichtet an einem emanzipatorischen Menschenbild und dem Streben nach dessen Entfaltung. Und das ist überhaupt nicht vereinbar mit Erwartungen, aufsuchende Jugendarbeit müsse primär ein kriseninterventionistischer Feuerlöschtrupp sein. Gerade in brandheißen Situationen sind die Möglichkeiten für (sozial-)pädagogische Einmischungen und für entsprechende Lern- und Veränderungsprozesse zumeist besonders schlecht. Das gilt erst recht, wenn dann nicht wenigstens schon auf kontinuierliche Arbeit mit der jeweiligen Zielgruppe aufgebaut werden kann, sondern der nähere Kontakt erst in solch einer Extremsituation hergestellt werden soll. Trotzdem geistern gerade auf kommunaler Ebene immer häufiger Vorstellungen herum, aufsuchende Arbeit als mobiles Einsatzkommando für Befriedungseinsätze an sozialen Brennpunkten vorzuhalten – die dann neben Alarmeinsätzen zusätzlich präventive Maßnahmen an potentiellen Gefahrenherden durchführen soll.

2. *Klärung des Handlungs*bedarfs

Grundlage für die Bestimmung des Handlungsbedarfs in der aufsuchenden Jugendarbeit ist letztlich zunächst immer der gesetzliche Auftrag der Jugendarbeit, zur Förderung der Entwicklung junger Menschen erforderliche Angebote zur Verfügung zu stellen (§11 KJHG). Dieser Auftrag wird je nach Tätigkeitsfeld und Aufgabendefinition ergänzt und konkretisiert durch Vorgaben wie in §13 (Ausgleich von Benachteiligungen durch Jugendsozialarbeit) oder in §27 (Hilfen zur Erziehung). In jedem Falle aber steht die Förderung der Entwicklung junger Menschen im Sinne des §1 im Mittelpunkt.

Sieht man allerdings auf die Entscheidungsgründe, die zur Einrichtung und zur Finanzierung von Projekten aufsuchender Jugendarbeit führen, so stellt sich die Situation meist ganz anders dar. Dann wird der Bedarf ganz anders begründet, nämlich primär oder ausschließlich mit eskalierenden Problemen *mit* jungen Menschen. Dieses Auseinanderklaffen von Bedarfsverständnissen macht es schwer, andererseits aber doppelt notwendig, möglichst genau zu definieren, welchen Handlungsbedarf sich die Pädagoginnen und Pädagogen in dem jeweiligen Projekt aufsuchender Jugendarbeit zu eigen machen – und dabei nicht auf den scheinbar erst einmal einfacheren Weg der Leerformeln oder der unpräzisen Aufgabenauflistungen zu flüchten. Denn das rächt sich meist sehr schnell, spätestens bei den ersten Konflikten oder bei den ersten deutlichen Überforderungssituationen.

3. *Klärung des Handlungs*drucks

Gerade deshalb, weil bei der Feststellung von Handlungsbedarf meist gegensätzliche Erwartungen und Bedarfe im Raume stehen, sind nicht zuletzt auch Abklärungsprozesse notwendig, mit welchem Druck diese eingebracht werden und inwieweit diese möglicherweise fachlich begründbares Handeln von Jugendarbeit erschweren oder gar blockieren. Ganz unterschiedliche Faktoren können dabei eine wichtige Rolle spielen, z.B.:

- In absehbarer Zeit zu erwartende Konflikt- und Risikoeskalationen (für die es nicht ein, sondern mindestens *zwei* Subjekte gibt: auffällige Jugendliche *und* deren Umgebung),
- Ordnungs- und machtpolitische Einmischungen und Vorgaben,
- Desintegrationsrisiken für die Jugendlichen (Risiken der Marginalisierung, Stigmatisierung und Ausgrenzung),
- Einmischungsdruck der Jugendlichen (auf ihre Art),
- Abdriftungsrisiken bei den Jugendlichen (im Sinne von einem Abdriften weg von sozial tragfähigen und sozial verträglichen biographischen Lebenskonzepten, Orientierungs- und Wertemustern).

4. *Klare Festlegung der angebrachten und angestrebten Leistungen*

Ungeheuer weit verbreitet ist in allen Bereichen von Sozialer Arbeit eine Praxis, bei komplexen Problemlagen und Problemzusammenhängen den Anspruch an sich selbst zu stellen, auf alles einzugehen und an allem zu arbeiten – am besten noch gleichzeitig und umfassend. Solche Grundeinstellungen führen fast unweigerlich einerseits zu Diffusität und Beliebigkeit in der Arbeit, andererseits zu permanenten Überforderungs- und Misserfolgsgefühlen. Dabei weiß jeder und jede, dass Menschen sich nie gleichzeitig in verschiedenen Bereichen ändern, sondern dass sie im Gegenteil fast immer ein festes Standbein im Gewohnten und Vertrauten benötigen, um sich in einem Teilbereich Veränderungen vorzunehmen und zuzutrauen. Zum zweiten können selbst die besten Profis nicht alles gleichzeitig machen – und erst recht nicht alles gleichzeitig *gut* machen. Und drittens bedarf längst nicht jeder Problembereich professioneller Einmischung – und schon gar nicht in gleicher Dringlichkeit.

Gerade in der Jugendarbeit ist trotzdem bis heute ein Denken in Pauschalangeboten sehr verbreitet, (deren Kehrseite Pauschal*erwartungen* von außen sind), statt gezielt danach zu fragen, wo z.B. welche der folgenden Leistungen im Moment prioritär – oder auch ausreichend – sind, und in welchem Umfang sie für wichtig gehalten werden:

- (situative) Begleitung (jeweils von einzelnen, von Cliquen und/oder von Szenen),
- (situative) Beratung und Unterstützung,

- Betreuung,
- kontinuierliche Beziehungsarbeit,
- Förderung sozialer Vernetzungen der Jugendlichen,
- intensivere sozialpädagogische Einzelfallhilfe,
- Angebot spezifischer Einzelaktivitäten,
- Angebot von Aktivitätenprogrammen,
- Angebot räumlicher Ressourcen,
- Unterstützung jugendkultureller Entfaltungsprozesse,
- Einmischung in sozialräumliche Selbstaneignungsprozesse von Kindern und Jugendlichen,
- lebensweltliche Einmischungen,
- Interessenvertretung,
- Konfliktberatung,
- Konfliktbegleitung,
- Vernetzung

  usw..

Die klare Festlegung der *eigenen*, aus sozialarbeiterischer Sicht angemessenen Leistungen und Leistungsumfänge schafft im Übrigen auch erst eine fundierte Grundlage für den Umgang mit Leistungsanforderungen von außen. Denn auch nach außen muss Jugendarbeit immer wieder darlegen, was sie will und was sie kann, um gleichzeitig Omnipotenzphantasien fordernder Außenwelten offensiv und selbstbewusst zurückweisen zu können. Und schließlich: Wo es in konkreter Situation als unausweichlich erscheint, auch auf solche Leistungsanforderungen von außen einzugehen, die aus jugendarbeiterischer Sicht eigentlich gar nicht sinnvoll sind, – und das gibt es ja immer wieder – da können diese beiden Richtungen von Leistungsanforderungen wenigstens auseinander gehalten werden. Das wiederum ist die erste und wichtigste Voraussetzung dafür, sich von Leistungsanforderungen von außen jedenfalls nicht vereinnahmen oder instrumentalisieren zu lassen.

5. *Möglichst klare Leistungsvereinbarungen*

Um nicht in dauernden Auseinandersetzungen zwischen Erwartungen und Ansprüchen von außen und eigenen Selbstverständnissen aufgerieben zu werden, sollte aufsuchende Jugendarbeit immer schon aus Eigeninteresse(!) danach streben, möglichst konkrete Leistungsvereinbarungen zu treffen, sei es mit dem Finanzgeber, mit dem Träger oder mit Kooperationspartnern – aber auch mit ihren Adressatinnen und Adressaten. Solche Leistungsvereinbarungen sollten – entgegen der bei allen Seiten vielfach vorhandenen Neigung zu blumigen Leerformeln – möglichst handlungskonkret gefasst sein, also zumindest nach kurz-, mittel- und langfristig zu erbringenden Leistungen zu unterscheiden und überprüfbar sein. Gerade in Zeiten knapper öffentlicher Mittel und oft ungewisser Zukunftsaussichten sollten sie die zu erbringenden Leistungen gleichzeitig möglichst konkret an bestimmte (Gegen-) Leistungen bzw. Leistungsbeiträge von anderer Seite koppeln. Dazu gehören nicht zuletzt auch Vereinbarungen, ab wann welche Leistungen erbracht werden und was geschieht, wenn die andere Seite ihre Verpflichtungen nicht einhält, konkret vor allem, wenn Absprachen und (Ressourcen-)Zusagen nicht eingehalten werden.

Ein anderes Feld von Leistungsvereinbarungen gerät zur Zeit noch seltener in den Blick, nämlich Leistungsvereinbarungen mit anderen Interessierten aus dem jeweiligen sozialräumlichen Handlungsfeld. Vor allem da, wo Kinder und Jugendliche Anstoß erregen und wo deshalb von Jugendarbeit erwartet wird, entsprechende Belastungen „aus der Welt zu schaffen", da können solche Leistungsvereinbarungen nicht nur vielleicht zusätzliche oder unterstützende personelle, materielle oder sozialräumliche Ressourcen erschließen, sondern zwingen auch zum realitätsgerechteren Herunterschrauben von Außenerwartungen und zu deren mitverantwortlicher Einbindung.

6. Konfliktmediation statt Konfliktlösungen anstreben

Eine Leistungserwartung, mit der aufsuchende Jugendarbeit immer wieder konfrontiert wird, verdient ganz besondere Beachtung: die Erwartung nämlich, aufsuchende Jugendarbeit solle Konflikte und Probleme lösen, „aus der Welt schaffen", in die Kinder und Jugendliche mit ihrer Umwelt involviert sind. Denn keine andere Erwartung wird immer wieder so massiv vorgebracht, keine andere wird immer wieder mit so massivem Druck durchzusetzen versucht. Und gleichzeitig ist wohl keine andere Erwartung an aufsuchende Jugendarbeit immer wieder so maßlos überzogen, so unrealistisch und so weltfremd wie die, Jugendarbeit solle die Konflikte und Probleme lösen, die die (Erwachsenen-)gesellschaft (oder jedenfalls immer größere Teile von ihr) mit ihren nachwachsenden Generationen hat. Denn diese Konflikte und Probleme sind schließlich Produkte dieser Gesellschaft, in dieser Gesellschaft entstanden und gewachsen. Und da ist es völlig unrealistisch zu erwarten, sie würden verschwinden, allein, weil man sie nicht will – und nicht, weil ihnen etwas von ihrem Nährboden genommen würde. Wenn solche Konflikte entscheidend von den jeweiligen Bedingungen des Aufwachsens junger Menschen geprägt und getragen sind, dann werden sie auch nicht aufzulösen sein, ohne an den Bedingungen des Aufwachsens etwas zu ändern. Typisch aber ist weithin, dass sich in solchen Konflikten die eine Seite, nämlich die Erwachsenenseite, als unbeteiligt an den Problemen und Konflikten empfindet, geradezu als unschuldige Opfer missratener junger Menschen sieht – die sich aus scheinbar unerklärlichen Gründen ausgerechnet auch noch bei ihnen breit machen. Und dem „muss Einhalt geboten werden" – nicht durch die Betroffenen natürlich, sondern durch die, die angeblich dafür da sind, vor allem Polizei und Soziale Arbeit.

Ein zweites typisches Merkmal für Konflikte zwischen jungen Menschen und ihrer (Erwachsenen-)Umwelt ist, dass die Erwachsenenseite eigentlich fast immer in viel, viel geringerem Maße das Recht von Kindern und Jugendlichen auf eigenen Entfaltung zu akzeptieren bereit ist, als sie es für sich selbstverständlich in Anspruch nimmt. Nicht selten, um nicht zu sagen, vielfach, wird deren Recht reduziert auf ein „Es ist erlaubt, was nicht stört!"[30] Und die Definitionsmacht darüber, was stört, haben natürlich andere in der Hand.

Wo sich Soziale Arbeit, oder spezieller, aufsuchende Jugendarbeit, in diesem Sinne zur Konfliktlösung in die Pflicht nehmen lässt, da hat sie meist sehr schnell verloren. Denn diejenige Konfliktseite, die die Konfliktbewältigung an sie delegiert, erwartet dann selbstverständlich eine 100%-Lösung, also eine Durchsetzung aller ihrer Forderungen und Erwartungen. Und sie erwartet das auch noch „als ihr gutes Recht" und dementsprechend selbstverständlich ohne jede Gegenleistung oder ohne jedes Entgegenkommen ihrerseits. Soziale Arbeit wird dann daran gemessen, ob sie *das* schafft. – Aber nicht nur Druck von außen, sondern auch eigene Selbstverständnisse von parteilicher Arbeit für „ihre" Jugendlichen verleiten viele Jugendarbeiterinnen und Jugendarbeiter immer wieder dazu, sich von anderen instrumentalisieren und einbinden zu lassen. Vielen erscheint es als selbstverständlich, sich immer wieder auf Gespräche, Verhandlungen und Entscheidungen *über* „ihre Jugendlichen" einzulassen. Und vielen erscheint es auch als selbstverständlich, sich in solchen Gesprächen immer wieder verantwortlich machen oder vorwerfen zu lassen, was nicht sie, sondern „ihre Jugendlichen" getan hätten. Allzu selten dagegen wird darauf bestanden, dass sich solche Erwachsenen direkt an die Jugendlichen wenden, denen sie etwas vorwerfen – und sich dazu anzubieten, solche Bemühungen zu begleiten. Das aber wird von jenen meist umso mehr gefürchtet, je schwerwiegender die anstehende Angelegenheit ist bzw. empfunden wird. Und wenn es sich schon nicht ganz vermeiden lässt, solche Gedanken zuzulassen, dann werden meist immer neue Bedingungen dafür formuliert. Da sollen z.B. oft allenfalls einzelne Vertreter der Jugendlichen zu einem Gespräch kommen, und auch nur solche, die bestimmte Voraussetzungen erfüllen und die imstande und bereit sind, sich vorgegebenen Verhaltens- und Kommunikationsregeln anzupassen oder zu unterwerfen. Meist heißt das in der Konsequenz: Die dürfen nur so jemanden schicken, der dann nicht so ist, wie er (normalerweise) ist! Und das klappt meist nicht. Soll es auch meist gar nicht! Aus pädagogischer Sicht wäre es auch wahrscheinlich gar nicht gut, wenn junge Menschen derartige Gesprächsangebote annehmen würden. Denn diese demonstrieren schon im Vorfeld die fehlende Bereitschaft, die andere Seite (in ihrem Anderssein) überhaupt in einem Mindestmaß ernst zu nehmen. Und freiwillig z.B. eine tribunalähnliche Situation zu riskieren oder mitzumachen, das macht wohl kaum je Sinn.

Niemand kann Konflikte bewältigen oder lösen, an denen er oder sie nicht direkt beteiligt ist. Und das trifft für die allermeisten Konflikte und Probleme zu, die Sozialer Arbeit von der Öffentlichkeit zur *Lösung* zugewie-

---

30 – so im Sommer 2002 das Motto einer Plakataktion der Stadt Zürich zur Verbesserung von Ordnung und Sauberkeit im öffentlichen Raum, vor allem an den Flanierufern des Zürich-Sees.

sen werden. Ihr bleibt daher nichts, als sich möglichst konsequent solchen Erwartungen zu verweigern. Die Landesarbeitsgemeinschaft Streetwork/Mobile Jugendarbeit Bayern beschreibt in diesem Sinne Parteilichkeit für junge Menschen in ihren fachlichen Standards sehr apodiktisch als Zuständigkeit „für Probleme, die die AdressatInnen haben und nicht für die Beseitigung der Probleme, die sie verursachen." (Fachliche Standards 2000, S. 5) Das klingt erst einmal sehr einleuchtend, reicht allerdings für die Bewältigung konkreter Problemsituationen meist nicht aus. So haben sich meist längst komplexe Wechselwirkungen entwickelt, die es dann immer schwerer machen, beides eindeutig voneinander zu trennen. Konkreter wäre es, stattdessen zu sagen: Aufsuchende Jugendarbeit tritt anwaltlich, parteilich ein für die Rechte junger Menschen auf Förderung ihrer Entwicklung und auf Erziehung zu einer eigenverantwortlichen und gemeinschaftsfähigen Persönlichkeit (im Sinne des §1 KJHG), was grundlegende Rechte auf gesellschaftliche Teilhabe und sozialräumliche Aneignung von Umwelt voraussetzt. Für die Sicherung entsprechender Rechte anderer Bevölkerungsgruppen ist sie dagegen nicht zuständig. Und erst recht, so ließe sich fortfahren, ist sie nicht bereit, sich dafür einspannen oder instrumentalisieren zu lassen, die beschriebenen Rechte junger Menschen beschneiden zu helfen. In dieser Hinsicht ist eine eindeutige Parteilichkeit gefragt.

Die notwendige Weigerung Sozialer Arbeit, sich bei Problemen zwischen jungen Menschen und ihrer Erwachsenenumwelt die Aufgabe der Konflikt*bewältigung* und Konflikt*lösung* zuschreiben zu lassen, beschränkt ihre Handlungsmöglichkeiten aber dann nicht auf bloßes anwaltliches Engagement und auf die Stärkung der Jugendlichen in der Entfaltung ihrer Interessen. Viel sinnvoller und viel erfolgversprechender ist es stattdessen vielfach, in solchen Zusammenhängen beiden Seiten Konfliktberatung, Konfliktbegleitung und schließlich auch Konfliktmediation anzubieten, soweit beide Seiten prinzipiell dazu bereit sind (oder im Rahmen von Beratungsprozessen dazu bewegt werden könnten), sich in direkter Begegnung mit der Gegenseite um deeskalierende Wege zu bemühen.

Denn Konflikte lassen sich nur abbauen – und erst recht nur dann lösen – wenn *beide* Konfliktseiten sich als Beteiligte sehen und prinzipiell bereit sind, sich mit Deeskalationsbemühungen einzubringen. Wo dagegen eine Seite von solchem Bemühen völlig frei sein will – und damit auch von allen Notwendigkeiten, aufeinander zuzugehen und kompromissfähig zu sein, da kann dieser Part auch bei bestem Willen nicht von Unbeteiligten übernommen werden. Selbst Polizei und Justiz als Ordnungsmacht schaffen das allenfalls sehr begrenzt und partiell, obwohl ihnen dafür etliche Zwangsmittel zur Verfügung stehen. Aber die erweisen sich sehr oft als wenig oder gar nicht geeignet, um Konfliktfelder tatsächlich befrieden zu können. Und Soziale Arbeit mit ihren direkteren und persönlicheren Zugängen zu anstößig wirkenden Gruppierungen schafft das auch bestenfalls selten und sehr begrenzt, obwohl ihre Fachkräfte vielleicht die einzigen sind, die „überhaupt noch an die ran kommen". Aber das heißt noch lange nicht, dass sie ihre Zielgruppen zu allem bewegen könnten, erst recht auffällige und anstößige Zielgruppen nicht. Denn gerade solche Gruppierungen sind oft besonders wenig veränderungsbereit. Und wenn, dann achten sie meist besonders genau und besonders sensibel darauf, ob man ihnen auch ernst nehmend begegnet – und ob sich Veränderungen für sie auch lohnen, rentieren. Und spätestens an dieser Stelle geht dann – ob man will oder nicht – letztlich nichts ohne „die andere Seite", nämlich ohne diejenigen, die sich von dieser Gruppierung in ihren Interessen und Vorstellungen beeinträchtigt und behindert sehen, sich teilweise auch belästigt, bedroht, verängstigt oder auch physisch oder materiell geschädigt sehen – und die das beendet haben wollen.

Das alles sind Situationen, in denen ein Angebot von Konfliktmediation besonders sinnvoll sein kann. Die Rolle der Konfliktmediation ist dabei durchaus vereinbar mit der eben beschriebenen Parteilichkeit. Denn Konfliktmediation sucht nicht Wahrheiten herauszufinden und fällt keine Urteile wie ein Richter; und sie hat auch nicht die Funktion eines Anwalts, der durch einseitiges Agieren alles daran setzen muss, dass die von ihm vertretene Seite gewinnt und die andere verliert. In der Konfliktmediation geht es nicht um Sieger und Verlierer, sondern um die Moderation der Suche beider Konfliktparteien nach Wegen und Möglichkeiten, von denen dann *beide* glauben, dass sie damit in Zukunft besser leben können als mit der gegenwärtigen Situation. Ein Sieg einer Seite dagegen vergiftet eher die Atmosphäre dafür.

Je weniger es inzwischen normal ist, das Konflikte im lebensweltlichen Umfeld von den jeweils Beteiligten unmittelbar angefasst werden, je selbstverständlicher und schneller stattdessen nach Interventionen durch Dritte, vor allem durch Polizei und Justiz sowie durch Eltern, Schule oder Soziale Arbeit gerufen wird, umso mehr wächst gesellschaftlich ein Bedarf an solchen professionellen lebensweltorientierten Mediationsangeboten, also letztlich ein Bedarf an gemeinwesenorientierter Mediation. Konfliktmediation ist allerdings nie zu erzwingen. Und erst recht ist sie nicht vorab auf ein bestimmtes Ergebnis hin zu verpflichten. Die Leistung von Mediation misst sich vielmehr daran, ob sie professionell und kompetent angeboten und eingebracht wird zur Konflikt*bearbeitung*.

In einer mittelgroßen Stadt etwa wurde vor einiger Zeit als gemeinwesenorientiertes Angebot zur Prävention ein ganzes Team von Mediatorinnen und Mediatoren aufgebaut, das beim Präventionsrat angesiedelt ist und dessen Fachkräfte ihre relativ teure Ausbildung weitgehend über das Bund-Länder-Programm „Soziale Stadt" finanziert erhielten. Allgemein zeichnet es sich immer deutlicher ab, dass der Bedarf an gemeinwesenorientierter Mediation wahrscheinlich schon in sehr naher Zukunft ein ganz wichtiges Aufgabenfeld von Sozialer Arbeit schaffen wird, und nicht nur im Zusammenhang mit der Arbeit mit jungen Menschen. Bei der Entwicklung dieses Arbeitsfeldes werden die bisherigen Erfahrungen und Kompetenzen aus der aufsuchenden Jugendarbeit sicherlich eine ganz wichtige Rolle spielen (können) – und auch deren Fachkräfte.

5.4.3 Strategien zur Ergänzung knapper Ressourcen

Aufsuchende Jugendarbeit muss fast überall mit noch viel knapperen Ressourcen arbeiten als beispielsweise die offene Jugendarbeit. Fast schon normal sind Ausstattungen, die in fachlich unvertretbarer Weise unstrittige Mindeststandards für diese Arbeit unterschreiten, wie sie schon 1986 die Bundesarbeitsgemeinschaft der Landesjugendämter formuliert hat. (Siehe dazu ausführlich Kapitel 6.3.1) Umso wichtiger ist es gerade in der aufsuchenden Jugendarbeit, Ressourceneinsatz zu optimieren und vor allem auch *zusätzliche* Ressourcen einzuwerben und zu mobilisieren – etwas, für das es in der Sozialen Arbeit insgesamt immer noch relativ wenig Erfahrungen gibt. Nicht zuletzt die immer wieder aufflackernden Träume von ausgiebigem Sponsoring zeugen davon. Denn tatsächlich erfolgreiches Sponsoring von Aktivitäten in der Sozialen Arbeit ist in Deutschland immer noch relativ selten, und erst recht im Bereich der aufsuchenden Jugendarbeit mit seinen – oft in jeder Hinsicht – für den Markt relativ uninteressanten Zielgruppen (einmal ganz abgesehen davon, dass etliche Fachkräfte sich wohl dagegen verwahren würden, wenn – wie in New York beispielsweise selbstverständlich – ein Jugendtreff großflächig für eine Fastfoodkette wirbt). Selbst das Sponsoring von Fahrzeugen (die dann oft übersät sind mit Werbung) scheint in diesem Bereich von Jugendarbeit noch nicht angekommen zu sein. Daher soll hier auf das Sponsoring auch nicht weiter eingegangen werden. Der Blick geht vielmehr auf solche Möglichkeiten der Ressourcenerweiterung, wie sie sich *speziell* – oder vergleichsweise günstig – im Bereich aufsuchender Arbeit zeigen (wenn auch bislang meist nur in wenigen Einzelfällen erfolgreich eingesetzt oder erprobt).

1. Einfordern von Eigenbeteiligung

Schon die ersten Ansätze Mobiler Jugendarbeit zu Anfang der 1970er Jahre gingen davon aus, dass sich entsprechende Projekte am ehesten dann absichern und im Gemeinwesen verankern ließen, wenn sie dort von möglichst vielen unterschiedlichen Kräften getragen würden. Deshalb wurde danach getrachtet, vor jedem Bau einer Einrichtung einen eigenen Trägerverein zu gründen, dem möglichst viele gesellschaftlich relevante Kräfte aus dem jeweiligen Stadtteil angehören sollten. Damit waren sie letztlich auch alle eingebunden in das Bestreben, zum Gelingen des Vorhabens beizutragen und es z.B. nicht permanent unrealistischen Erwartungen und Ansprüchen von außen auszusetzen. Hier ging es zunächst mehr um immaterielle als direkt um materielle Ressourcen, auch wenn natürlich solch breit verankerte Träger dann auch eher ihre materiellen Interessen einbringen und durchsetzen können.

In anderer Gewichtung finden wir beide Ebenen auch etwa bei Gangway e.V. Berlin, dem heute bundesweit größten Träger aufsuchender Jugendarbeit. Dieser Träger ist Ende der 1990er Jahre dazu übergegangen, nicht mehr in denjenigen Bezirken Berlins seine Teams einzusetzen, in denen die Probleme am größten sind oder wo es „grade mal brennt“, sondern da, wo von anderer Seite, vor allem von den jeweiligen Bezirken her, eine möglichst große Eigenbeteiligung mit eingebracht wird – sei es materieller oder personeller Art. Denn oberster Maßstab für Gangway ist jeweils der möglichst effektive Einsatz eigener knapper Ressourcen. Und zusätzlich soll damit das vermieden werden, was ansonsten allzu viele Projekte der aufsuchenden Arbeit erst einmal lange stark in Anspruch nimmt: Das schier endlose Kämpfen um ein Mindestmaß an Ausstattung, an sozialräumlichen Möglichkeiten und nicht zuletzt an Akzeptanz im Umfeld. Ziel ist, dass jedes Team im Grunde vom ersten Tag an effektiv im Sinne der eigentlichen Zielsetzung arbeiten kann – und sich nicht erst endlos im Vorfeld abmühen muss.

In beiden Beispielen geht es, wie deutlich wurde, nicht nur um Strategien der Ressourcenakquirierung (was das Vorgehen ja allein schon sehr wichtig sein ließe – besonders in den heutigen Zeiten extremer Ressourcenverknappung in allen sozialen Bereichen), sondern es geht gleichzeitig um eine besonders verbindliche Form von Kooperation, und drittens um den Zwang, sich dazu vorab auf zentrale Zielsetzungen und Vorgehensweisen des Vorhabens substantiell zu einigen. Wie oft sind sonst Kooperationen von endlosen Auseinandersetzungen geprägt um die Durchsetzung schier unvereinbar erscheinender Grundauffassungen oder um die Interpretation leerformelhafte Rahmenkonzepte, die jeder anders füllt und die daher Quelle immer neuer Auseinandersetzungen sind?

2. Honorierung von Leistungen für das Umfeld

Erster und wichtigster Ansatzpunkt zur Akquirierung zusätzlicher Ressourcen könnte (und sollte) in Zukunft die Forderung sein, dass Jugendhilfe Leistungen für alle diejenigen, die nach dem KJHG *keinen* Leistungsanspruch haben, nur noch gegen angemessene Gegenleistung erbringt. Wo z.B. eine Wohnungsbaugesellschaft ihre Wohnungen wieder profitabler vermieten kann, weil es in einem Problemstadtteil ruhig geworden ist, wo ein Einkaufszentrum wieder wachsende Umsätze hat, nachdem Randalecliquen nicht mehr stören, wo Bauunternehmen ihre Aufträge zügig abwickeln können, weil nicht mehr Randalecliquen das Gelände für sich beanspruchen und sich zerstörerisch aneignen, all da ist es nicht mehr als recht und billig, von denen auch entsprechende Gegenleistungen zu erwarten. Denn sie gehören ja eindeutig nicht zu denjenigen, denen Leistungen der Jugendhilfe zustehen. Trotzdem sind sie in aller Regel nicht zufällige und unbeabsichtigte Nutznießer von irgendwelchen Nebeneffekten aufsuchender Arbeit, sondern die jeweilige Arbeit war meist gezielt (zumindest auch) auf ein entsprechendes Ergebnis ausgerichtet.

Für Kindergartenplätze beispielsweise muss man heute beträchtliche Summen zahlen, obwohl Kinder ab drei einen Rechtsanspruch auf einen Platz haben. Und wer dort mehr will als die mit Rechtsanspruch abgesicherten vier

Stunden, der muss noch einmal kräftig draufzahlen. Da ist es nicht mehr als Recht, von Außenstehenden die Bezahlung von Jugendhilfeleistungen zu verlangen – und das auch z.B. kommunalpolitisch zu vertreten. Für viele in der Sozialen Arbeit (oder auch in der Kommunalpolitik und der Kommunalverwaltung) erscheint solch eine Überlegung, gar solch ein Anspruch trotzdem geradezu traumtänzerisch unrealistisch. Dabei gibt es längst eine ganze Reihe entsprechender Beispiele, die zeigen, dass solch nüchternes Kalkül Wirtschaftsunternehmen oft gar nicht so abwegig, sondern teils auch naheliegend oder schnell einleuchtend erscheint – oder sogar von ihnen vorgeschlagen wird:

> Schon Ende der 80er Jahre machte in Fachkreisen die Geschichte eines Kaufhauses in einer sauerländischen Kleinstadt die Runde, vor dem sich seit langem eine sehr anstößig wirkende Szene traf, gegen die sich auch die Polizei relativ machtlos fühlte. Schließlich bot das Kaufhaus zwei Hinterräume für ein Betreuungsprojekt mit dieser Szene an, unter der Voraussetzung, dass die Stadt dafür zwei Personalstellen finanziere. Sehr schnell schon konnte über dieses Angebot eine entscheidende Deeskalation erreicht werden.

Inzwischen wurden in verschiedenen Orten Jugendeinrichtungen auch direkt in Einkaufszentren eingebaut und von diesen mitfinanziert, die stationäre und aufsuchende Arbeit leisten. Dass das allerdings nicht nur neue Möglichkeiten, sondern auch problematische Abhängigkeiten schafft, liegt auf der Hand, angefangen bei der Ausrichtung von Öffnungszeiten an Ladenöffnungszeiten. Noch häufiger scheinen längst unterschiedliche Formen von Kooperationen mit Wohnungsbaugesellschaften zu sein, vor allem in sogenannten Problemgebieten und dort, wo aus Sicht der Wohnungsbaugesellschaften Zerstörungen und große Leerstände zu neuen Wegen drängen.

Solche Kooperationen können oft daran anknüpfen, dass etliche Wohnungsbaugesellschaften seit Jahrzehnten schon in großen Wohnkomplexen einzelne Räume für Feiern oder auch als regelmäßige Treffpunkte zur Verfügung stellen, sei es auf der Basis bestimmter Ordnungen und entsprechender Vereinbarungen mit – erwachsenen oder jugendlichen – Nutzervertretern, oder sei es z.B. zur verantwortlichen Nutzung durch einen Träger Sozialer Arbeit. In etlichen Einzelfällen gehen entsprechende Angebote inzwischen aber auch viel weiter: Da werden auch schon mal ganze Wohnungen für Betreuungsprojekte für Kinder und Jugendliche oder als Treff für Mütter mit Kleinkindern angeboten, oder die Finanzierung von Honorarkräften, von Ausstattungen und von bestimmten Aktivitätenangeboten, ja, in einigen Fällen sogar Teil- oder Gesamtfinanzierungen von hauptamtlichem Personal. In aller Regel steht dahinter natürlich nicht ein selbstloser Gemeinsinn von Unternehmen, sondern nüchternes kaufmännisches Kalkül, dass sich solche Investitionen letztlich für das Unternehmen gut rentieren werden.

Auch bei Verkehrsbetrieben gibt es entsprechende Chancen:

> Die Bremer Straßenbahn-AG beschäftigt als erstes entsprechendes Verkehrsunternehmen in Deutschland schon seit mehreren Jahren eine Sozialarbeiterin, die vor allem zwei Aufgaben hat: aufsuchende deeskalierende Jugendarbeit mit auffälligen Ju-

gendcliquen an einigen besonders problematischen Endhaltestellen zu leisten und zweitens das Fahrpersonal für die Deeskalation von Konfliktsituationen im Alltagsbetrieb von Bus und Bahn zu qualifizieren. Auch diese Investition scheint sich durchaus zu rechnen. Und so ist aus dem befristeten Projekt inzwischen eine feste Stelle geworden.

Einige Verkehrsbetriebe haben auch längst Erfahrungen damit gesammelt, nicht nur mit Strafverfolgung und Schadenersatzklagen auf ihre Probleme mit Sprayern zu reagieren. Der Übergang vom Angebot legaler Sprayflächen zu Angeboten aufsuchender Begleitung und Beratung im Sinne von Jugendhilfe ist dabei oft sehr fließend. Und eingesetzt werden dazu denn auch nicht selten pädagogische Fachkräfte – auf welcher arbeitsvertraglichen Basis auch immer.

Solche sich häufenden Beispiele deuten darauf hin, dass Wirtschaftsunternehmen eher leichter zugänglich sind für Forderungen, sich an der Finanzierung von Leistungen der Jugendhilfe mit zu beteiligen, wenn sie davon profitieren – vor allem dann, wenn sie damit vor Ort leichter ihre Kundschaft gewinnen oder halten können. In solchen Kreisen heißt es viel seltener in Vollkaskomentalität: „Wofür zahlen wir denn Steuern?“ – eine Position, mit der aus dem Wohnumfeld von Projekten aufsuchender Arbeit sonst immer wieder selbstverständlich erwartet und verlangt wird, dass „der Staat“ für sie das gewünschte Maß an Ruhe und Ordnung durchsetze.

Letztlich dürfen in diesem Zusammenhang auch kommerzielle Freizeitangebote nicht unbeachtet bleiben. In diesem Feld sind die Fußballfanprojekte bei Profi-Clubs die bekanntesten. Diese spielen für die Fußballvereine und -verbände längst eine ganz wichtige Rolle im Spektrum ihrer Sicherheitsmaßnahmen – wenn auch oft nicht so, wie die Fanprojekte das selbst für richtig und notwendig halten würden. Für den Erfolg des kommerziellen Profifußballs wird deren Beitrag als so wichtig eingeschätzt, dass vor einigen Jahren ein Drittelmodell zu deren Finanzierung vereinbart wurde: jeweils ein Drittel vom Deutschen Fußballbund (DFB), vom jeweiligen Profi-Verein und von der jeweiligen Kommune.

Gerade im Bereich sportlicher Aktivitäten und von Jugendszenen, die sich über bestimmte Sportaktivitäten definieren, gibt es inzwischen auch häufiger Mitfinanzierungen durch Sponsoring, etwa für Skater oder für Streetball. Graffitiprojekten gelingt es sogar gelegentlich, neben Sponsoring auch direkte Aufträge einzuwerben. Und vor allem in der Techno-Szene finanzieren Veranstalter inzwischen häufiger auch sekundärpräventive Drogenarbeit mit.

3. *Erschließung neuer (sozial-)räumlicher Ressourcen*

An anderer Stelle (vgl. Kapitel 5.2) wurde bereits ausführlich auf den Mangel an Räumen und Territorien hingewiesen, an denen sich junge Menschen ungehindert aufhalten können. Daher gehört die (Wieder-)Aneignung von Umwelt zu den ganz zentralen Bereichen, mit denen es aufsuchende Jugendarbeit zu tun hat. Denn:

- Ein ganz wesentlicher Teil jugendlichen, zumal jugendkulturell geprägten Alltags dreht sich um die tätige Aneignung von Umwelt. Und das ist auch das Feld, in dem immer wieder die meisten Freizeitkonflikte anfallen. Aufsuchende Jugendarbeit hat sich daher gerade in solche Prozesse begleitend und beratend einzubringen – ohne sie allerdings pädagogisch vereinnahmen oder ordnungspolitisch eindämmen zu wollen.
- Da für junge Menschen der Spielraum zwischen „sich privat zurückziehen“ und „Anstoß erregen“ immer kleiner wird, muss ein wachsender Anteil lebensweltlicher Einmischungen von Jugendarbeit darin bestehen, sich in Einmischungen der Jugendlichen selbst in deren Lebenswelten einzumischen. Und die machen immer wieder die Erfahrung: Mit Anträgen, Bitten, Appellen oder mit sachlichen Argumenten ist man meist sehr hilflos und ohnmächtig, während man sich mit Randale und anstößigem Verhalten oft sehr schnell Respekt verschafft. Solange dieser Weg immer wieder mehr Erfolg verspricht, wirkt er wie ein geheimer Lehrplan. Und aufsuchende Jugendarbeit ist immer wieder aufgefordert, solche Zusammenhänge in konkreten Abläufen durchschaubar zu machen.
- Viele Konflikte und Konflikteskalationen zwischen Gleichaltrigengruppierungen haben eine ganz zentrale Ursache in dem wachsenden Mangel an attraktiven Treffpunkten insgesamt, die von der Umwelt akzeptiert werden und die somit stressarm zu nutzen sind. Entsprechend eskalieren um solche Treffpunkte oft Konkurrenzkämpfe und konfliktträchtige territoriale Aneignungen. Territorialkämpfe sind immer wieder dort besonders heftig, bis in die amerikanischen Gettos hinein, wo sie von besonders marginalisierten Gruppen ausgehen, die genau deshalb eines unbedingten Rückhalts im eigenen territorialen Milieu zu bedürfen meinen – und das sicherlich nicht ohne Grund.
- Jugendarbeit darf sich nicht für die Vertreibung von anstößigen Jugendlichen instrumentalisieren lassen, sondern nur dann bei Bemühungen um deeskalierende *Verlagerungen* gegenwärtiger Treffpunkte mitmachen, wenn darüber Konsens besteht,
  - dass damit unterm Strich keine weitere Reduzierung von Treffpunkten junger Menschen erfolgt,
  - dass mögliche Alternativen immer auch von den betroffenen Jugendlichen als annehmbar empfunden werden müssen,
  - dass solche Alternativen immer das Recht sichern müssen, unter sich zu sein, wenn man das will.

Allzu oft wird aber unterschätzt, dass auch Cliquen ein „Zuhause“ brauchen, um Fremdes attraktiv zu finden und offen für Fremdes sein zu können, für die Begegnung mit anderen. Immer wieder vorgebrachte Erwartungen, junge Menschen sollten sich gefälligst erst einmal bereit und imstande zeigen, sich mit anderen Gleichaltrigen zu arrangieren, wenn sie Angebote von Jugendhilfe in Anspruch nehmen (oder wenn sie ganz einfach einen akzeptierten Ort in ihrer Lebenswelt haben wollen), gehen an der Wirklichkeit vorbei. Denn nur, wer sich entfalten kann und wer weiß, wer er ist, kann sich auch zurücknehmen und sich arrangieren.

Im Alltag von aufsuchender Jugendarbeit gibt es trotz allem vielfältigste Möglichkeiten, zusätzliche soziale Räume und Territorien für junge Menschen zu erschließen oder besser nutzbar zu machen. Einige Beispiele dazu:

- Seit den 80er Jahren bereits gibt es das Bochumer Hüttenmodell als Grundlage der Streetworkarbeit dort (vgl. z.B. Krause 1992). Dieses Modell setzt darauf, dass jeweils einzelne Szenen eine Kleinsteinrichtung selbst verwalten und dabei gelegentlich professionell beraten und unterstützt werden. Grundlage ist das Prinzip, dass Träger einer solchen Einrichtung jeweils eine Szene ist, also ein selbstgeschaffener sozialer Zusammenhang von Leuten, die in gleicher oder ähnlicher jugendkultureller Weise ihre Entwicklung und Entfaltung angehen. Zeitweise gab es auf dem Stadtgebiet über dreißig solcher Kleinsteinrichtungen.
- Bundesweit hat sich das Anbieten von Hütten, Buden oder Bauwagen als selbstorganisierte Treffpunkte für Cliquen und/oder als Orte von pädagogischer Cliquenbetreuung inzwischen so sehr ausgebreitet, dass beim Landkreistag Baden-Württemberg dazu sogar vor einigen Jahren eine entsprechende Arbeitshilfebroschüre erschien. (Hütten, Buden, Bauwagen 1998)[31]
- In verschiedenen ländlichen oder kleinstädtischen Regionen, aber in Einzelfällen auch in Großstädten, wurden Busprojekte realisiert, deren Grundprinzip meist darin besteht, zu einem festen Termin ein- bis zweimal wöchentlich (oder auch nur alle zwei oder drei Wochen einmal) einen festen Standort anzufahren, um dann den Bus als Treffpunkt, für Kontakt-, Beratungs- und Beziehungsangebote und/oder für Aktivitätenangebote zur Verfügung zu stellen.
- Im ländlichen Raum findet sich daneben auch das Muster, für einige Wochen durchgängig einen Bus oder einen Bauwagen zur Verfügung zu stellen, teilweise mit Personal, um in dieser Intensivphase gezielt Selbstorganisationsansätze vor Ort aufzubauen oder zu fördern.
- In einem vorwiegend von Aussiedlern bewohnten Stadtteil Pforzheims wurde Ende der 90er Jahre der Versuch gemacht, in Kooperation mit der Jugendberufshilfe eine Reihe von Cliquen-Unterständen zu bauen. Dafür wurden attraktive, aber gleichzeitig weniger konfliktträchtige Standorte gesucht. Außerdem wurde auf Dezentralisierung gesetzt, damit jede Clique unter sich sein kann, wenn sie will – und dazu nicht in Konkurrenzkämpfe einsteigen muss.
- Auch mit Umbaumaßnahmen in herkömmlichen Jugendfreizeiteinrichtungen werden immer wieder Voraussetzungen für den Start aufsuchen-

---

31 Allerdings häufen sich inzwischen auch Fälle, in denen sich der Verdacht aufdrängt, dass in dem ein oder anderen Fall damit nur möglichst kostengünstig besonders auffällige Cliquen aus dem Blickfeld verschwinden sollen, um sich darum dann nicht mehr kümmern zu müssen.

der Angebote geschaffen. So schuf etwa ein Jugendzentrum durch den Einbau einer zusätzlichen Außentür die Voraussetzung dafür, einer mit den Stammnutzern des Hauses eher verfeindeten Gruppe auch ein räumliches Angebot machen zu können, ohne dass diese dabei den anderen über den Weg laufen oder deren Territorium dabei durchqueren musste. Und da erst war sie interessiert, das Angebot anzunehmen.

4. Reaktivierung brachliegender materieller Ressourcen

Gerade in Zeiten besonders knapper Ressourcen ist auch die Frage sehr wichtig, wo vielleicht noch ungenutzte Ressourcen für die Jugendarbeit ausfindig zu machen wären. So stieß ein norddeutsches Projekt aufsuchender Arbeit darauf, dass in ihrem Einzugsgebiet u.a. sämtliche Kirchengemeinden einen Jugendraum, Jugendkeller o.ä. besaßen, der aber tatsächlich nirgendwo mehr als solcher genutzt wurde. Einmal waren die Jugendlichen zu laut gewesen – und man hatte den Raum dann an einen Posaunenenchor vergeben. In einem anderen Fall wurde bei den jugendlichen Nutzern das erwartete Nachwuchsengagement in der Kirche vermisst. In einem dritten Fall fand sich niemand mehr, der die pädagogische Leitung übernommen hätte.

Ähnliche Beispiele gibt es sicherlich massenhaft. Denn es ist davon auszugehen, dass sich praktisch jede Kirchengemeinde einmal bauliche Investitionen für die Jugendarbeit fördern ließ, und ebenso viele andere Organisationen, Verbände und Institutionen, bis hin zu Gewerkschaften oder Freiwilligen Feuerwehren. Oft waren solche öffentlichen Zuwendungen nur an kurzzeitige Zweckbindungen gekoppelt (z.B. in Niedersachsen lange Zeit nur für 5 Jahre). So wundert es nicht, wenn z.B. ein niedersächsischer Kreisjugendpfleger erzählt, dass die allermeisten für Jugendarbeit finanzierten Räume in seinem Tätigkeitsbereich längst nicht mehr für Jugendarbeit zur Verfügung stünden – und dass es anderswo auch wohl nicht besser aussehe. Formal ist das den Eignern der entsprechenden Gebäude natürlich nicht vorzuwerfen, wenn die Zeckbindungsvorschriften das zuließen. Sie *moralisch* aber in die Pflicht zu nehmen (möglicherweise auch in der lokalen Öffentlichkeit), diese Ressourcen wieder der Jugendarbeit zugänglich zu machen, das ist etwas ganz anderes.

Besonders wirksam ist dann natürlich, entsprechende Aufforderungen mit Unterstützungsangeboten zu koppeln, um Gründe aus dem Weg zu räumen, die bislang – tatsächlich oder vorgeblich – entsprechende Nutzungen verhinderten. In dem eingangs geschilderten Fall etwa gelang es innerhalb eines Jahres, alle aufgespürten zweckentfremdeten Räumlichkeiten wieder für Jugendarbeit nutzbar zu machen, sei es durch Einwerbung von Honorarmitteln für Personal, durch die Zusammenarbeit eines kirchlichen Mitarbeiters und eines Streetworkers, durch eine Gastnutzung durch einen Träger aufsuchender Jugendarbeit oder durch alltagsbegleitende Praxisberatung kirchlicher Mitarbeiter durch einen Träger aufsuchender Jugendarbeit. Und die beteiligten Kirchengemeinden schätzen an diesen Kooperationen inzwischen, dass sie dadurch für die Menschen in ihrem Umfeld wieder präsenter sind und wieder leichter Zugang zu ihnen finden – sich also auch für sie diese Öffnung „gelohnt“ hat.

5. Aktivierung des sozialen Umfeldes und Milieus

Von nicht zu unterschätzender Bedeutung für die Ressourcenerweiterung und Ressourcenergänzung sind – über solche speziellen Vorhaben hinaus – Aktivierungen des sozialen Umfeldes und Milieus. Lothar Böhnisch schreibt schon 1994 dazu: „Straßensozialarbeit und mobile Jugendarbeit (sind) von ihrem sozialräumlichen Ansatz her jene offenen Erfahrungsbereiche der Sozialarbeit, in denen wir gelernt haben, wie Milieupädagogik im gesellschaftlichen Feld funktionieren kann und wie nicht“, (Böhnisch 1994, S. 212) in einer Zeit, in der Milieus und Lebensstile immer mehr als „neue“ systemintegrative Muster neben herkömmliche systemintegrative Zentren (wie Schule, Erwerbsarbeit usw.) treten – und gerade für Desintegrierte immer mehr in den Mittelpunkt rücken (ebd., S. 204f.). Dabei ist natürlich zu bedenken, dass jene sozialen Milieus, die unter besonderem Druck stehen, leicht die Tendenz haben, sich regressiv, ethnozentrisch, sowie hin zu Ohnmacht und Apathie zu entwickeln. (S. 232)

In der aufsuchenden Jugendarbeit geht es allerdings nicht nur darum, produktivere Alternativen dafür zu entfalten, sondern insgesamt, vorhandene Kompetenzen und Handlungsbereitschaften aktivieren zu wollen. Dabei geht es einmal um erwachsene Unterstützungsmilieus und um Erwachsene in den informellen sozialen Netzwerken von Zielgruppen aufsuchender Arbeit. Schon klassisch sind die Beispiele von Hausmeistern, Nachbarn, kleiner Gewerbetreibender oder auch Rentnern, die Cliquen Treffmöglichkeiten einräumen und sich für sie interessieren oder auch die ein oder andere Gefälligkeit für sie leisten, vom Schlüsselwart über situative Unterstützungen bis zur Abfederung von Konflikten mit anderen Erwachsenen. Gerade solch informelle Unterstützernetze können vieles ergänzen, wenn die jeweiligen Kinder und Jugendlichen ansonsten in ihrem Umfeld zu wenig Akzeptanz erfahren, um überhaupt angemessenes Gehör zu finden oder in ihrer Anwesenheit geduldet zu werden – oder wenn diese sich mit Selbstorganisationsbestrebungen partiell oder punktuell überfordert sehen. Nicht selten sind es kleine private Initiativen, die erhebliche Deeskalationsprozesse in Gang setzen können, wie z.B. direkt getroffene Absprachen von Regeln zum Aufenthalt einer Punkerszene vor einem Geschäft, das Aufstellen einer Mülltonne dort, oder Angebote zur Toilettennutzung in einem Gewerbebetrieb, vor dem sich ein informeller Treff entwickelt hatte – alles für sich genommen vermeintlich kleine Dinge, die aber nicht selten erhebliches zu bewegen vermögen.

Cliquenorientierte Arbeit, wie sie im Kapitel 4 ausführlich dargestellt wurde, beinhaltet immer auch eine Aktivierung und Qualifizierung des engen Milieuumfeldes. Trotzdem wird bislang die Möglichkeit noch relativ selten gezielt gesucht, über die Arbeit mit einer Clique auch multiplikatorisch in deren größeres jugendszenisches Umfeld hinein wirken zu können. Wenn an multiplikatorische Effekte gedacht wird, dann meist in der ziemlich unrealistischen Erwartung, damit beispielhaft auf alle Gleichaltrigen im räumlichen Umfeld auszustrahlen – ohne zu unterscheiden, wer dort ähnlichen Lebensstilen zugeneigt ist und damit nahe steht – und wer nicht.

6. *Aktivierung von Bündnispartnern und Unterstützern*

Weil aufsuchende Jugendarbeit meist schlecht ausgestattet und abgesichert ist, ist sie in besonderer Weise auf Unterstützer und Bündnispartner angewiesen. Gerade angesehene und einflussreiche Unterstützer können oft viel bewirken zur Anerkennung der geleisteten Arbeit, zu deren Absicherung und Verbesserung. Immer wieder erleben Projekte aufsuchender Jugendarbeit, dass sie vor Ort große Schwierigkeiten haben oder in ihrer Effektivität heftig umstritten sind – bis dass vielleicht von kompetenter und/oder einflussreicher Seite von außen solch eine Hochschätzung und Anerkennung der geleisteten Arbeit erfolgt, dass sie bis in den lokalen Alltag hineinstrahlt.

Bei der Suche nach Bündnispartnern oder Unterstützern wird oft übersehen, darauf zu achten, wie diese selbst vielleicht auch von der geleisteten Arbeit mit profitieren können, sich also auch für jene Bündnisse und Unterstützungen „auszahlen" können. Das heißt nicht zuletzt auch, Arbeitsschwerpunkte dort zu setzen, wo ein Kontext von Bündnispartnern und Unterstützern am ehesten effektives Arbeiten verspricht.

Insbesondere in der Arbeit mit rechtsextremistischen Jugendlichen, zumal in Regionen mit unübersehbarem rechten und rechtspopulistischen Mainstream in der Mitte der Bevölkerung, hat es sich immer wieder als außerordentlich hilfreich erwiesen, wenn es gelingt, örtlich relevante und angesehene Leitbilder und Meinungsmacher dafür zu gewinnen, offensiv zivilgesellschaftliche und humane Grundwerte hochzuhalten und konsequent entsprechendes Verhalten einzufordern. Das bekannteste Beispiel ist sicherlich der gegenwärtige Bundestagspräsident Wolfgang Thierse, dem die Nutzung seines Amtes für die Bekämpfung des Rechtsextremismus ein ganz wichtiges persönliches Anliegen ist. Thierse hat sich immer wieder gezielt in solchen Orten eingemischt, z.B. mit Besuchen, in denen der Rechtsextremismus besonders stark Fuß gefasst hatte und in denen es folglich alle zivilgesellschaftlichen Aktivitäten besonders schwer haben. In einer Reihe von Orten hat er mit seinen Besuchen z.B. erreicht, fortan plurale Angebotsstrukturen vor Ort abzusichern, die scheinbare Selbstverständlichkeit von Fremdenfeindlichkeit und anderen Affinitäten zu rechtsextremistischen Orientierungsmustern aufzubrechen und Nährböden rechtsextremistischer Entwicklungen wegzugraben. Weithin bekannt ist auch das Beispiel eines großen Stahlwerkes in Eisenhüttenstadt, in dem die Leitung offensiv gegen Fremdenfeindlichkeit im Betrieb und unter Betriebsangehörigen vorgeht und in der Gestaltung von Betriebsabläufen von einer Bereicherung durch Vielfalt ausgeht.

5.4.4 Abbau von Unzuständigkeitsstrategien hochspezialisierter Jugendhilfe

Junge Menschen wachsen heute in einer Realität auf, in der die gesellschaftlich herrschenden Vorstellungen über Lebenswege und Lebenskonzepte längst von der Realität überholt sind, weil die einstmals als so selbstverständlich geltenden Fahrpläne durchs Leben ihre Gültigkeit verloren haben, es anderseits aber auch keine anderen halbwegs zuverlässigen neuen gibt. Längst hat sich zudem in vielerlei Hinsicht eine Entstrukturierung der Jugendphase vollzogen. Junge Menschen stehen heute, ganz anders als noch vor 30 Jahren, vor der schwierigen Aufgabe, das eigene Leben zu entfalten und zu bewältigen unter Bedingungen, die in vielerlei Hinsicht unüberschaubar und vor allem auch oft wenig kalkulierbar sind, in denen nicht klare Optionen Orientierung bieten, sondern Suchen-Lernen, Zukunft-Ersinnen-Lernen unter Bedingungen der Ungewissheit und des Nicht-Wissens kennzeichnend sind. Für den Umgang mit diesen veränderten Bedingungen des Aufwachsens wurde der Begriff der Lebensbewältigung zu einem Schlüsselbegriff:

Lebensbewältigung
heißt:

Handlungskompetenzen und Entscheidungsstrategien zur Lebensentfaltung entwickeln

unter Bedingungen der *Ungewissheit*, des *Nicht-Wissens*.

Die gesamten gesellschaftlichen Systeme zur Förderung der Entwicklung junger Menschen weisen aber bis heute teils sehr differenzierte, funktional definierte Aufgabenteilungen auf. Solche funktionalen Aufgabenteilungen mit ihren jeweiligen Eigenwelten finden sich einmal zwischen Familien (als strukturell immer mehr überforderten Aufgaben- und Verantwortungsträgern), den Kindergärten (als faktisch nach wie vor primären Betreuungs-, nicht Lerneinrichtungen), den Schulen (als Zwangssystemen für Bildung und Selektion), der (faktisch als ergänzende Leistung gestalteten) Jugendhilfe und – nicht zuletzt – der für Jugendliche längst immer zentraler gewordenen Arbeitsverwaltung (die sich ihrerseits primär den vorgeblichen wirtschaftlichen Prämissen des Arbeitsmarktes gegenüber verpflichtet fühlt). Und innerhalb der Jugendhilfe selbst haben wir ein so ausdifferenziertes System von Spezialisierungen und Aufgabenverteilungen, dass diese selbst von vielen gestandenen Fachkräften nicht – oder nicht mehr – überschaut werden. Die Frage „Wer ist zuständig?“ wird in diesem System ganz leicht viel entscheidender als die: „Was müsste hier getan werden?“ – zumal in Zeiten knapper Kassen, in denen das Zurückweisen von Zuständigkeiten immer öfter zu einer geheimen Schlüsselkompetenz wird.

Solch funktionale Aufgabenteilungen und Spezialisierungen waren vielleicht einmal angemessen in Zeiten, in denen auch Lebenszusammenhänge und Lebenswege junger Menschen relativ klar und stabil strukturiert schienen (tatsächlich waren sie das wohl nie, jedenfalls nicht so!). Wo biographische Lebenskonzepte aber nicht mehr versäult – nach klaren Regeln sich ergänzend oder aufeinander aufbauend – entfaltet werden können, da gehen versäulte, hochspezialisierte Hilfeangebote mit klaren Aufgabentrennungen zunehmend an den Lebenslagen der Adressatinnen und Adressaten vorbei – mit allen daraus folgenden Konsequenzen. Eine Studie des Deutschen Jugendinstituts über sogenannte Straßenkinder kam 1998 zu dem Ergebnis, dass ungefähr die Hälfte von ihnen nicht wegen fehlender, sondern wegen falscher, kontraproduktiver Leistungen von Jugendhilfe auf der Straße gelandet sei. (Permien/Zink 1998, S. 132ff. u. S. 350ff.) Längst schlagen die tradierten Versäulungen in der Jugendhilfe immer mehr dahin um, dass ihre primären Adressatinnen und Adressaten entweder zwischen diesen Säulen (und deren Zuständigkeitsstreitereien) verloren gehen oder ihr persönlicher Bedarf an Leistungen der Jugendhilfe für die Stein gewordenen Angebotsmuster herkömmlicher Jugendhilfe teilweise bis zur Unkenntlichkeit zurechtgestutzt und umdefiniert wird. So scheint es den meisten als völlig selbstverständlich, dass die Förderung all jener jungen Menschen, deren einziges Problem ist, dass es heute viel zu wenige berufliche Ausbildungs- und Erwerbsmöglichkeiten gibt, erst dann einsetzen kann, wenn sie sich erst einmal (nach §13 KJHG) als Benachteiligte haben stigmatisieren lassen – mit allen zusätzlichen Gefährdungen von Zukunftschancen, die das für sie letztendlich haben kann, möglicherweise für die gesamte zukünftige berufliche Laufbahn. So etwas ist etwa zu befürchten, wenn eine Jugendliche vom Arbeitsamt bedrängt wird zuzustimmen, sich als lernbehindert einstufen zu lassen, weil man nur dann etwas für sie tun könne. Genau solch eine Situation präsentiert das Deutsche Jugendinstitut unkommentiert in einem Film als Teil eines preisgekrönten Praxismodells im Wettbewerb „Fit für Leben und Arbeit" des Bundesministeriums für Familie, Senioren, Frauen und Jugend.[32]

Aufsuchende Jugendarbeit, überhaupt aufsuchende Angebote in der Jugendhilfe, sind letztlich die deutlichste Antwort des Systems der Jugendhilfe auf das wachsende Paradox zwischen entstrukturierten Biographieverläufen und hochdifferenziert strukturierten Hilfeleistungen. Aufsuchende Angebote stellen allerdings bislang zumeist das immer schwerer legitimierbare tradierte versäulte System der Jugendhilfe nicht unmittelbar in Frage, sondern ergänzen es eher additiv – vor allem, wenn man sich die Praxis vielerorts ansieht. Aufsuchende Arbeit steht damit allerdings auch in der Gefahr, letztlich bremsend hinsichtlich überfälliger Reformen des Jugendhilfesystems insgesamt zu wirken, während sie andererseits ja solche Reformen vorantreibt. Die bis heute zumeist strikt vollzogene und durchgehaltene Trennung zwischen ein-

32 Fit für Leben und Arbeit. Videodokumentation von Irene Langemann. Hrsg.: Deutsches Jugendinstitut (DJI) München 2000

richtungszentrierten Angeboten in der offenen Jugendarbeit einerseits und andererseits der aufsuchenden Jugendarbeit demonstriert jenen bremsenden Effekt auf – fachlich gesehen – engstem Raum.

Wenn aufsuchende Jugendarbeit ihren Ansprüchen gerecht werden will, dann darf sie sich aber nicht entsprechend instrumentalisieren und funktionalisieren lassen, sondern dann muss sie auch darauf zielen, die tradierten Versäulungen des Jugendhilfesystems zu überwinden. Einige vielversprechende Ansätze gab es dazu vor allem kurz nach der Wende in Ostdeutschland, wo sich teilweise auf lokaler Ebene erst einmal auch eigenständige unkonventionelle, aber den konkreten Problemlagen und Problemzusammenhängen möglichst angemessene Vorstellungen der Strukturierung von Jugendhilfe entwickelten. Kristallisationspunkt solcher Bestrebungen war dafür die Bezeichnung „offene Jugendhilfe". Dahinter stand die Idee einer ressortübergreifenden Jugendhilfe, bei der die Person im Mittelpunkt steht und sich nicht alles um Zuständigkeiten dreht. Diese Idee ist aber längst wieder in den Hintergrund geraten, von wenigen Ausnahmen abgesehen. Vermehrt taucht sie allerdings in allerletzter Zeit insbesondere wieder auf für die Arbeit mit solchen jungen Menschen, an die man sonst überhaupt nicht mehr ran kommt, insbesondere in Schulverweigererprojekten mit ihren integrierten, lebenspraktisch ausgerichteten Ansätzen. Aber warum, ist natürlich zu fragen, müssen junge Menschen sich erst praktisch allen gesellschaftlichen Förderungs- und Integrationsangeboten entziehen und verweigern, ehe die Gesellschaft dazu kommt, ihnen – erstmals in ihrem Leben – pädagogisch hochwertige Angebote zu machen?

In diesem Zusammenhang ist wichtig, noch einmal darauf hinzuweisen, dass aufsuchende Arbeit nicht ein Spezifikum eines relativ neu entstandenen Flügels von Jugendarbeit ist. Aufsuchende Arbeit hat vielmehr immer schon zu etlichen Bereichen Sozialer Arbeit dazu gehört und ist in jüngerer Zeit auch in einigen weiteren Feldern der Jugendhilfe „entdeckt" und vermehrt entfaltet worden. Die Anfänge der Geschichte der Sozialen Arbeit im 19. und frühen 20.Jahrhundert sind zu erheblichen Teilen geradezu geprägt von aufsuchender Arbeit ehrenamtlich tätiger Frauen. Familienunterstützende Leistungen der Sozialämter und der Jugendämter beinhalteten immer schon Hausbesuche und andere aufsuchende Elemente, ebenso erzieherische Hilfen, Maßnahmen zum Schutz von Kindern und Jugendlichen oder der Bereich von Fremdunterbringungen. Und der Schutz der Jugend in der Öffentlichkeit, der Jugendschutz, hat seit jeher sogar ganz wesentlich auf aufsuchende Arbeit gesetzt, insbesondere an „gefährdenden Orten". Auch in der Geschichte von Jugendarbeit finden sich viele aufsuchende Anteile, beispielsweise in den frühen Phasen der bürgerlichen Jugendbewegung und der Arbeiterjugendbewegung. Kaum beachtet sind bis heute auch spezifische Erfahrungen und Ansätze von Jugendarbeit in kleinstädtischen und in ländlichen Bereichen, die u.a. immer schon aufsuchende Elemente mit beinhalteten.

Auch als sozialpädagogisch begründete und entfaltete *Methode* gibt es aufsuchende Jugendarbeit – jedenfalls in Ansätzen – in (West-)deutschland schon seit den 60er Jahren. C. Wolfgang Müller und der kurz danach gestorbene Peter Nimmermann veröffentlichten bereits 1968 ihre Erfahrungen aus der Jugendclubarbeit mit gewaltauffälligen Jugendlichen. (Müller/Nimmermann 1968) Und die 1976 erstmals detailliert veröffentlichten Erfahrungen von Kraußlach u.a. über ihre langjährige Rockerarbeit können bis heute zur Standardliteratur über Jugendarbeit mit gewaltauffälligen Jugendlichen gezählt werden. (Kraußlach u.a. 1976; 1981)[33] Auch während der ersten Boomphase von Gemeinwesenarbeit zu Anfang der 70er Jahre (mit ihren Orientierungen auf politisch motivierte Randgruppenstrategien) wurden etliche bis heute relevante sozialräumliche Aspekte des Aufsuchens im Gemeinwesen entwickelt. Schon erwähnt wurde schließlich die Mobile Jugendarbeit in Stuttgart, die 1970 begonnen wurde und die als erste gegenüber der einrichtungsbezogenen Arbeit eine Entkoppelung von Raumangebot und pädagogischer Arbeit durchsetzte.

Die heute vor allem in der offenen Jugendarbeit vorherrschende ausdrückliche und entschiedene Abgrenzung gegenüber aufsuchender Arbeit erscheint bei näherem Hinsehen sogar eher als eine Besonderheit der jüngeren Geschichte, seit sich ab Anfang der 1970er Jahre eine rasante Professionalisierung vollzog, die sich mit ihrer Profession faktisch über Jugend*einrichtungen* definierte und definiert. Um junge Menschen, die nicht oder nicht ausreichend von Einrichtungen erreicht würden, müssten sich also andere kümmern, so die fast einhellige Position seither. Das führte dazu, dass aus der Jugendarbeit das Handlungsprinzip des Aufsuchens weitgehend verschwunden ist, verlagert in ein gesondertes Arbeitsfeld, das dann seit Anfang der 1990er Jahre besonders große Expansionen erlebt.

Bei dem Blick auf die geschichtliche Entwicklung darf allerdings auch nicht übersehen werden, dass das Handlungsprinzip des Aufsuchens inzwischen erheblich veränderte Bedingungen vorfindet. Und das gilt in besonderer Weise für die Jugendarbeit, wohl viel mehr noch als für andere Bereiche der Sozialen Arbeit. Denn in der Jugendarbeit bewegt sich das Aufsuchen fast ausschließlich in Freizeitsphären und ist gleichzeitig immer seltener selbstverständlich in lebensweltlichen Milieuzusammenhängen verankert, jedenfalls kaum noch in generationsübergreifenden Milieuzusammenhängen. Bis vor einigen Jahrzehnten noch wurde Jugendarbeit ganz zentral von jeweiligen Milieus getragen oder war zumindest in diese eingebettet oder eingebunden. Mit dem rapiden Bedeutungsverlust von Herkunftsmilieus haben sich solche Zusammenhänge aber mehr und mehr aufgelöst, sind jedenfalls ihre Integrationsleistungen ganz entscheidend zurückgegangen, über die sich in früheren Zeiten viele aufsuchende Zugänge viel leichter und selbstverständlicher entfalten ließen. Besonders erschwert haben sich damit insbeson-

---

33 In all diesen Publikationen wird allerdings explizit kaum auf aufsuchende Anteile der Arbeit eingegangen, weil damals das Hauptinteresse darin lag, auch für diese Zielgruppen Möglichkeiten einrichtungsgebundener Angebote zu entfalten.

dere Zugänge zu jenen Populationen unter jungen Menschen, die sowieso seit je her relativ schwer zu erreichen waren und gleichzeitig negativ auffallen.

Zweitens darf nicht übersehen werden, dass aufsuchende Zugänge seit je her besonders in denjenigen Zeiten Konjunktur hatten, in denen die Balance von Hilfe und Kontrolle in der Sozialen Arbeit in Richtung Kontrolle zu kippen drohte. Und das gilt auch gegenwärtig. Alle Projekte aufsuchender Arbeit sind heute zumindest dem Risiko ausgesetzt, dass sie letztlich primär als Instrumente effektiverer Kontrolle, Domestizierung und Disziplinierung nichtangepasster junger Menschen gesehen werden. Besonders direkt lässt sich diese Intention etwa bei einem der neuesten Zweige aufsuchender Arbeit greifen, der aufsuchenden Jugendsozialarbeit zur Ergänzung von Maßnahmen zur Förderung der Berufsintegration. Zielgruppe sind hier diejenigen, die sich von den bestehenden Angeboten zur Förderung beruflicher Integration nicht (ausreichend) ansprechen und motivieren lassen. Und deren Zahl scheint immer rapider zu wachsen, da hinter ihnen immer mehr Zwang steht, während andererseits die Erfolgsaussichten immer mehr sinken. Denn den betroffenen Jugendlichen nützt es natürlich nichts, wenn die offiziell vorgelegten Erfolgsquoten sich nur deshalb noch sehen lassen können, weil Jahr für Jahr mehr von dem als Erfolg gewertet wird, was vorher noch als Misserfolg galt.[34] Aufsuchende Jugendsozialarbeit mit jenen, die am Arbeitsmarkt scheitern, scheint nach den bislang vorliegenden Konzepten und Erfahrungsberichten denn auch primär darauf hinauslaufen zu sollen, entweder bislang nicht erreichbare Jugendliche doch noch etablierten Angeboten von Jugendarbeit und/oder Jugendberufshilfe zuzuführen oder – wenn alles andere nicht hilft – jenen dem Normalbiographiekonzept inzwischen entfremdeten jungen Menschen im wahrsten Sinne des Wortes nachzusteigen und sie einzufangen – angefangen vom Aus-dem-Bett-Holen am Morgen. Solche Vorstellungen haben Konjunktur im Rahmen der aktuellen Entwicklung von Arbeitsmarktpolitik, die sich zwar selbst als aktivierende Arbeitsmarktpolitik eines aktivierenden Sozialstaats versteht und in diesem Sinne eine Verbindung von „Fördern und Fordern" propagiert, die tatsächlich aber (angesichts mangelnder Förderungsmöglichkeiten) durch drangsalierendes und sinnentleertes Überfordern lediglich immer mehr Menschen in den Verlust von Leistungsansprüchen zu treiben bestrebt ist (und das inzwischen teilweise auch ganz offen). Aufsuchende Arbeit erscheint dann nicht selten als Ergänzung der immer mehr auswuchernden Zwangs- und Repressionsmaßnahmen für diejenigen konzipiert zu werden, für die unsere Gesellschaft keine – oder je-

34 Trotz des immensen Mangels an betrieblichen Ausbildungsplätzen heißt es vom Arbeitsamt am Ende eines Kalenderjahres regelmäßig, dass fast alle Ausbildungsplatzsuchenden untergebracht seien. Einen betrieblichen Ausbildungsplatz, um den es den jungen Menschen eigentlich ging, erhielt allerdings beispielsweise im Jahr 2003 im Lande Bremen nur noch ein Drittel von ihnen – und viele davon sicherlich in Berufssparten oder Betrieben, wo sie eigentlich überhaupt nicht hin gewollt hatten. (Vgl. Die Tageszeitung Bremen v. 6.1.2004)

denfalls keine menschenwürdige und existenzsichernde – Erwerbsarbeit mehr zu bieten scheint.

Freilich zeigen bisherige Versuche mit aufsuchender Arbeit im Vorfeld der Jugendberufshilfe auch, wie sehr entsprechende Vorstellungen an dem vorbeigehen, was aufsuchende Arbeit tatsächlich leisten kann. Ein vom Bundesjugendministerium initiiertes und vom Deutschen Jugendinstitut begleitetes vierjähriges Modellprogramm zur „Mobilen Jugendsozialarbeit für junge Menschen ausländischer Herkunft" kommt jedenfalls zu dem Ergebnis, dass die anvisierte Drehscheibenfunktion, nämlich bislang nicht erreichte Jugendliche den etablierten Angeboten von Jugendarbeit und Jugendberufshilfe zuzuführen, weitgehend erfolglos blieb. Erfolg hätten lediglich Angebote gehabt, die im etablierten System *nicht* vorgesehen seien, nämlich einmal Angebote mit sehr hoher zeitlicher und räumlicher Flexibilität (also ohne Kontinuitätsdruck und Verbindlichkeitsansprüche), und zum zweiten Vermittlungen in Praktikumsplätze oder in berufsfördernde Maßnahmen bei gleichzeitiger personaler Kontinuität in der sozialpädagogischen Betreuung (statt Zuständigkeiten abzugeben). (Vgl. Haubrich 1999, S. 19f.)

5.5 Lebensweltorientierungen und Gerechtigkeitsdiskurse

Die in den bisherigen Abschnitten dieses Kapitels dargelegten Handlungsprinzipien stützen sich natürlich auf ganz bestimmte Leitbilder und Menschenbilder. Im Umgang mit Praxis Sozialer Arbeit werden solche allerdings viel zu selten direkt thematisiert, obwohl ihre zentrale Bedeutung, z.B. gerade in Auseinandersetzungen um Aufgaben und Zielsetzungen der Arbeit, immer wieder sehr massiv zu spüren ist. In Kapitel 5.2. wurde das im Zusammenhang mit der Bedeutung sozialer Räume bereits näher entfaltet. Auf der praktischen Handlungsebene spielt dabei ein Begriff immer wieder eine ganz zentrale Rolle, der Gerechtigkeitsbegriff (oder genauer, meist die subjektiv empfundene Kehrseite: Ungerechtigkeitsempfindungen). Gerechtigkeit ist einerseits das wohl allgemeinste und grundlegendste gesellschaftstheoretische Leitbild. So wird sie meist diskutiert und beschworen. Und gleichzeitig ist die Auseinandersetzung um Gerechtigkeit im Alltag tagtäglich ganz konkret und unmittelbar greifbar und spürbar – egal, ob dabei der Begriff direkt verwandt wird oder als Leitmotiv mitschwingt. In der praktischen Auseinandersetzung mit gesellschaftlicher Realität gibt es letztlich wohl kein wichtigeres Thema – und das seit Jahrtausenden. Kaum etwas löst wohl so heftige und nachhaltige Emotionen aus als das Gefühl, nicht gerecht behandelt zu werden, sich also – aus eigener Sicht – ungerecht behandelt zu fühlen. Scheinbar paradox ist, dass es trotz jahrtausendelanger Auseinandersetzungen um Gerechtigkeit keine allgemeingültigen Maßstäbe für das gibt, was gerecht ist – und wahrscheinlich auch nie geben wird. Gerade darin liegt aber auch eine entscheidende pädagogische Chance! Denn das Streben nach Gerechtigkeit verlangt immer neue Verständigungen darüber, aus welchen Grundwerten und weltanschaulichen Grundlagen – und nicht zuletzt natürlich: aus welchen biographischen Erfahrungszusammenhängen heraus – welche Maßstäbe hergeleitet werden. Und zweitens verlangt jedes Streben nach Gerechtigkeit Verständigungen darüber, *wie* Interaktion mit Andersdenkenden und Andersempfindenden stattfindet oder stattfinden soll. Und dass diese Verständigungen immer mehr und immer besser unter Achtung der „Gegenseite" und deren Menschenwürde, also human und zivilgesellschaftlich (nicht mit Macht und Gewalt) passiert, das ist dann zentrales gesellschaftspolitisches und pädagogisches Leitmotiv gleichermaßen.

Gerade für die aufsuchende Jugendarbeit mit ihren dauernden Konflikten in den Lebenswelten der Jugendlichen scheint daher als weiterführender Leitbegriff der Begriff der „Gerechtigkeitsorientierung" besonders geeignet zu sein, und zwar im Sinne eines „*Strebens* nach mehr Gerechtigkeit", gestützt auf ein Menschenbild, das (in offensiver Abgrenzung z.B. zu rechtsextremistisch geprägten Menschenbildern) die Achtung der Würde *des* Menschen (prinzipiell *des* Menschen – und nicht abgestuft *bestimmter* Menschen) als unveräußerlichen Anspruch zugrunde legt. Gerechtigkeitsorientierung bietet sich vor allem deshalb als zentraler konzeptioneller Schlüsselbegriff und Leitbegriff an,

- weil er einerseits zentrale Interessen und Bedürfnisse der jeweiligen Zielgruppe hinsichtlich ihrer *eigenen* Lebensentfaltung in den Mittelpunkt stellt und damit für diese *selbst* attraktiv sein kann (anders als z.B. eine belehrende, eine zurechtweisende, eine aberziehende oder eine abgewöhnende Pädagogik),
- und weil er andererseits *gleichzeitig* mit den Ansprüchen *anderer* Menschen auf Gerechtigkeit konfrontiert und damit die Entfaltung einer entsprechenden *zivilen,* humanen Streitkultur unerlässlich macht.

Wenn aufsuchende Jugendarbeit das Streben nach mehr Gerechtigkeit in den Mittelpunkt stellt, dann bedeutet das also, die teils sehr verschiedenen oder gar gegensätzlichen *subjektiven* Verständnisse davon ernst zu nehmen, was gerecht wäre (z.B. in konkreten Konflikten in den Lebenswelten der Kinder und Jugendlichen), statt solche an einer vorgeblich allgemeingültigen Definition von Gerechtigkeit zu messen. Dahinter steht, dass die Qualität einer lebendigen demokratischen Gesellschaft dann gerade darin zum Ausdruck kommt, dass in ihr die *verschiedensten* Verständnisse davon, was gerecht ist, eingebracht und vertreten werden können – und dass die Austragung von daraus resultierenden Auseinandersetzungen auf zivile, auf humane Weise erfolgt: unter Achtung der Würde und der Menschenrechte des anderen. Insofern lässt es sich durchaus als besondere pädagogische Chance begreifen, wenn *keine* gültigen oder gar einheitlichen Verständnisse vorgegeben oder propagiert werden, sondern die *humane Auseinandersetzung* um konkurrierende Gerechtigkeitsvorstellungen den eigentlichen Kern ausmacht – während etwa die typischen Vorstellungen von Werteerziehung üblicherweise darauf hinauslaufen, ganz bestimmte festgelegte Wertekataloge vermitteln, den jungen Menschen nahe bringen zu wollen.

Das Streben nach mehr Gerechtigkeit ist gleichzeitig ein sehr konkretes, an den konkreten Alltag gebundenes. Es ist in besonderer Weise geeignet, zentrale Grundwerte im unmittelbaren Kontext mit der handelnden Alltagsbewältigung lebendig werden zu lassen und zur Entfaltung zu bringen – statt sie lediglich in einem abstrakten Wertehimmel anzusiedeln. Micha Brumlik bezeichnet es denn auch als naiv zu glauben, Normen und Werte wären das, was die Gesellschaft zusammenhält – und nicht die alltägliche Kommunikation über Interessen in Beruf, Bildung, Ehe und Familie, Kommerz und Industrie, Freizeit und Sexualität. (Brumlik 2001)

In diesem Sinne lässt sich mit dem Begriff „Gerechtigkeitsorientierung" deutlicher, ausdrücklicher und umfassender als in bisherigen konzeptionellen Ansätzen von Jugendarbeit die *Interaktion* zwischen Jugendlichen und ihrer Umwelt in den Blick nehmen. Bisherige Ansätze von Jugendarbeit blicken vornehmlich auf die Jugendlichen selbst (sowie auf deren Bedingungen des Aufwachsens). Auch das ist bis heute längst nicht selbstverständlich, sieht man sich nur die gängigen Erwartungen von Öffentlichkeit oder von Kommunalpolitik an. Daher hat nach wie vor z.B. die Mitte der 70er Jahre von Diethelm Damm entwickelte „bedürfnisorientierte Jugendarbeit" kaum überschätzbare Bedeutung, auch wenn dieser Ansatz allzu oft zu einem „Wozu habt ihr Lust?" banalisierend verkürzt wird, statt Bedürfnisse als subjektgeleitete *Zwischenresultate* der kognitiven und affektiven Bewältigung von Alltagserfahrungen zu verstehen. (Vgl. Damm 1975). Und als zweites verdient jedenfalls die von Albert Scherr entwickelte „subjektorientierte Jugendarbeit" ausdrückliche Erwähnung. Albert Scherr setzt gegen jenes, bis heute fast sämtliche Pädagogik bestimmende Bild von den (weiter-)gebenden Erwachsenen und den – im gelingenden Fall – (an-)nehmenden, (über-)nehmenden jungen Menschen das emanzipatorische Leitbild des jungen Menschen als selbstbewusstseins- und selbstbestimmungsfähigem sozialen Subjekt. (Scherr 1997, S. 19) Noch deutlicher leistet er das in seinem jüngsten, sehr beachtenswerten Ansatz einer „Pädagogik der Anerkennung". (Scherr 2002) Gerechtigkeitsorientierung ergänzt diese – und andere – vorliegenden wichtigen Ansätze um die Dimension der *Interaktion* zwischen Subjekt und Alltagswelt als zentralem Ort des Lernens und der Entfaltung des Subjekts. Das Streben nach mehr Gerechtigkeit wird dann nicht nur von den Jugendlichen und deren Lage her aufgegriffen, sondern ausdrücklich und unmittelbar auch die Auseinandersetzung mit den Ansprüchen *anderer* Menschen.[35]

---

35 Kein konzeptioneller Leitbegriff, der in größerem Maße Verbreitung findet, ist allerdings wirklich dagegen gefeit, missverstanden, verfälscht oder unendlich verkürzt zu werden. Das kann und wird auch sicherlich dem Begriff „Gerechtigkeitsorientierung" passieren, wenn er sich durchsetzt. Denn nur ein Konzept, dass ungewohnte Sichtweisen herausstreicht, ist neu. Und genau, *weil* es ungewohnte Sichtweisen herausstreicht, setzt es andererseits Bereitschaften voraus, *gewohnte* Sichtweisen zu verändern. Gerade die bedürfnisorientierte Jugendarbeit und die akzeptierende Jugendarbeit werden

Zum Streben nach Gerechtigkeit gehört also immer auch eine Auseinandersetzung mit dem, was *andere* für gerecht halten. Das verlangt Pädagoginnen und Pädagogen, die sich selbst mit ihren eigenen Wertvorstellungen und Gerechtigkeitsvorstellungen erfahrbar und (an-)greifbar machen – und die gleichzeitig qualifizierte Auseinandersetzungen mit den Vorstellungen und Deutungsmustern anderer Menschen leisten können, bis hin zur Auseinandersetzung mit rechtsextremistischen Gerechtigkeitsideologien. Gefordert sind also nicht nur *pädagogisch*, sondern ebenso *politisch* kompetente Fachkräfte, die imstande sind, qualifiziert und sachlich fundiert auf die jeweiligen gesellschaftspolitischen Gehalte problematischer Orientierungs- und Deutungsmuster zu reagieren. Denn Empathie kann genauso wenig sachliche Kompetenz ersetzen wie umgekehrt.

Besonders schwer wird es in der Praxis wohl vielen Jugendarbeiterinnen und Jugendarbeitern fallen, bei aller Parteilichkeit für „ihre Jugendlichen" immer auch die Ansprüche anderer Menschen auf Gerechtigkeit im Blick zu haben. Das gilt natürlich vor allem solchen Menschen gegenüber, die vielleicht von „ihren" Jugendlichen diskriminiert, drangsaliert oder bedroht werden. Unvereinbar mit einem gerechtigkeitsorientierten Anspruch wäre jedenfalls jenes in der Jugendarbeit so verbreitete Verständnis, als eigenes Aufgabenfeld ausschließlich das *pädagogische* Wirken *innerhalb* der eigenen Zielgruppe und der eigenen Jugendeinrichtung zu sehen. Denn wer den Anspruch, gerechtigkeitsorientiert zu arbeiten, ernst nimmt, kommt nicht umhin, sich in die Lebenswelten der Jugendlichen einzumischen. Und Veränderungen sind nur in den seltensten Fällen tatsächlich im Sinne eines „Sich durchsetzen auf ganzer Linie" zu erreichen, sondern am ehesten durch wechselseitige Prozesse auf der Basis gegenseitiger Achtung des Rechtes des anderen, sich zu entfalten, sein Leben zu gestalten und gesellschaftlich teilzuhaben, also durch die Entfaltung einer humanen Streitkultur.

Eine adäquate Berücksichtigung von Gerechtigkeitsansprüchen anderer Menschen wird natürlich in der Praxis in vielfacher Weise schwer gemacht. Nicht angeklungen ist dazu bislang z.B. ein Aspekt, der vor allem unter anstößig auftretenden Jugendlichen – wie etwa besonders massiv unter rechtsextremistisch orientierten Jugendlichen – immer wieder zu finden ist: dass in diesen Kreisen nämlich ein außerordentlich opferdefiniertes Selbstbild kultiviert wird. Dann ist die Selbststilisierung zum Opfer, das zur Gegenwehr gezwungen worden sei, psychisch meist bei den einzelnen außerordentlich tief verankert, zumal das alles gleichzeitig u.a. der Kompensation unterentwikkelter, fragiler Selbstwertgefühle dient. Und diese wiederum resultieren zu einem erheblichen Teil aus selbsterlittenen innerfamilialen Vernachlässigungs-, Gewalt- und Misshandlungserfahrungen. Gerade diese Zusammen-

besonders häufig bis zur Unkenntlichkeit entstellt. Bei keiner anderen Konzeption führen Verkürzungen, Banalisierungen und Verdrehungen allerdings zu derartig heftigen Reaktionen wie bei der akzeptierenden Jugendarbeit. Nur liegt das wohl kaum an der Konzeption, sondern an dem gesellschaftlichen Umgang mit der Problemlage, um die es dabei geht.

hänge machen es außerordentlich notwendig, neben dem humanen Umgang mit gegensätzlichen Gerechtigkeitsvorstellungen gerade auch, ja, vielleicht letztlich noch viel mehr Bedeutung der (Weiter-)bearbeitung oder Neubearbeitung biographischer Ungerechtigkeitsempfindungen einzuräumen (ohne dabei allerdings Grenzen zu therapeutischer Arbeit zu überschreiten).

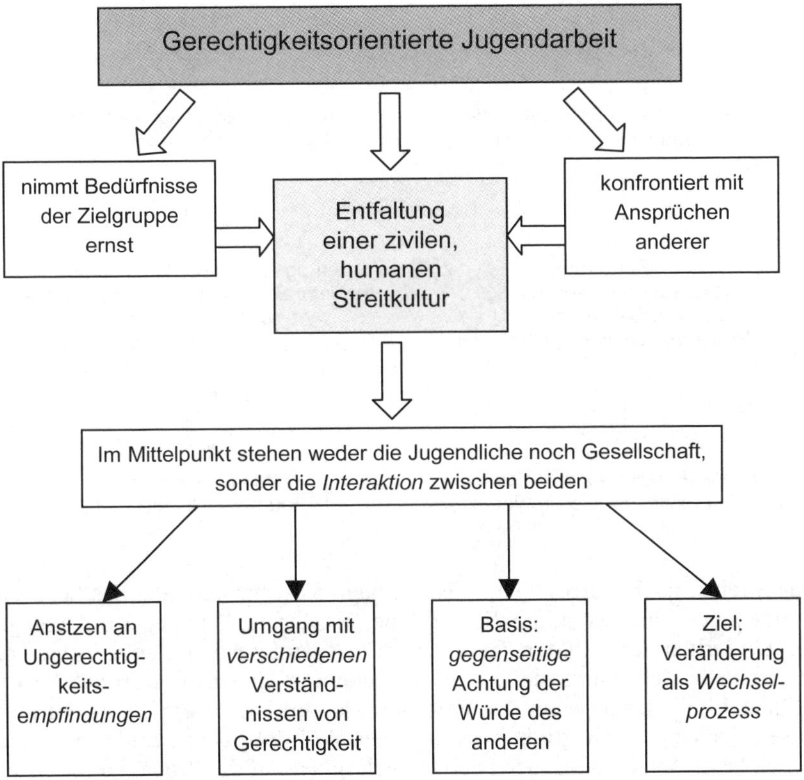

Aufsuchende Jugendarbeit muss bei all dem natürlich auch im Blick haben, dass im Alltag immer wieder zu erleben ist, wie Gerechtigkeitsdiskurse durch Machtausübung, durch Beanspruchung von Wahrheitsmonopolen oder durch (letztlich auch meist machtdefinierte) Sachzwanglogiken ersetzt werden. Letztlich schwächt das allerdings auch immer zivilgesellschaftliche Entwicklungen in dem lokalen Umfeld insgesamt und schafft Nährböden für ganz andere Grundorientierungen. Denn Ungerechtigkeiten als gerecht, gar als selbstverständlich und *natürlich* darzustellen, oder: in einem Umfeld polarisierenden Denkens seine eigenen Polarisierungen durchzusetzen, darin sind jene Weltanschauungen allemal weit besser, die von vornherein gar nicht von der Gleichheit aller Menschen ausgehen – wie z.B. der Rechtsextremismus!

Gerechtigkeitsorientierter Ansatz

Interpretieren von problematischem und anstößigem Verhalten als *subjektivem* Bewältigungsverhalten

↓ ↓

Ansetzen an den Problemen, die die Jugendlichen *haben*

↓

Förderung
- effektiverer und gleichzeitig
- sozial verträglicherer Problem*bewältigungs*strategien

↓

Förderung eines wechselseitigen Interesses für die Probleme, die sie anderen *machen*

Ansetzen an alltagsrelevanten Ungerechtigkeits*empfindungen*

↓

Förderung einer wechselseitig gerechteren *Interaktion* zwischen Jugendlichen und Gesellschaft *(auf der Basis der gegenseitigen Achtung der Würde des anderen)*

↓

Entfaltung einer zivilen, humanen Streitkultur

Das Streben nach Gerechtigkeit als Leitbegriff zu formulieren, das bekommt gerade heute Sinn, wo allmählich all jene fortschrittsgläubigen Vorstellungen der bürgerlich-aufgeklärten Gesellschaft ausgeträumt sind, soziale Gerechtigkeit ließe sich durch bloße Umverteilung von *Zuwächsen* erreichen (vgl. Klönne 1994). Denn wenn der Verteilungskampf härter wird, erhalten Ideologien der Ungleichwertigkeit zusätzlichen Auftrieb. Und gerade in solchen Zeiten kann sich kein Streben nach Gerechtigkeit auf die Propagierung hehrer Grundwerte beschränken, sondern muss gleichzeitig – um konkret zu werden – die jeweils relevanten Macht- und Herrschaftskonstellationen thematisieren. Umso mehr verwundert es, wenn Leo Montada vom Zentrum für Gerechtigkeitsforschung an der Universität Potsdam zu dem Ergebnis kommt, dass „in der rasch wachsenden Literatur über Konfliktmediation (...) derzeit eine systematische und differenzierte Berücksichtigung subjektiver Gerechtigkeitsvorstellungen (fehlt), obwohl fast alle problematischen sozialen Konflikte im Kern aus Verletzungen von Gerechtigkeitsvorstellungen resultieren." (Montada 1998)

Kaum ein Begriff spielt auch in der Produktion von Ideologien solch eine Rolle wie der Gerechtigkeitsbegriff. Die extremste Variante finden wir im Rechtsextremismus, indem er Gerechtigkeit auf der Basis angeblich naturhaft vorgegebener Ungleich*wertig*keiten propagiert und für die Durchsetzung derartiger Ungleichwertigkeiten auch die Anwendung von Gewalt legitimiert und rechtfertigt[36]. Denn für ein sozial immer schwerer zu bewältigendes Problem, das der Schaffung von mehr Gerechtigkeit in dieser Gesellschaft (oder in der Welt insgesamt), bietet der Rechtsextremismus vergleichsweise einfache, biologisch abgeleitete Bewältigungsmuster an. Das macht einen erheblichen Teil seiner aktuellen Attraktivität aus – nicht zuletzt zweifellos deshalb, weil bis in die Mitte der Gesellschaft hinein biologisch abgeleitete Einordnungs- und Bewältigungsmuster eine erhebliche Rolle spielen (man denke nur an das geltende Staatsbürgerschaftsrecht und an die Einschränkung von Grundrechten für Ausländer, insbesondere für Flüchtlinge). Für Arno Klönne ist der Rechtsextremismus denn auch eine erfolgreiche Mischung aus Ohnmachtserfahrungen und brutalem Herrschaftswillen (Klönne 1994, S. 27), der sich entsprechend abkoppelt von den Traditionen der Aufklärung und der sich von dem Streben nach soziologischen Erklärungsmustern gesellschaftlicher Vorgänge zugunsten der Propagierung angeblich übergeschichtlich naturhafter Gewissheiten verabschiedet.

Wer rechtsextremistische Deutungsangebote aufgreift und attraktiv findet, so ließe sich daraus weiter folgern, der verspricht sich davon zunächst einmal eine produktive Ohnmachtsbewältigung. Und das hieße dann umgekehrt: Erst in dem Maße, wie sich solche Erwartungen als *unrealistisch* erweisen – oder in dem Maße, wie sich *andere* Wege und Strategien der Ohnmachtsbewältigung als *erfolgversprechender* zeigen – verlieren jene rechtsextremistischen Deutungsmuster an subjektiver Relevanz. Je stärker also bestehende gesellschaftliche Verhältnisse Menschen *subjektiv* in Ohnmachtserfahrungen bringen und dort festhalten, umso mehr finden Tendenzen Raum, solche Ohnmachtsgefühle mit brutalem Herrschaftswillen überwinden zu wollen. Denn – auf eine andere Ebene übertragen – gilt auch hier jener vielzitierte Satz von Wilhem Reich: „Nicht, dass der Hungernde stiehlt (....) ist zu erklären, sondern, warum die Mehrheit der Hungernden nicht stiehlt." (Reich 1934, S. 34) Und das heißt in der Konsequenz: Letztlich können alle – u.a. pädagogischen – Bemühungen, dem brutalen Herrschaftswillen von Rechtsextremisten entgegen zu wirken, nur wenig ausrichten, wenn nicht gleichzeitig die gesellschaftlichen Ursachen für jene bei Rechtsextremisten offenbar so zentralen Ohnmachtsempfindungen angegangen werden.

---

36 Ideologien der Ungleichwertigkeit und entsprechende Gewaltbereitschaft, das sind nach Heitmeyer die zwei zentralen Grundelemente des heutigen Rechtsextremismus (vgl. Heitmeyer u.a. 1992, S. 13f.)

6. Arbeitsgrundlagen und Arbeitsbedingungen

In den vorhergehenden Kapiteln ist immer wieder angeklungen, wie oft es in der Praxis aufsuchender Jugendarbeit an zentralen Grundlagen für diese Arbeit fehlt, wie weit die Realität oft von fachlich begründeten Mindeststandards entfernt ist. Verbreitet, in ländlichen und kleinstädtischen Bereichen sogar fast gängig ist es, selbst brisanteste Tätigkeiten allein und ohne begleitende Praxisberatung und Supervision bewältigen zu müssen. Und an fachlicher Qualifizierung durch Aus- und Fortbildung mangelt es ebenso oft. Solche Zustände nähren natürlich einerseits immer wieder Abwehrhaltungen gegen aufsuchende Aufgaben und Tätigkeiten. Und andererseits nähren sie Klischeevorstellungen darüber, welcher Fachkräfte es denn in diesem Feld bedürfe.

6.1 Harte Männer für harte Jungs?

Die am weitesten verbreitete Klischeevorstellung ist wohl die, dass man für aufsuchende Arbeit, zumal für aufsuchende Arbeit mit gewaltauffälligen Jugendlichen, Personen brauche, die jenen körperlich gewachsen seien: also große kräftige und körperlich durchtrainierte Männer. Die Realität aber sieht ganz anders aus: Weder erweist es sich tatsächlich grundsätzlich als günstig (sondern oft sogar eher als erschwerend), wenn jemand solchen Maßstäben zu entsprechen scheint. Und Frauen scheinen oft sogar weniger Schwierigkeiten mit solchen Zielgruppen zu haben, vor allem auch in den besonders schwierigen Anfangsphasen des Austestens und Abcheckens (mit einer großen Ausnahme allerdings wohl, nämlich bei Cliquen islamisch geprägter männlicher Jugendlicher und junger Männer).

Eher anekdotisch wurde etwa Ende der 80er Jahre immer wieder aus einem Projekt mit rechten Jugendcliquen berichtet, dass dort drei junge Studierende begonnen hatten: Eine „Anderthalb-Meter-Frau“ (wie sie sich selbst wegen ihrer Größe bezeichnete), eine zweite, mädchenhaft jung wirkende Frau – und ein Boxer, gerade Vize-Landesmeister im Halbschwergewicht geworden. Letzterer stieg nach weniger als zwei Monaten aus, während die ersten beiden das Projekt mehrere Jahre erfolgreich durchführten – fortan in einem reinen Frauenteam. Was erst einmal überraschen mag, ist aber gar nicht untypisch. Im Prinzip finden sich ähnliche Erfahrungen inzwischen in etlichen Projekten. Denn männliche Jugendarbeiter, zumal besonders männlich und kräftig wirkende unter ihnen, können gerade im Umgang mit expressiv körperbetonten männerdominierten Cliquen kaum oder gar nicht verhindern, erst einmal besonders intensiv als potentielle Konkurrenten um dominante Männerpositionen in der Clique wahrgenommen zu werden – und als entsprechende Bedrohung bestehender Positionen. Und diese Bedrohung trifft natürlich diejenigen am direktesten, die in der jeweiligen Clique besonders dominant sind. Entsprechend sieht sich ein im konventionellen Sinne besonders männlich wirkender Jugendarbeiter sehr schnell vor das Problem gestellt, einerseits mit Aufforderungen zum Kräftemessen und ritualisierten „Hahnenkämpfen" umzugehen, gleichzeitig mit subtilen Strategien zur Unterminierung seines Strebens nach einer anerkannten Rolle im Umgang mit der jeweiligen Clique klar zu kommen – und drittens daran zu arbeiten, einen Status *eigener* Art in der Clique zu erwerben, der sich *nicht* in die gewohnten Schemata und Muster einordnet, sondern etwas anderes, nämlich sozialpädagogisch Begründetes darstellt.

Männer, die vielleicht schon auf den ersten Blick gar nicht imstande wären, sich körperlich erfolgreich mit stärkeorientierten männlichen Jugendlichen zu messen, scheinen es da nicht selten einfacher zu haben – jedenfalls auf den ersten Blick. Denn das gilt natürlich nur dann, wenn sie es – gerade auch persönlich, im Umgang mit sich selbst – schaffen, auf expressive Körperbetontheit anderer weder pauschal mit Abwertungsgefühlen oder mit Ängsten zu reagieren, noch mit einer Abwertung von *deren* Körperlichkeit. Anders ausgedrückt, müssten das dann Männer sein, die – vielleicht als körperliche „Schwächlinge" – eine eigene stabile Identität als Mann entwickelt haben, und die damit einen *anderen* Typus von gelingendem Mann-Sein repräsentieren (und kein „Weichei"). Vergleichsweise einfach scheint das vielfach denen unter ihnen zu fallen, die über besondere „alternative", also nicht stärkerelevante körperliche Fähigkeiten verfügen, z.B. in erlebnispädagogisch nutzbaren Bereichen.

Für Frauen ist es, jedenfalls in männlichen und in geschlechtsgemischten Cliquen, von vornherein so gut wie klar, dass sie von den dominanten männlichen Mitgliedern nicht als Konkurrenten wahrgenommen werden – sondern allenfalls von den Mädchen und jungen Frauen. Die wiederum nehmen aber in aller Regel in solchen Cliquen keine hierarchischen Spitzenpositionen ein. Wo Mädchen oder junge Frauen großen Einfluss haben und eine wichtige Rolle einnehmen, da geschieht das oft eher unauffällig oder subtil von mittleren Positionen aus. Weibliche Mitarbeiterinnen werden in der Regel auch weniger leicht und weniger häufig als sexuelle Konkurrentinnen wahrgenommen, weil die Altersdifferenz bei ihnen den Eindruck größerer Distanzen fördert – was andersherum nur wenig der Fall ist.

Bei Frauen scheint aber dafür etwas anderes eine ganz große Rolle zu spielen: Sie konfrontieren vielfach mit einem Typus von Frau, der in die bisher von den Zielgruppen erlebten Muster von Weiblichkeit nicht so ohne weiteres einzuordnen ist: Sie ist „irgendwie“ (hier passt dieses in Mode gekommene floskelhafte Füllwort der Alltagssprache mal haargenau!) anders, anders als Mütter, anders als Freundinnen, anders als Schwestern, anders als weibliche Cliquenmitglieder – jedenfalls so, wie man sie üblicherweise kennt. All solche Schemata passen bei ihnen nicht. Das kann Neugier schaffen, aber auch Distanz. Jedenfalls ist die Situation meist offener, weniger auf bestimmte Austestprozesse festgelegt als bei männlichen Mitarbeitern. Allerdings: In einem Bereich gilt das ganz offenbar nicht, nämlich dem Sexismus. Frauen werden offenbar fast durchweg viel mehr und viel unmittelbarer mit sexistischen Mustern konfrontiert. Und sie haben es auf *dieser* Ebene viel schwerer durchzusetzen, selbst respektiert, nicht verletzt und nicht entwürdigend behandelt zu werden. (Und der Sexismus Kolleginnen gegenüber ist vielfach gleichzeitig mit inszeniertem Austesten männlicher Kollegen verbunden, die u.a. auf Kumpelaffinitäten zielen.)

Fast alle, ob männliche oder weibliche Fachkräfte, sind aber damit konfrontiert, dass sie in aufsuchenden Zusammenhängen besonders häufig auf junge Menschen treffen, deren Interaktion und Kommunikation besonders körperbetont ist, die also körperliche Ausdrucksmöglichkeiten vergleichsweise intensiv einsetzen – bei oft weniger differenziert entwickelten sprachlichen Mustern. Sozialarbeiterinnen und Sozialarbeiter, die mit solchen Menschen arbeiten, müssen – egal, wie sie selbst bevorzugt agieren – imstande sein, deren Muster sensibel wahrzunehmen und subjektiv verständlich darauf reagieren zu können. Das setzt nicht voraus, ähnliche Muster einzusetzen (und wenn, dann allerdings unter Ausschluss von Herabsetzung, Diskriminierung und Gewalt natürlich), aber jedenfalls, mit den gängigen Mustern der Zielgruppe relativ angstfrei, offen und verstehend umgehen zu können. Und an dieser Stelle haben etliche aus beiden Geschlechtern erhebliche Probleme – wenn auch teils aus unterschiedlichen Gründen.

Beide Geschlechter erleben im Übrigen immer wieder Bemühungen der Jugendlichen, sie in vertraute geschlechtsspezifische Rollenmuster zu schieben und in diesen Rollen festzuschreiben. Das selbst wahrzunehmen, das anderen durchsichtig zu machen (und sich vor allem nicht immer dann darauf einzulassen, „wenn der Jugendliche das im Moment braucht – und das ja sonst niemand machen würde“), das ist in der Praxis ein ganz entscheidendes Feld geschlechtsreflektierender Arbeit. Viele Konflikte in geschlechtsgemischten Teams drehen sich etwa darum, dass geschlechtstypische Muster von Wichtigkeiten, von Prioritätensetzungen und von Sensibilitätserwartungen unreflektiert gegeneinander stehen und damit eine Folie sind, auf der andersgeschlechtliche Kolleginnen und Kollegen dann „selbstverständlich“ und mit wachsendem Beharren kritisiert werden (egal, ob das nun z.B. darum geht, dass der Kollege sich angeblich zu wenig um das Vermüllen des Platzes kümmert, oder die Kollegin zu wenig um Einmischung in das kommunale Geschehen bemüht ist, ob der Kollege keine Anlaufstelle zum Ausheulen oder In-den-Arm-Nehmen ist, oder die Kollegin zu sehr die Mama spielt usw.). Nirgendwo allerdings treten für selbstverständlich genommene geschlechtsspezifische Unterschiede so oft und so deutlich zutage, wie überall dort, wo es um Sexismus, um sexuelle Diskriminierung und um sexuelle Unterdrückung geht. Und dass dabei oft nur an Frauen als Betroffene gedacht wird, erscheint dabei durchaus als Teil des Problems: Denn die Herstellung von Männlichkeit ist wie die Herstellung von Weiblichkeit ein Prozess, an dem *beide* Geschlechter beteiligt sind – wenn auch natürlich nicht auf gleiche Weise. Und es gibt das Betroffensein nicht nur zwischen den Geschlechtern, sondern auch innerhalb der Geschlechter. Deutlichstes Beispiel ist der hohe identitätsstiftende Stellenwert von Homophobie in vielen männlichen Zusammenhängen – und entsprechend die Schwierigkeit von männlichen Mitarbeitern, sich von homophobischen Mainstreams abzusetzen (zumal sie oft selbst nicht wirklich frei von solchen Haltungen sind).

6.2 Schlüsselkompetenzen für die aufsuchende Arbeit

Qualität, Qualifizierung und Qualitätssicherung gehören seit einigen Jahren zu den zentralen Begriffen in Diskussionen um Jugendhilfe und deren Entwicklung – wohl viel stärker als je zuvor. *Was* aber Qualität ausmacht, *wofür* und *wie* qualifiziert werden soll, das wird aus sehr unterschiedlichen Blickwinkeln betrachtet. Und erst recht schwer ist es, in der Jugendhilfe Qualität fundiert zu messen. Entsprechend schwierig ist es demgemäß natürlich auch, Mindeststandards für all das zu formulieren. Weil das so ist, versuche ich im Folgenden zunächst einen reflexiv angelegten Zugang zu diesen Fragestellungen, ehe ich sie dann im anschließenden Unterkapitel systematisch aufgreife.

Der folgende Arbeitsbogen ist ursprünglich im Rahmen von Weiterbildungsveranstaltungen entstanden und soll dazu dienen, sich seine eigenen mitgebrachten konzeptionellen Vorstellungen zur Jugendarbeit mit extrem anstößig auftretenden Cliquen vor Augen zu führen – und sich darüber mit anderen in Kleingruppen auszutauschen. Mit diesem Vorgehen soll versucht werden, auch in der Fachkräftequalifizierung die Zielgruppe dort abzuholen, wo sie steht, und sie zunächst dazu anzuregen, sich ihres *eigenen* Ausgangspunktes zu versichern. Gefragt ist nach bisherigen Erfahrungen einschließlich deren bisheriger Be- und Verarbeitung. Eigene Sichtweisen und Positionen werden hier gesehen als *Zwischenprodukte* ihrer bisherigen Auseinandersetzungen und Reflexionen. Und deren stabilstes Standbein stellt die subjektgeleitete Be- und Verarbeitung ihrer eigenen Erlebnisse und Erfahrungen dar. Der folgende Arbeitsbogen versucht also Konzeptionsdiskussion und Konzeptionsentwicklung ausdrücklich von der eigenen Subjektseite her zu betrachten, vom Stand der eigenen bisherigen Lernprozesse her. Allerdings erfolgt das hier sehr vereinfacht, weil nicht direkt Positionen erfragt werden, sondern die Zustimmung oder Ablehnung vorgegebener Aussagen. Das soll vor allem erleichtern, sich – bei aller eigenen Reflexion – anderen gegenüber zunächst nicht öffnen zu müssen, als es einem selbst momentan angemessen erscheint:

Selbstpositionierung in der Konzeptionsdiskussion

zur Jugendarbeit mit extrem anstößig auftretenden Cliquen

Stimme ich innerlich, wenn ich bei mir selbst genau hinsehe, folgenden Aussagen zu oder nicht:

1. Gesellschaftspolitische Kompetenzen sind bei dieser Zielgruppe genauso wichtig wie pädagogische Kompetenzen.
2. Auch extremen Zielgruppen gegenüber müssen *alle* relevanten sozialarbeiterischen Grundsätze gelten.
3. Wer sich Schlimmes hat zuschulden kommen lassen oder wer Mitglied bestimmter Organisationen ist, der ist für die Jugendarbeit „gestorben".
4. Es ist gut, wenn ich ganz anders bin als die Jugendlichen und sie damit konfrontiere.
5. Ich muss sehr vorsichtig sein, wirklich offen meine Meinung und mein Empfinden zu zeigen.
6. Mit scharfer Kritik oder mit Empörung riskiere ich Vertrauensverlust und Kontaktabbruch.
7. Ich muss den Jugendlichen deutlich sagen, was richtig ist.
8. Zuhören sollte ich nur so lange, wie der Inhalt auch okay ist.
9. Auf schlimme Aussagen, z.B. über Minderheiten, muss ich *immer* und *sofort* reagieren.
10. Eine gute Diskussion habe ich dann mit Jugendlichen gehabt, wenn ihnen am Schluss nichts anderes mehr bleibt, als mir zuzustimmen.
11. Ideal ist, wenn ein Jugendarbeiter zum Freund „seiner" Jugendlichen wird.
12. Ideal ist, wenn ein Jugendarbeiter sich mit „seinen" Jugendlichen identifizieren kann.
13. Ideal ist, wenn ein Jugendarbeiter immer für „seine" Jugendlichen da ist (zumindest in allen wichtigen Situationen).
14. Ich bin auch für diejenigen Jugendlichen in meinem Umfeld zuständig, die ich nicht erreiche.
15. Ich muss Konflikte zwischen „meinen Jugendlichen" und ihrer Umwelt „aus der Welt schaffen". Und es liegt an mir, dafür die passenden Lösungen zu finden und zu vermitteln.
16. Ich darf mich nicht nur aufs Haus beschränken, sondern ich muss mich auch darin einmischen, wie „meine Jugendlichen" in ihrer Umwelt aufwachsen.

Während es in diesem Arbeitspapier um *subjektive* Sichtweisen ging, versucht das nächste *systematisch* zusammenzufassen, welche Kompetenzen gerade für die Soziale Arbeit mit extrem anstößigen Jugendlichen zentral sind. Bewusst ist diese Fragestellung hier zunächst einmal ausschließlich nur auf diese *Zielgruppe* konzentriert, nicht aber gleichzeitig auch auf ein bestimmtes Arbeitsfeld der Sozialen Arbeit eingegrenzt, nämlich auf die aufsuchende Jugendarbeit. Dieser zielgruppenorientierte Zugang wurde hier gewählt, um die Gefahr zu vermeiden, *heutige* Spezifika des Arbeitsfeldes (nämlich aufsuchende Arbeit fast nur extrem auffälligen jungen Menschen anzubieten) in *prinzipieller* gemeinte Formulierungen von Schlüsselkompetenzen einfließen zu lassen.[37]

12 Schlüsselkompetenzen für die Arbeit mit extrem anstößigen Jugendlichen:

1. Verbindung von pädagogischen *und* gesellschaftspolitischen Kompetenzen
2. Kompetenz zu *professioneller* Beziehungsarbeit
3. Kompetenz zur *Balance* zwischen Nähe und Distanz
4. Kompetenz zur „*personalen* Konfrontation mit dem tiefgreifend Anderssein" statt z.B.
   - Reduzierung auf Sachauseinandersetzungen
   - Angst vor Konfrontationen
   - Angst vor Vertrauensverlust
5. Kompetenz, grundlegend andere ethische und politische Orientierungen *erlebbar* werden zu lassen
6. Kompetenz, *pädagogische* Arbeit mit einer konkreten Zielgruppe mit weiterreichender (über die Zielgruppe weit hinausgehender) Verantwortung zu verbinden
7. Kompetenz zu *dialogischer* Kommunikation, d.h.
   - sich interessieren für den anderen
   - zuhören können
   - sich selbst authentisch einbringen können
   - Austausch und Anregung anstreben statt Besserwisserei
8. Kompetenz zur Unterstützung und Qualifizierung sozialer Selbstorganisierungsprozesse (kritische Cliquenförderung)
9. Kompetenz zur Einmischung in sozialräumliche Umwelten der Jugendlichen
10. Kompetenz zur Einmischung in das Streben nach anerkannter Geschlechtsidentität und dem Umgang der Geschlechter miteinander (beides insbesondere bei angehenden Männern)
11. Kompetenz zur Abwehr von Instrumentalisierungsbestrebungen (sei es der Jugendlichen oder der Umwelt)
12. Kompetenz, Grenzsetzungen als *Lernprovokationen* einzusetzen

Viel entscheidender, viel grundlegender ist aber letztlich, welche Grundhaltungen *tatsächlich* (und nicht nur vom Anspruch her) das eigene professionelle Handeln leiten. Das wird gerade wichtig in einer Zeit, in der das traditionelle Doppelmandat von Sozialer Arbeit, das Mandat der Adressatinnen

---

37 Manche Aussagen sind vielleicht leichter inhaltlich zu füllen, wenn man weiß, dass die folgende Auflistung und das vorherige Arbeitsblatt ursprünglich einmal in der Arbeit mit rechten Cliquen entstanden sind.

und Adressaten einerseits und das des Auftraggebers, letztlich das der Gesellschaft andererseits, immer mehr zu kippen droht in Richtung Instrumentalisierung von Sozialer Arbeit zum verlängerten Arm staatlicher Kontrolle und Repression. Aktuell deuten sich die einschneidendsten Veränderungen in diese Richtung im gesamten Feld und Umfeld von Arbeitsmarktpolitik an, sowie – zweitens – in all jenen Bestrebungen zur ordnungspolitischen Indienstnahme von Sozialer Arbeit. In Hamburg etwa ist der Allgemeine Sozialdienst (ASD) inzwischen gehalten, auf Anweisung durch die Polizei „normverdeutlichende Gespräche" mit auffälligen Jugendlichen zu führen und darüber anschließend an die Polizei Bericht zu erstatten. Und an etlichen Orten hat die Polizei inzwischen (unter oft klangvollen Namen) eigene Träger Sozialer Arbeit geschaffen oder sozialpädagogische Arbeitsfelder in den eigenen Reihen eingerichtet.

6.3 Mindeststandards

6.3.1 Mindeststandards für die Arbeitsbedingungen

Wenn es um die Qualität der Arbeitsbedingungen, der Ausstattung und der personalen Qualifizierung in der aufsuchenden Arbeit geht, dann werden immer wieder zwei Texte zitiert,

- die Empfehlungen der Bundesarbeitsgemeinschaft der Landesjugendämter und überörtlichen Erziehungsbehörden von 1986 zur Mobilen Jugendarbeit und
- die von der Bundesarbeitsgemeinschaft Streetwork/Mobile Jugendarbeit Ende 1999 verabschiedeten „Fachlichen Standards".[38]

Der eine Text stammt also von behördlicher Seite, der andere wurde von Vertreterinnen und Vertretern aus der Praxis dieses Arbeitsfeldes formuliert. Auch wenn der erste Text bereits bald zwanzig Jahre alt ist, hat er doch nichts an Aktualität eingebüßt. Er fordert eine Reihe von unerlässlichen Mindeststandards ein, die tatsächlich in der Praxis bis heute immer wieder unterschritten werden. Beide Texte zusammen setzen entscheidende Grundlagen für jede Diskussion und jede Auseinandersetzung um Standards in der aufsuchenden Jugendarbeit. Daher macht es Sinn, deren Kernelemente hier detailliert anzuführen.

---

38 Beide Texte sind im Internet zu finden, z.B. unter: www.fh-potsdam.de/~Sozwes/projekte/steffan/ final/archiv.htm, oder die Standards auch direkt unter: www.bundesarbeitsgemeinschaft-streetwork-mobile-jugendarbeit.de

Bundesarbeitsgemeinschaft der Landesjugendämter und überörtlichen Erziehungsbehörden von 1986:

Empfehlungen zur Konstituierung Mobiler Jugendarbeit und ihren Arbeitsbedingungen:

1. „Die Arbeitsbedingungen müssen so gestaltet sein, dass die Fachkräfte als Person in der Lage sind, Jugend- und Sozialarbeit auf der Basis von Vertrauensbildung zu leisten. Dies bedeutet gleichzeitig: Freistellung von der Notwendigkeit zur personenbezogenen Aktenführung, Ausstattung mit Sachmitteln (Handgeld) sowie klare Funktionsabgrenzungen zur Polizei." (Punkt 5.01)[39]
2. „Alle Projekte benötigen zur Arbeit kleine jugendgemäße Räumlichkeiten. Viele haben von Anfang an darunter gelitten, dass keine ausreichende Vorsorge zur Raum- und Sachausstattung getroffen war." (5.02)
3. „Die Projekte müssen mindestens auf der Basis zweier hauptamtlicher Fachkräfte geplant werden. „Einzelkämpfer" haben in der Mobilen Jugendarbeit keine Chance und werden in unverantwortlicher Weise überfordert." Außerdem sind weibliche Fachkräfte unabdingbar. (5.03)
4. „Die Finanzierung von Projekten über ABM ist nur als Einstiegs-, Ergänzungsfinanzierung, insbesondere in den Anfangsphasen von Projekten, fachlich zu verantworten." (5.04)
5. Zumal viele Fachkräfte noch keine Berufserfahrung mitbringen, „ist es umso notwendiger, als Projektbegleitung fachliche Anleitung in Form von Fortbildung, Fachberatung bzw. Supervision anzubieten." (5.05)
6. „Der Anstellungsträger muss für die Mitarbeiter in der Mobilen Jugendarbeit neben den sachlichen und fachlichen geeignete dienstrechtliche Rahmenbedingungen schaffen. Dies bedeutet: Möglichkeit zu örtlich angesiedelter Öffentlichkeitsarbeit, Autonomie in den Einzelfallentscheidungen, Hilfestellung bei Absprachen mit der Polizei und ggf. Verweigerung der Aussagegenehmigung, (....) Rückendeckung bei Auseinandersetzungen in der Öffentlichkeit." (5.06)
7. Anzustreben sind Vernetzungen vor Ort, möglichst in Form fester Arbeitsgruppen, „um die Bindegliedfunktion zwischen Kontaktaufnahme und Hilfevermittlung ausbauen zu können." (5.07)
8. Mobile Jugendarbeit darf in ihrer „Ergänzungsfunktion (...) nicht missbraucht und nicht etwa als Alternative zur einrichtungsgebundenen Jugendhilfe hochstilisiert werden." (5.08)
9. „Die Vernetzung mit Angeboten im Stadtteil darf nicht durch Konkurrenz zu nicht betreuten Gruppierungen im Stadtteil und daraus erwachsende Aggressionspotentiale gegenüber den betreuten Jugendlichen behindert werden." (5.09)

39 Soweit hier wörtlich zitiert wird, handelt es sich in der Regel um Auszüge aus dem jeweiligen Punkt in dem zitierten Text, nicht um den Gesamttext. Aus den Empfehlungen der Landesjugendämter wird hier relativ umfangreich wörtlich zitiert, weil solche wörtlichen Wiedergaben oft hilfreich sein können bei Auseinandersetzungen um Standards.

10. „Ein wesentlicher konzeptioneller Faktor nahezu aller Projekte der Mobilen Jugendarbeit ist eine Neubewertung jugendlicher Subkulturen und Gruppierungen als wesentlich für die Identitätsentwicklung Heranwachsender. (....) Der Bewertungsakzent wandelt sich von der bisherigen Kennzeichnung von Subkulturen als abweichend und kriminogen hin zum Raum sozialer Hilfestellung und Identitätsfindung." Und in diesem Sinne sind Projekte zu konstituieren und abzusichern. (5.10)

Der letzte Punkt in dieser Auflistung beschreibt im eigentlichen Sinne zwar nicht direkt einen Aspekt der Arbeitsbedingungen. Aber alle wissen, wie fundamental die gesamten Arbeitsbedingungen beeinträchtigt werden, wenn Träger oder Öffentlichkeit dieses Grundverständnis nicht zumindest tolerieren (wenn schon nicht teilen). Außerdem bleibt anzumerken, dass die obige Auflistung inzwischen jedenfalls an zwei Stellen Aktualisierungen notwendig macht: Zum einen gilt die Forderung nach jugendgemäßen Räumen (Punkt 2) zwar in der Tradition der Mobilen Jugendarbeit als selbstverständlich, aber längst nicht in der langjährigen Streetworktradition und in der aktuellen Entwicklung aufsuchender Jugendarbeit. In einem umfassenderen Sinne wäre als Anforderung also stattdessen heute allgemeiner zu formulieren: Alle Projekte benötigen auch stationäre Angebotsformen sowie Räumlichkeiten für Verwaltung und Organisation. Zweitens müsste unter Punkt vier statt speziell von ABM heute allgemeiner von für ein Jahr oder weniger gesicherten Stellen gesprochen werden.

Die von der Bundesarbeitsgemeinschaft Streetwork/Mobile Jugendarbeit Ende 1999 verabschiedeten Fachlichen Standards konkretisieren im wesentlichen die Empfehlungen der Landesjugendämter. Als Rahmenbedingungen der Arbeit unterscheiden sie vier Bereiche:

- Personelle Rahmenbedingungen
- Materielle Rahmenbedingungen
- Strukturelle Rahmenbedingungen
- Fachliche Begleitung/Supervision

Die als unerlässlich geltenden Rahmenbedingungen werden dann (ohne weitere Erläuterungen) in einer Tabelle aufgelistet, die im Folgenden wiedergegeben wird.

Personelle Rahmenbedingungen	Materielle Rahmenbedingungen	Strukturelle Rahmenbedingungen	Reflexion
– schriftliche Vereinbarung von Arbeitsauftrag und – Arbeitsplatzbeschreibung vor Projektbeginn	– Kommunikationsmöglichkeiten – geeignete Räumlichkeiten	– Vernetzung und Kooperation als Teil des Arbeitsauftrags	– Planung – Qualitätssicherung
– Feldanalyse/Feststellung des Hilfebedarfes	– Verfügungsgeld – Handgeld – Pauschale	– Einbindung in Hilfe- und Kooperationssysteme	– Mittel für Evaluation (finanzielle und zeitliche Ressourcen)
– Teamarbeit – bedarfsorientierte Teamkonstellation (gemischt-geschlechtlich/ multiethnisch – Stellenvolumen für Team (mindestens 2,5)	– Büroorganisation – Verwaltungskosten – Regiekosten – Honorarmittel	Dienstausweise	– kollegiale Beratung – Teambegleitung – Teamgespräch – qualifizierte Einarbeitung für KollegInnen
– unbefristete bzw. langfristige Arbeitsverträge – Honorarkräfte zur Ergänzung	– Fahrtkostenübernahme – Mittel für Mobilität	– verbindliche Zugänge zu Ämtern und Kooperations- und Ansprechpartnern aufbauen und pflegen	– Mitarbeiterbesprechung (Arbeitsbewertung)
– Einstellung von qualifiziertem Fachpersonal (SozialarbeiterInnen und vergleichbare Erfahrung und Kenntnisse)	– Mittel für Aktivitäten, Programme und Freizeiten – mobile Arbeitsmaterialien		
– tarifgemäße Bezahlung (BAT IV a) – Zulagen gemäß BAT Anlage 1 a	– Mittel zur Wahrnehmung der Fürsorgepflicht des Arbeitgebers	– Vertrauensschutz – Forderung: Zeugnisverweigerungsrecht	– Supervision
– Wahrnehmung der Fürsorgepflicht des Arbeitsgebers (z.B. in Fragen der Gesundheitsfürsorge und Ausstiegsszenarien)			– Fortbildung – Teilnahme an Fachtagungen

(Bundesarbeitsgemeinschaft 2000, S. 6)

6.3.2 Qualifizierung und Praxisberatung

Angesichts der insgesamt relativ differenziert formulierten Standards für die Arbeitsbedingungen fällt auf, dass in beiden zitierten Papieren Aussagen zur Grundqualifizierung ganz fehlen und dass Fortbildung, Praxisberatung und Supervision nur ganz pauschal benannt werden. Wenn man unterstellt, dass das nicht einfach vergessen wurde, dann deutet das darauf hin, dass beide Gremien in diesen Bereichen keinen ausreichenden oder weitreichenden Konsens für die Formulierung von Standards finden konnten. Damit ist es aber erst recht notwendig, hier auch auf diese Bereiche näher einzugehen.

In der Fachliteratur zur Jugendarbeit ist längst Konsens, dass als formale Mindestvoraussetzung für entsprechende Tätigkeiten mindestens der Abschluss eines Fachhochschulstudiums erwartet werden muss und dass vor allem Berufsanfängerinnen und -anfänger besonders dringlich begleitender Praxisberatung und Supervision bedürfen. Das gilt umso mehr natürlich, je brisanter die Arbeitsfelder und Aufgaben sind. Die Realität sieht aber in vielerlei Hinsicht ganz anders aus:

1. Tatsächlich sind in etlichen Bundesländern auch Erzieherinnen und Erzieher in diesem Bereich beschäftigt oder Absolventinnen und Absolventen länderspezifischer Kurzausbildungen an Akademien o.ä., außerdem nach wie vor teilweise sehr viele Kräfte ohne jede formale pädagogische Qualifizierung.
2. Vor allem im Rahmen von Arbeitsbeschaffungsmaßnahmen und Beschäftigungsförderung ist es in Ostdeutschland vielfach gängig geworden, Menschen ohne oder mit nur ganz geringer formaler Qualifizierung als Fachkräfte in der Jugendarbeit einzusetzen, teilweise sogar durch Zuweisung (ohne eigene Motivation *und* Kompetenz). Und das betrifft alle Tätigkeitsfelder, selbst die brisantesten.
3. In Westdeutschland erleben wir immer häufiger (vor allem im eher ländlichen und kleinstädtischen Bereich), dass Studierende ohne Studienabschluss eigenverantwortlich für den Aufbau von Projekten aufsuchender Jugendarbeit eingestellt werden, meist auf Teilzeit- oder Honorarbasis, oft ohne Teampartner und oft ohne Einbindung in Ausbildungs-, Fortbildungs- und Beratungsprozesse.
4. In der Jugendarbeit mit ihrem traditionell sehr hohen Anteil an ehrenamtlichen Kräften gibt es bis heute für bewährte Nichtprofessionelle – allerdings regional sehr verschieden ausgeprägt – etliche Möglichkeiten, auch ohne formal ausreichende fachliche Qualifizierung als Fachkraft eingestellt zu werden.
5. Und schließlich hält sich in der aufsuchenden Arbeit, vielleicht deutlicher noch als in etlichen anderen Bereichen Sozialer Arbeit, jene Ideologie, die den fachlich wichtigen Anspruch, möglichst vertraut zu sein mit den relevanten Problemlagen, gleichsetzt mit dem Verständnis, dass die-

jenigen als Fachkräfte Sozialer Arbeit besonders geeignet seien, die aus der gleichen Zielgruppe stammen, selbst aber inzwischen die dort typischen Problemlagen überwunden hätten. „Die andere Seite zu kennen", das mag in vielen Bereichen sehr gut und förderlich sein. Aber es zum *Kern* von Qualifizierung hochzustilisieren, das hieße, Qualifizierung auf *einen* Teilaspekt zu verkürzen, den der Fähigkeit zu zielgruppenbezogener Empathie. Ob aber solche Kräfte z.B. die professionell nötige Balance von Nähe und Distanz hin bekommen, welche Menschenbilder oder Werte sie jetzt vertreten oder ob sie über pädagogische Handlungskompetenzen verfügen, das alles ist dann z.B. längst noch nicht ausgemacht. Den intensiven und vertrauten Kontakt zur Zielgruppe bekommen sie zweifellos oft leichter und schneller. Aber das ist nicht *Ziel* pädagogischer Arbeit, sondern nicht mehr als ein erster Schnitt.

Wo es nicht um Ausbildung, sondern um Fortbildung und Beratung geht, da sieht es meist nicht besser aus. Vor allem der gesamte Bereich von Beratung und Supervision scheint so wenig standardmäßig abgesichert zu sein, dass diejenigen, die Beratung und Supervision erfahren, immer wieder darum beneidet werden. Nicht selten gilt das schon als Luxusausstattung. Dabei ist sich nicht nur die Fachliteratur, sondern sind sich auch alle Fachbehörden im Grundsatz darüber einig, dass in einem Arbeitsfeld wie der aufsuchenden Jugendarbeit Praxisberatung und Supervision nicht nur wünschenswert, sondern letztlich unverzichtbar sind. Allein am Geld dafür mangele es – angesichts anderer Prioritätensetzungen in der Finanz- und Haushaltspolitik.

Es würde zu weit führen, hier unterschiedliche Verständnisse darüber, was Praxisberatung und Supervision sind und leisten sollten, grundsätzlich und ausbreitend zu erörtern. Nur einige für die Praxis aufsuchender Arbeit wichtige Unterscheidungen sollen hier vorgenommen werden:

- Bei der Praxisberatung im klassischen Sinne geht es um Beratung für die Art und Weise der *Tätigkeit*. Bei Supervision im klassischen Sinne dagegen steht die *Person* des professionell Handelnden im Mittelpunkt, also die Frage, was sein oder ihr Handeln mit ihm oder ihr macht und wie er oder sie agiert.
- In der Praxis von Praxisberatung lassen sich zwei Grundmuster unterscheiden,
  - die *alltagsbegleitende* Praxisberatung, die so häufig und so alltagsnah stattfindet, dass aktuelle Anforderungen und Probleme aufgegriffen werden können, „wenn sie noch heiß sind",
  - die *problemzentrierte* Praxisberatung, die systematisch und themenzentriert jeweils einzelne Aspekte nach entsprechender Vorbereitung möglichst umfassend zu bearbeiten sucht.
- Neben Praxisberatung von außen hat die *kollegiale* Beratung einen zentralen Stellenwert. Sie zielt auf *gegenseitige* Beratung und Unterstützung innerhalb eines Teams oder Teamverbundes.

– Eine vierte, ergänzend wichtige Form ist die Ad-Hoc-Beratung in Extremsituationen. (Vgl. insgesamt zur Praxisberatung ausführlicher: Krafeld 1996, S. 133ff.)

All diese Formen sind für die aufsuchende Jugendarbeit wichtig. So ein ausdifferenziertes Angebot ist freilich bislang nur ausnahmsweise zu erreichen. Vergleichsweise am häufigsten ist als externe Leistung bislang wohl Supervision realisiert. Sie ist vielfach so angelegt, dass sie gleichzeitig zumindest einen Teil des Bedarfs an Praxisberatung abdeckt und an Ad-Hoc-Beratung in Extremsituationen. Gleichzeitig scheint es so, dass im Bereich aufsuchender Arbeit sehr viel häufiger und intensiver kollegiale Beratung realisiert wird als in vielen anderen Bereichen Sozialer Arbeit, wenn auch vielfach nicht formal methodisch fundiert, sondern eher informell und „selbstgestrickt" als regelmäßiger intensiver Austausch von Teams – oder von Kolleginnen und Kollegen, die „miteinander können".

6.3.3 Zum Umgang mit Substandards

Nun scheint es in der aufsuchenden Jugendarbeit normal zu sein, dass die Realität weit entfernt ist von dem, was als fachlich notwendiger Standard gilt. Folglich wäre es unrealistisch zu fordern, all solche Zustände dürfe es nicht mehr geben – und es dürfe sich kein Arbeitssuchender auf solche Bedingungen einlassen. Denn dazu fehlt es an Einfluss und Macht. Realistischer allerdings ist es,

1. jedenfalls die Unterschreitung von Standards nicht als selbstverständlich – oder als haushaltsbedingte „Sachzwänge" – hinzunehmen, sondern als *gewollte* Prioritätensetzung und als *gewollte* Begrenzung des Arbeitsauftrags,
2. offensiv für sich und im Team zu definieren, was die vorhandenen Bedingungen jeweils für professionelle Arbeitmöglichkeiten eröffnen, was also unter diesen Bedingungen professionell verantwortlich geleistet werden soll und kann – und was umgekehrt nicht,
3. sich als (potentieller) Kooperationspartner zu weigern, kompensatorisch durch vermehrte Hilfe oder Unterstützung von außen das aufzufangen, was vom Träger und/oder Financier letztlich gewollte und zu verantwortende Ausstattungsdefizite sind,
4. sich als (potentieller) Kooperationspartner zu weigern, Projekte mit unvertretbaren Arbeitsbedingungen „mit dem eigenen Namen" aufzuwerten.

Eine Verweigerung von Unterstützung für fachlich unvertretbare Projekte muss freilich nicht gleichzeitig bedeuten, unter solchen Bedingungen tätigen Fachkräften persönlich Solidarität und Beistand zu verweigern. Denn diese auch noch „allein im Regen" stehen zu lassen, das wäre sicherlich genauso verkehrt wie eine umgekehrte Haltung, sich dort umso mehr einzubringen, je problematischer dort alles wird. Aber überall da, wo Standards in der Praxis eindeutig und massiv unterschritten werden, da drängt sich unausweichlich als Doppelfrage auf: Ist dort dann aus professioneller Sicht eigentlich (noch) fachlich verantwortete aufsuchende Jugendarbeit – und damit auch deren kooperative Förderung und Unterstützung – vertretbar? Und wenn überhaupt, welche Elemente der Arbeit dann – und welche nicht?

In der Praxis wird es immer wieder schwierig sein, Kooperation und Unterstützung auf diejenigen Ebenen zu beschränken, auf denen ein fachlich vertretbares (Teil-)Ergebnis realistischerweise erwartet oder angestrebt werden kann – und sich gleichzeitig entschieden abzugrenzen davon, instrumentalisiert zu werden dafür, die strukturellen Defizite solcher Projekte zu kompensieren, notdürftig zu umschiffen oder zu verschleiern. Wie schwer im konkreten Fall solche Entscheidungen zu treffen sind, zeigt sich vor allem daran, dass man immer wieder mal in der Praxis auf Projekte stößt, in denen Mitarbeiterinnen und Mitarbeiter unter – im wahrsten Sinne des Wortes unverantwortlichen Bedingungen – etwas geschafft haben, was man aus fachlicher Sicht wahrlich nicht erwarten, allenfalls erträumen konnte. Es wäre vermessen, solchen Erfolgswegen aus prinzipiellen Erwägungen kooperative Unterstützungen zu verweigern. Andererseits: Seine Arbeitskraft dafür einzusetzen, dass ja vielleicht mal so ein Glücksfall eintritt, wäre auch nicht fachlich begründbar und nicht effektivitätsorientiert.

Mögliche Verweigerung von Kooperation und Unterstützung kann unterschiedlich wirken. Sie kann angelegt sein

- als potentielles Druckmittel gegenüber denen, die das jeweilige Projekt unter solch prekären Bedingungen installiert haben,
- als solidarische Haltung dort engagierten Personen gegenüber,
- und drittens als Schutz davor, selbst in einen Ineffektivitätssog hineingezogen zu werden.

Das Ganze ist dann jeweils ein Problemkomplex, den die einzelnen Mitarbeiterinnen und Mitarbeiter oft kaum eindeutig klären und entscheiden können ohne fachkompetente Praxisberatung und Supervision. Und wo sie ohne all das auskommen müssen – was leider allzu oft der Fall ist – da gibt es erst recht gute Gründe, nicht zu viel zu wagen und zu riskieren und sich auf diejenigen Arbeiten und Aufgaben zu konzentrieren, die *tatsächlich* kompetent angegangen werden können und die mit *größerer* Wahrscheinlichkeit eine effektive Arbeit im Sinne der jeweiligen Zielsetzungen erwarten lassen. Das heißt: Ohne fachliche Beratung und Unterstützung ist es angebracht, *weniger* zu wagen und zu riskieren, sich *weniger* auf unsicheres Terrain zu begeben als mit einem fachlich reflektierenden Rückhalt – und nicht etwa *mehr*, weil wahrscheinlich dort dann auch andere Arbeitsbedingungen besonders schlecht sind und gleichzeitig Probleme besonders drängen.

Eines aber zwingt der Umgang mit Substandards gewisslich immer wieder auf, nämlich den Zwang zu klaren Prioritätensetzungen. Was sonst schon nicht geht, das geht unter Bedingungen von Substandards noch viel weniger: Nämlich alles machen zu wollen – und alles gut machen zu wollen – oder jedenfalls so weit, dass in jeder Hinsicht notwendige Grundleistungen erbracht werden. Wer sich unter Bedingungen von Substandards (oder *wegen* dieser) scheut, klare Prioritäten zu setzen (zu denen immer gehört, auch vieles ganz nach unten zu setzen, für ganz vieles nur ganz wenig oder überhaupt keine Zeit aufwenden zu können, „was aber doch eigentlich ganz wichtig wäre“), der oder die wird von den anstehenden Aufgaben aufgefressen werden und nur mit viel Glück Erfolg haben. Solches Glück gibt es, viele kennen dafür Beispiele, nur hat es mit Fachlichkeit nichts zu tun, darauf zu setzen.

Prioritätensetzungen fragen nicht nach *Wichtigkeit*, sondern nach *Vorrangigkeit*. Und sich darauf einzulassen, das fällt vielen schwer, vor allem, wenn es um Arbeit mit Menschen geht. Und es fällt ein zweites dann besonders schwer: nämlich, möglichst gut zu differenzieren, *was* eigentlich an welcher Aufgabe *jetzt* und als *erstes* vorrangig wichtig ist – und was nicht. Schließlich gehört zu Prioritätensetzungen als andere Ebene auch immer wieder die Entscheidung, entweder an vielen Stellen wenige oder an wenigen Stellen viele oder sämtliche Anteile der knappen Ressourcen einzusetzen.

Aber nicht nur um Prioritäten geht es bei der Bewältigung von Substandards. Eine ganz andere Frage ist z.B. die, ob bestimmte Aufgaben unter bestimmten Bedingungen überhaupt fachlich fundiert angegangen werden können – oder ob man manches unter bestimmten Bedingungen gar nicht erst anfangen sollte. So entschied sich ein Team, das zunächst nur für acht Monate eingestellt wurde, um ein Projekt aufzubauen, dafür, in dieser Zeit keine Beziehungsarbeit aufzubauen, da der Abbruch gerade aufgebauter intensiver Beziehungen bei ihrer Zielgruppe unabsehbare Folgen befürchten lassen müsse. Ein anderer Mitarbeiter, dem seine Kollegin weggekürzt worden war, entschied sich, bestimmte brisante Orte und Situationen künftig völlig zu meiden, obwohl er gerade dort bislang auch vieles erreicht hatte. Und eine andere kündigte in ähnlicher Situation bestimmte Kooperationen auf, die für die aktuellen Arbeitsprioritäten nicht entscheidend waren – allerdings für die Repräsentanz des Projektes nach außen.

Bei all diesen Umgehensmustern und Strategien der Bewältigung von Substandards stellt sich natürlich immer auch die taktische Frage, welche Handlungsmuster vielleicht offensiv nach außen vertreten werden – und welche umgekehrt besser nicht offen gezeigt werden.

6.4 Zum Umgang mit Überforderungen

Gerade die Arbeit unter Substandards bringt für Mitarbeiterinnen und Mitarbeiter immer erhöhte Belastungen und Tendenzen zu Überforderungen mit sich. Dabei lässt sich feststellen, dass nicht nur viele solcher Belastungen und Überforderungen typische Merkmale aufweisen, sondern fast ebenso die Art und Weise, wie damit umgegangen wird. Und vieles davon erweist sich mit der Zeit als sehr problematisch oder kontraproduktiv. Um solche *problematischen* Muster der Verarbeitung von Überlastungen durch Mitarbeiterinnen und Mitarbeiter soll es nun im letzten Teil dieses Kapitels gehen. Festzustellen sind bei längeren Überlastungen zunächst meist zunehmende Teamkonflikte, vor allem durch

- unterschiedliche Belastungsgrenzen,
- unterschiedliche Leistungsverluste in extremen Belastungssituationen,
- unterschiedliche Prioritätensetzungen in extremen Belastungssituationen,
- unterschiedliche Felder besonderer Leistungsverluste in Extremsituationen,
- unterschiedliche Empfindlichkeitssteigerungen in Extremsituationen (z.B. niedrige Reizschwellen in *unterschiedlichen* Bereichen),
- unterschiedliche Bedeutung informellen Austausches bei extremer Belastung,
- unterschiedliche Kompetenzen und Kompetenzfelder zur Bewältigung von Extremsituationen.

Im Hintergrund entwickelt sich dann parallel sehr oft ein wachsendes Burn-Out-Risiko, besonders bei langfristigen Überforderungen und bei Überforderungsketten. Am meisten gefährdet sind dabei offenbar relativ weniger qualifizierte und weniger berufserfahrene Kräfte im Team und – auf einer anderen Ebene – diejenigen, denen im Umgang mit ihrer Arbeit und ihrer Zielgruppe keine ausreichende professionelle Balance zwischen Nähe und Distanz gelingt. Burn-Out-Syndrome sind oft – zumindest erst einmal – ein Schutzmechanismus, um solche Ungleichgewichte zu kippen und trotz Überforderungen wieder (über-)leben und arbeiten zu können.

Burn-Out-Probleme wirken sich letztlich aber kaum je nur auf einzelne Personen aus. Stecken einzelne Mitarbeiterinnen und Mitarbeiter deutlich in Burn-Out-Prozessen, so greifen diese in aller Regel sehr schnell auf das gesamte Team über, vor allem auf folgende Weise:

- *Wachsende Konkurrenz zwischen Interessen der Arbeitsplatzsicherung ausgebrannter Kolleginnen und Kollegen und den engagiert und qualifiziert Tätigen*
  Mit der (meist unterschwellig und verdeckt ablaufenden) Entscheidung, ob solche Problemlagen offen angegangen oder aber verleugnet werden, ob es gelingt, die Problemzusammenhänge im Team offen zu thematisieren (oder andersherum, sie zu verschleiern), sind meist schon wichtige Vorentscheidungen gefallen, welches Bewältigungskonzept im Team richtungsweisend wird.
- *Verlust an notwendiger Offenheit und Vertrauen im Team*
  Teamarbeit und kollegiale Beratung verlangen ein hohes Maß an Offenheit und Vertrauen im Team, die durch Konkurrenzgefühle und Ängste um Positionsverluste sehr leicht bedroht sind. Gerade fachlich Schwächere neigen dann in solchen Situationen leicht dazu, diese *fachlichen* Ansprüche zu personalisieren. Das beginnt oft damit, Vertrauen mit Freundschaft zu übersetzen und Offenheit mit dem Anspruch, von Kritik verschont zu werden.
- *Umlenkung der Ursachensuche bei Problemen und Konflikten*
  Wer sich der (Mit-)Verantwortung für problematische Entwicklungen entziehen will, der kann das am besten, wenn er die Ursachensuche auf ungefährliche Felder umlenkt – oder gar die eigene Rolle zu einer Opfer-

rolle umdefiniert. Besonders verbreitet ist es, Probleme dann ursächlich immer wieder auf Geschlechterdifferenzen, Generationsdifferenzen, kulturelle Differenzen oder auf Ausbildungsunterschiede zurückzuführen – und dann alles und jedes damit erklären zu wollen.

- *Behinderung und Blockierung von Weiterentwicklung, Qualitätssicherung und Evaluation*
  Jede konzeptionelle Weiterentwicklung, jede fachliche Qualifizierung der Arbeit, jedes neue und erweiterte Engagement und jede Kontrolle der Qualität der Arbeit trägt nebenher das Risiko in sich, dass Leistungs- und Kompetenz*unterschiede* im Team gravierender werden und dann aus diesem Grunde neue Konflikte entstehen. Für ausgebrannte Kolleginnen und Kollegen können daraus besonders leicht Bedrohungen erwachsen, von nachlassender Anerkennung bis zu Risiken des Arbeitsplatzverlustes. Entsprechend nahe liegt es, wenn sie solche Entwicklungen zu behindern und zu blockieren suchen, und wenn sie Kritik (oder auch Statusveränderungen) sehr schnell als persönliche Angriffe interpretieren.
- *Verlust von Kritikfähigkeit und der Qualität kollegialer Beratung im Team*
  Der Anspruch auf qualifizierten fachlichen Austausch und kollegiale Beratung reduziert sich in solchen Zusammenhängen leicht immer mehr auf Aspekte kollegialer *Atmosphäre* (z.B. durch gemütliche Kaffee-Runden), gegenseitiger emotionaler Bestätigung (durch die Freunde im Team, die zu einem halten) und in der Abgrenzung gegenüber als feindlich empfundenen Außenwelten (die dann oft schon mitten im Team beginnen). Und kollegiale Beratung sinkt dann leicht auf ein Niveau, bei dem „alte Hasen“ aus ihrem langjährig angesammelten Fundus an Alltagsbewusstsein *bewährte* Problemverständnisse und *bewährte* Problemlösungen als konkrete Tipps und Anregungen weitergeben.
- *Vernachlässigung schwieriger Arbeitsbereiche zugunsten des Aufbaus angenehmerer neuer*
  In der Jugendarbeit lässt sich immer wieder das Phänomen beobachten, dass Projekte aufsuchender Arbeit, sobald sie über ein Raumangebot verfügen, „häuslicher“ werden und Tendenzen entwickeln, immer mehr einrichtungsbezogen zu arbeiten. Und ungeheuer viele „altgediente“ Kräfte in der Jugendarbeit suchen sich außerdem immer angenehmere Zielgruppen und Aktivitäten, die dann nicht selten eher am *Rande* der besonders relevanten Problemfelder liegen.
- *Aufblähen von Kooperationen und Vernetzungen ohne deren Effektivitätskontrolle*
  Auch das ist ein altbekanntes Phänomen, nicht nur in der Jugendarbeit natürlich. Übersehen wird aber vielfach dabei, dass sich damit nicht nur Fachkräfte aus ihrer eigentlichen Arbeit „davonstehlen“ und „sich dabei wichtig tun“, sondern dass sie sich dabei gleichzeitig von außen in die Arbeit ihrer Kolleginnen und Kollegen einmischen. Nach außen hin gelten ausgerechnet sie vielfach als die relevanten Repräsentanten des Pro-

jektes. Und das senkt natürlich umgekehrt die Einflussmöglichkeiten derjenigen, die weiter engagiert „an der Basis" tätig sind.

Unter meist extrem unzulänglichen Arbeitsbedingungen bei gleichzeitig extremem Handlungs- und Erwartungsdruck werden in der aufsuchenden Jugendarbeit vielfach besonders engagierte Menschen tätig, die aber oft wenig Erfahrungen mitbringen, mit solch schwierigen Handlungssituationen umzugehen. Viele springen „ins kalte Wasser" oder werden hineingeworfen – meist ohne jede Begleitung und Unterstützung. Diese Kombination von Faktoren produziert extreme Risiken, dass solche Menschen irgendwann ausgebrannt sind, verschlissen wurden oder sich verschlissen haben. Sie werden damit in erheblichem Maße *Opfer* der Verhältnisse in weiten Teilen der aufsuchenden Jugendarbeit. Und genau das erschwert es dann andererseits, offensiv – und doch nicht rücksichtslos – mit einst verdienten Teammitgliedern umzugehen, wenn sie zu einer großen Belastung werden. Lieber dümpelt dann manches Projekt nur noch so dahin, zehrt von dem einstmals verdienten Image und sucht es zu konservieren.

Derlei Entwicklungen werden sicherlich immens begünstigt, wenn eine unreflektierte, undifferenzierte egalitäre Teamarbeit praktiziert wird, wenn also ganz allgemein davon ausgegangen wird, dass in einem guten Team alle gleich (und gleichberechtigt) seien, die Kompetenzen aller gleich relevant wären und all die, die nur die richtige Grundeinstellung haben, auch schon richtig (und gut) handeln werden. Derartige Teamvorstellungen sind in der Sozialen Arbeit ungeheuer verbreitet und favorisiert – zumal da, wo Hierarchien wenig direkt durchgreifen können. Und das gilt gerade auch für die aufsuchende Arbeit. Die Konsenssuche in solchen Teams dient dann – zumal in Krisenzeiten – kaum der Qualifizierung, sondern meist der Abwehr von Gefährdungen des Teamzusammenhangs oder der Ausgrenzung derer, die sich und ihre Arbeit nicht auf Minimalkonsense reduzieren lassen wollen. Und die Weiterqualifizierung oder die Spezialisierung einzelner wirkt in Teams egalitärer Generalisten dann leicht als Bedrohung für die anderen. Auch bei der Auswahl neuer Teammitglieder geht es dann leicht nicht primär um Qualifikation, sondern darum, wer „zu uns passt", wer sich also voraussichtlich leicht in vorhandene konsensuelle Muster einbinden lässt.

All das zeigt, dass egalitäre, gleichberechtigte Teamarbeit nicht die *Lösung* des Problems darstellt, wie Soziale Arbeit, zumal in wenig strukturierten Feldern, angemessen organisiert und entfaltet werden kann, sondern die Realisierung qualifizierter Teamarbeit zu den zentralen *Problemen* der Arbeit gehört. Soll nämlich Teamarbeit nicht in Ideologienebeln von Egalität verschwimmen, dann muss vor allem das Paradox bewältigt werden, einerseits auf besonders intensive und personal getragene Kooperation miteinander angewiesen zu sein, und es gleichzeitig im Team mit teils sehr unterschiedlichen Kompetenzen und Qualifizierungsprozessen zu tun zu haben, also mit Elementen von Hierarchisierung, die sich mit der Zeit meist sogar eher ausweiten als nivellieren werden.

7. Aufsuchende Arbeit und Polizei

7.1 Grundlagen von Kooperationen zwischen Jugendarbeit und Polizei

Die nun schon seit einer Reihe von Jahren in immer neuen Wellen laufende Debatte um Jugendkriminalität und Öffentliche Sicherheit fordert nicht zuletzt die Jugendarbeit dazu heraus, deutlicher als bislang Position zu beziehen zum Verhältnis zwischen Jugendarbeit und Polizei. Längst vorbei sind die Zeiten, in denen Jugendarbeit sich ganz pauschal auf die Ablehnung jeder Kooperation zurückziehen konnte. Gerade in der aufsuchenden Jugendarbeit war die Tabuisierung entsprechender Kontakte nie durchzuhalten. Immer wieder ging und geht es gar nicht anders, als sich irgendwie auf Kontakte mit der Polizei einzulassen – so schwer es vielen Jugendarbeiterinnen und Jugendarbeitern auch fiel, angesichts ihres eigenen Polizeiverständnisses und immer wieder bestärkt durch Empörung auslösende Vorfälle im Polizeiverhalten. In Berlin wurde daher schon Anfang der 90er Jahre eine unabhängige Clearing-Stelle für Konflikte zwischen Sozialarbeit und Polizei eingerichtet. Deren Erfahrung über die Jahre ist, dass sie sich vor allem bei kleineren und örtlich begrenzten Konflikten oft sehr effektiv einmischen kann, in den grundsätzlicheren Problembereichen aber vielfach kaum etwas zu bewegen ist, weil sie dabei auf Polizeiseite immer wieder auf schier unüberwindlich wirkende Mauern stößt.[40]

Nachdem in der Jugendarbeit inzwischen kaum noch Kooperationen mit der Polizei *prinzipiell* abgelehnt werden, drängt die Aufgabe immer mehr, diese – gerade angesichts vieler Konfliktrisiken und Verunsicherungen – möglichst gezielt und fundiert zu entfalten. Veränderungen in den Polizeistrategien haben solche Verunsicherungen in den letzten Jahren teilweise noch erheblich verstärkt. Zu nennen sind dazu vor allem zwei Momente:

---

40 Clearingstelle Jugendhilfe/Polizei, c/o SPI, Kremmener Str.9-11, 10435 Berlin; www.stiftung-spi.de. Diese Clearingstelle hat u.a. inzwischen eine ganze Serie von Infoblättern zu relevanten Einzelthemen herausgebracht, u.a. zu Schweigepflicht und Anzeigepflicht, zum Zeugnisverweigerungsrecht, zum Umgang mit drohenden Strafverfahren, zum Waffenrecht, zu Aufenthaltsverboten – bis hin zu Interventionen bei Suizidabsicht. (Alle auch im Internet abrufbar.)

1. Auf verschiedenen Ebenen deutet sich an, dass die Polizei im Umgang mit auffälligen Jugendlichen zunehmend auch Methoden der Sozialarbeit einsetzt oder einsetzen will. In der Jugendarbeit wird darin die Gefahr gesehen, dass dadurch Abgrenzungen verwischt werden und notwendiges Vertrauen in der Jugendarbeit untergraben wird.
2. Zusätzlich verunsichert fühlt sich Jugendarbeit vielfach durch die neue Polizeistrategie der demonstrativen Präsenz und der häufigen präventiven und niedrigschwelligen Interventionen gegenüber Personen und Personengruppen, die als verdächtig oder kriminalitätsanfällig erscheinen. Die Konjunktur solcher Strategien wird zum einen als Indiz dafür gesehen, dass gesellschaftspolitisch offenbar immer stärker auf Interventionen staatlicher Ordnungskräfte gesetzt und somit der Sozialpolitik und der Sozialarbeit immer weniger zugetraut wird. Gleichzeitig wird befürchtet, durch derartige polizeiliche Strategien immer mehr an Handlungsräumen und Handlungsmöglichkeiten einzubüßen und entsprechende Handlungsgrundlagen genommen zu sehen.

Während die Übernahme sozialpädagogischer Methoden die Grenzen zwischen beiden Professionen ver*wischt*, findet mit erweiterten ordnungspolitischen Maßnahmen eine Ver*schiebung* von Grenzen statt. Die Angst vor einem *Verwischen* der Grenzen reagiert auf *reformerische* Ansätze innerhalb der Polizei, die darauf zielen, sich verstärkt pädagogischen Sichtweisen gegenüber zu öffnen als einer *anderen* Form gesellschaftlicher Intervention gegenüber dem konventionellen polizeilichen Instrumentarium. Die Angst vor einer *Verschiebung* von Grenzen dagegen ist eine Reaktion auf jene *ordnungspolitischen* Tendenzen in Politik und Polizei, die in Zeiten gesellschaftlicher Umbrüche und Krisen auf verschärfte Kontrollen und Sanktionen zur Aufrechterhaltung innerer Sicherheit setzen.

Nicht zutreffend und allzu pauschal ist allerdings die vielfach in diesem Zusammenhang vorgebrachte Behauptung, mit jener Ordnungspolitik solle bloß *reagiert* werden, statt Ursachen anzugehen. Unter dem Begriff „Prävention“ wird vielmehr gerade auch von dieser Ordnungspolitik zunehmend in Anspruch genommen, schon im Vorfeld das Entstehen von Kriminalität verhindern und entsprechend schon deren Ursachen angehen zu wollen. Anders als z.B. in New York, dem von der aktuellen Ordnungspolitik seit Jahren vielbeschworenen Vorbild, wird in Deutschland Ordnungspolitik praktisch durchgängig auch oder vor allem als präventive Maßnahme der *Erziehung* verstanden. Aus der Selbstverständlichkeit, dass Erziehung auch Grenzen setzen muss, wird aus ordnungspolitischer Sicht dann allerdings allzu leicht eine *Reduzierung* von Erziehung auf das Setzen von Grenzen und auf die Anpassung an geltende Normen und Regeln. In New York dagegen wird vom Bild einer Gesellschaft ausgegangen, in der Ordnungsmaßnahmen dazu da sind, jene soziale Kompetenzen und Verantwortlichkeiten zu *ersetzen*, die sich heute (in einer durch und durch hochindividualisierten Konkurrenzgesellschaft) nicht mehr herstellen, auch nicht mehr anerziehen ließen. Die dort propagierte „Null-Toleranz" wird bei uns also *pädagogisch* – nämlich als umerziehend – gedacht, dort als *Abschreckung* (gegenüber sowieso als unsozial angesehenen potentiellen Tätern) praktiziert.

Wenn allerdings hier in Deutschland unter *Prävention* letztlich vor allem eine Form erzieherischen Handelns verstanden wird, dann geht es ganz vorrangig oder sogar ausschließlich um Anpassung und Unterordnung, die teilweise noch voll in der Tradition des Obrigkeitsstaates verfangen ist. Kinder und Jugendliche zählen in Präventionskonzepten fast durchgängig nicht als *Subjekte*, die danach streben und streben sollen, aus ihrem Leben etwas zu machen (und deren entsprechenden Rechte dazu zu schützen sind), sondern bloß als *Objekte*, die sich in Erwachsenenwelten immer wieder als störend bis bedrohlich erweisen (oder erweisen könnten) – und die genau davon effektiver abgehalten werden sollen. Jede Soziale Arbeit, die den Anspruch hat, dass sich ihre Zielgruppen als *Subjekte* ernst genommen fühlen, muss sich also dagegen verwahren, von derartiger Ordnungspolitik instrumentalisiert zu werden und eine „Erziehung zur Freiheit" durch eine Erziehung zu Anpassung und Gehorsam ersetzen zu sollen. Denn Ordnungspolitik darf in einer Demokratie nie die „Erziehung zur Freiheit" verdrängen oder ersetzen. Entwicklungen in Richtung Zivilgesellschaft müssen genau anders herum laufen.

Die seit mehreren Jahren laufende Präventionsdebatte wird das Einflussverhältnis zwischen Polizei und Sozialarbeit sicherlich weiter verändern. Dabei gilt: Je weniger es gesellschaftlich gelingt (oder gewollt ist), die *Ursachen* gesellschaftlicher Umbrüche und Krisen zum Wohle der Betroffenen zu bewältigen, umso mehr wächst dann die Erwartung an eine (im Grunde immer mehr re-aktive) Prävention und Intervention durch die Polizei und durch eine in ihren Möglichkeiten immer mehr eingeengte Soziale Arbeit. Die Erwartungen an *beide* werden mit dem Anwachsen von Problemen weiter steigen – und genauso die gegenseitigen Vorwürfe. Gesellschaftspolitisch geht es hier also vom Prinzip her um die Gefahr der Instrumentalisierung *beider*; von Sozialer Arbeit wie auch der Polizei. So wird sich zeigen, dass ein Zurückdrängen Sozialer Arbeit letztlich der Polizei vielfach ihre Arbeit noch viel schwerer machen wird. Denn weder Soziale Arbeit noch die Polizei werden je imstande sein, unbewältigte gesellschaftliche Probleme und Krisenerscheinungen tatsächlich zu bewältigen und zu überwinden.

Angesichts dieser Situation macht es Sinn, sich präziser als bislang üblich darüber zu verständigen, was das jeweils *eigenständige* Profil von Jugendarbeit und von Polizeiarbeit ausmacht. Es soll also im Folgenden versucht werden, die entscheidenden Unterschiede zwischen Jugendarbeit und Polizei gegenüberzustellen und damit deren je *eigenes* Profil voneinander abzugrenzen. Auf dieser Grundlage sollen danach einige zentrale Befürchtungen auf Seiten der Jugendarbeit betrachtet werden. Den Abschluss bildet dann eine kurze Problematisierung des Begriffs „Prävention" und dessen gegenwärtiger Verwendung.

Grundsätzlich lassen sich zwischen Jugendarbeit und Polizei folgende wichtige Unterscheidungen treffen:

Vergleich der Profile von Jugendarbeit und Polizei

	Jugendarbeit	Polizei
Zentrale Aufgabe	Förderung der Entwicklung junger Menschen	Tatverfolgung und Tatverhütung
Handlungscharakter	sozialarbeiterische Intervention	ordnungspolitische Intervention
Hauptblickrichtung	Blick auf Zukünftiges; aktiv; lebensorientiert	Blick auf Vergangenes; reaktiv; tatorientiert
Handlungsfeld	Einmischung in Lebenswelten	Einmischung in kriminogene Felder
Grundsätzliches Ziel	allseitige Entfaltung von Lebensqualität	Verbesserung der Lebensqualität „Sicherheit"
Handlungsleitendes Ziel	Begleitung und Unterstützung von Lebensbewältigung	Verhinderung und Aufklärung von Normverletzungen
Zentrales Erfolgskriterium	Emanzipation und Lebensentfaltung	Anpassung und Domestizierung
Ansetzen ...	an Kompetenzen und Defiziten (von Person und Umfeld)	an Taten und deren unmittelbarem sozialen Nährboden
Konzentration ...	... auf Können und *Nicht*-Können	... auf *verbotenes* Können
Rolle der Jugendlichen	Subjekte von Emanzipation	Objekte normativer Intervention
Zentrale Handlungsgrenzen	Grenzen der Motivation und Bereitschaft der Jugendlichen	Einhaltung des Legalitätsprinzips (ohne Ermessensspielräume)
Zentrales Problem zielorientierter Arbeit	gelingenderer Umgang mit Lebensbewältigungs*dilemmata*	Effektivierung von Strafverfolgung und Gefahrenabwehr

Gerade das als letztes angeführte „zentrale Problem zielorientierter Arbeit" markiert besonders konturiert die unterschiedlichen Profile von Jugendarbeit und Polizei und grenzt sie entsprechend voneinander ab. Eine Jugendarbeit, die Konturen- und Profilverlust durch veränderte Arbeitsweisen der Polizei befürchtet, hat als erstes und wichtigstes erst einmal ihr eigenes eigenständiges und unverwechselbares Profil *offensiver* nach außen hin zu präsentieren und zu demonstrieren. Das ist der beste und sicherste (wenn auch oft nicht ausreichende) Schutz vor Profilverlust und Profilgefährdung. Aber genau daran mangelt es ganz oft in der Praxis.

Die obige Gegenüberstellung macht ein Weiteres deutlich: Selbst, wenn die Polizei möglicherweise in Zukunft vermehrt Methoden und Instrumentarien einsetzen sollte, die originär eigentlich dem Handlungsfeld Sozialer Arbeit entsprechen, dann gefährdet das allein noch längst nicht das *je eigene* Profil beider Tätigkeitsfelder. Das gilt selbst dort, wo die Polizei dafür vielleicht exzellente Fachleute hat. Denn auch dann, wenn die Polizei sehr kompetent Methoden von Jugendarbeit nutzt, handelt sie durchgängig als Polizei(!) und ist entsprechend *deren* Auftrag verpflichtet. Denn auch eine herausverlagerte und besonders präventiv ausgerichtete Ordnungsarbeit und Produktion von Sicherheit ist und bleibt eine Ordnungsarbeit. Selbst wenn die Polizei zukünftig neben Polizeibeamten auch eigenen Pädagoginnen und Pädagogen einsetzt (wie z.B. schon jetzt im Aussteigerprogramm des LKA Baden-Württemberg), dann sind diese primär dem polizeilichen Auftrag verpflichtet (nur z.B. nicht unmittelbar dem Legalitätsprinzip unterworfen). Und auch die Polizei selbst versteht solche Personalergänzungen als Verbesserung polizeilicher Arbeit, nicht primär als pädagogische Arbeit.

Die Befürchtung im Übrigen, dass künftig vielleicht Jugendliche die Unterschiede nicht mehr erkennen oder hinter Jugendarbeit verdeckte Polizeitätigkeit vermuten, wird immens überbewertet. Es spricht einiges für die Vermutung, dass das primär die Angst von Jugendarbeiterinnen und Jugendarbeitern ist, nicht die von Jugendlichen. Denn für die meisten Jugendlichen, zumal für diejenigen, für die sich gleichzeitig Polizeiarbeit interessiert oder interessieren könnte, scheint es sowieso selbstverständlich zu sein, bei Annäherung von Sozialer Arbeit in ihren Lebenswelten erst mal genau zu erkunden, wer das eigentlich ist und was die eigentlich wollen. Die Frage, ob die Jugendarbeiterinnen und Jugendarbeiter von der Polizei sind, gehört für jene selbstverständlich dazu. Andererseits, wo Jugendarbeit *selbst* vielleicht ihr Profil nicht ausreichend klar hat oder nicht ausreichend klar nach außen zu zeigen imstande ist und *deshalb* auf entsprechende Anzeichen in der Arbeit der Polizei verunsichert reagiert, da sollten nicht andere verantwortlich gemacht werden für mögliche Folgen von Defiziten in der eigenen Arbeit. Eigene Diffusitäten schlagen zumal deshalb vielfach als Ängste zurück, weil die „Gegen"-Seite Polizei nicht nur viel mächtiger ist, sondern weil die Polizei umgekehrt mögliche Rollendiffusionen in den eigenen Reihen sehr leicht durch Accessoires des staatlichen Gewaltmonopols überkompensieren kann (und auch tut). Die anhaltende Weigerung der Polizei, Namensschilder zu tragen, ist dafür ein zentrales Beispiel.

Die meist von Jugendarbeit als Wichtigstes angeführte Begründung für Ängste vor der Nutzung sozialarbeiterischer Methoden durch die Polizei ist allerdings der Hinweis auf verbreiteten *Macht*missbrauch bei der Polizei. Dieser Hinweis kann aber jedenfalls bei *diesem* Problem des Umgangs zwischen Jugendarbeit und Polizei wohl kaum eine Rolle spielen. Denn der Einsatz von Methoden Sozialer Arbeit wird sich in aller Regel gerade *nicht* mit Macht – oder gar deren Missbrauch – realisieren, sondern allerhöchstens *daneben* in anderen Handlungsbereichen von Polizei. Und dann ist *das* das Problem!

In diesen Zusammenhang gehört auch die am häufigsten in der Jugendarbeit geäußerte Befürchtung, dass Polizei im Gewand Sozialer Arbeit tätig werde, also *verdeckt* agiere. Denn das wäre ein eindeutiger Machtmissbrauch und im Übrigen auch rechtswidrig, denn

1. würde in solch einem Falle eine gesetzlich geschützte Berufsbezeichnung in Anspruch genommen und gleichzeitig die Vortäuschung einer gesetzlich geregelten Leistung nach dem KJHG praktiziert und
2. noch fundamentaler, würde das letztlich dem Einsatz geheimdienstlicher Methoden gleichkommen, der der Polizei verfassungsrechtlich nicht zusteht.

Einfluss- und Machtmöglichkeiten sind zwischen Jugendarbeit und Polizei extrem ungleich verteilt. Und weil der Polizei das Gewaltmonopol im Staate übertragen ist, ist damit strukturell natürlich auch die Gefahr des Missbrauchs dieser Machtstellung gegeben, und zweitens die Gefahr, derartige Missbräuche dann, wenn sie geschehen sind (ob mit Befehl von oben oder durch eigenmächtiges Überschreiten der Kompetenzen), mit aller zur Verfügung stehenden Macht unentdeckt oder wenigstens unsanktioniert bleiben zu lassen. Welche Wirkung z.B. Strafanzeigen gegen Polizeibeamte haben, das gibt immer wieder Anlass zu Empörung in der Öffentlichkeit. Und wie schwerfällig in dieser Hinsicht selbst kleinste Änderungen im Polizeiapparat durchsetzbar sind, ist auch hinlänglich bekannt.

Und trotzdem gibt es keine Alternative dazu, Wege des Umgangs mit der Polizei zu suchen, und zwar so wie sie heute ist, nicht, wie sie erstrebenswert ist. Jugendarbeit wird kaum Erfolg damit haben können, die aktuelle Entwicklung zu mehr Ordnungs- und Sanktionspolitik zulasten von Sozialpolitik und zivilgesellschaftlicher Entfaltung aufzuhalten und die Polizei von legalen Erweiterungen ihrer Handlungsinstrumentarien abzuhalten. Chancen hat Jugendarbeit in Ihren Bemühungen um Abgrenzung zur Polizei letztlich wohl weithin nur da, wo sie offensiv ihr *eigenes* Profil, ihre *eigenen* unverwechselbaren Stärken und Leistungen herauskehrt – zumal jene, die nur im Rahmen *dieser* Profession wirklich zur Entfaltung gebracht werden können (nicht aber z.B. durch noch so sozialarbeiterisch qualifizierte Polizeibeamte oder durch pädagogische Fachkräfte im Polizeidienst). Was das im Umgang mit Jugendlichen vor allem sein kann, das soll im Folgenden anhand von divergierenden bis konträren Mustern konkretisiert werden:

Profilbedingte Handlungsmuster von Jugendarbeit und Polizei

	Jugendarbeit	**Polizei**
Orientierung auf die Person	insgesamt	nur auf polizeirelevante Sektoren
Orientierung auf Lebensrealitäten	insgesamt	nur auf polizeirelevante Sektoren
Einmischung in Lebenswelten	insgesamt	nur in polizeirelevanten Sektoren
Umgang mit Lebensentfaltung + Lebensqualität	allg. Förderung und Unterstützung	Förderung der Lebensqualität „Sicherheit"
Umgang mit Benachteiligungen	Bemühungen um Abbau	Zurechtweisen in Schranken
Einmischung in Konflikte	parteilich für die Jugendlichen	legalistisch *und* machtentsprechend
Umgang mit Partizipationsinteressen	Förderung besitz-unabhängiger, also gleichberechtigter Partizipation	Durchsetzung gesetzlich geregelter (besitzabhängiger) Partizipation
Reaktion auf Substrategien der Lebensbewältigung	Förderung sozial verträglicherer Chancennutzung	Bekämpfung nichtlegaler Substrategien
Umgang mit Dilemmata bei Jugendlichen	entsprechend den Chancen zur Lebensbewältigung	entsprechend der Rangigkeit verschiedener Normen
Umgang mit Normverletzungen	persönlichkeitsfördernde Intervention	Strafverfolgung

7.2 Hintergründe und Zielrichtungen aktueller Präventionsdebatten

Seit Jahren schon erleben wir eine Welle von ordnungs- und sicherheitspolitischen Debatten, die hinsichtlich des Umgangs mit jungen Menschen immer in entsprechende Präventionsdebatten münden. Auch wenn es längst nicht immer direkt deutlich wird, reagieren diese Debatten letztlich auf Verunsicherungen, die die veränderten Bedingungen des Aufwachsens junger Menschen in unserer Gesellschaft auslösen. Denn

- je unsicherer in unserer Gesellschaft die Integration junger Menschen in die Gesellschaft wird,
- je ungewisser Wege ins Erwerbsleben und Wege zum soziokulturell gängigen Konsumleben werden,
- je ungewisser damit Chancen zu gesellschaftlicher Teilhabe werden,
- je eingeschränkter zudem Möglichkeiten der Partizipation ohne entsprechende materielle Ausstattung werden,

umso größer wird die Tendenz und das Risiko, dass Jugendliche immer öfter und stärker nach gesellschaftlichen *Substrategien* zur Durchsetzung entsprechender Interessen suchen. Jugendarbeit und Polizei werden sich dabei einerseits immer wieder auf fundamental unterschiedlichen Positionen im Umgang mit diesen gesellschaftlich produzierten Problemlagen befinden. Und gleichzeitig werden sie sich in dem Erleben gesellschaftlicher Funktionszuschreibungen auch immer wieder ganz ähnlich instrumentalisiert und missbraucht erleben, nämlich entweder als diejenigen,

- die als staatlicher Gewaltapparat „die Suppe auszulöffeln haben“,
- die das „durchzuknüppeln“ haben, was ihnen die Politik „eingebrockt“ hat,

oder als diejenigen,

- die als soziale Feuerwehr die Brände bekämpfen sollen, die durch das Zündeln anderer produziert sind,
- die „den Stiefel“ zum Stillhalten bewegen sollen, nachdem „der Schlips“ ihn tagsüber zum Zutreten angestachelt hat,
- die denjenigen Gelderwerb durch fleißige Arbeit *ohne* Lohnsteuerkarte ausreden soll, die es *mit* Lohnsteuerkarte nicht dürfen,
- die diejenigen von *krummen* Geschäften abbringen soll, denen keine Chance gegeben wird, *gerade* Geschäfte zu machen

usw..

All das soll möglichst präventiv geschehen, ob in der Sozialen Arbeit oder bei der Polizei. Prävention ist seit Jahren geradezu *das* zentrale *Schlagwort* dafür. Aber wer von Prävention redet, der arbeitet in aller Regel kaum daran, die ursächlichen Lebensbedingungen und Lebensverhältnisse menschenwürdiger und lebenswerter zu gestalten – und mit Risiken der Lebensbewältigung angemessener umgehen zu können. Unter Prävention wird vielmehr durchweg ein Handeln verstanden, dass lediglich mögliche *Auswirkungen* solcher Realitäten im Blick hat. Mit Prävention geht es um das Bemühen, schon möglichst frühzeitig daraus resultierende Risiken und Gefahren abzubauen. Ob sich dabei aber dann an den Ursachen etwas ändert oder ob lediglich verhindert wird, dass „der fruchtbare Schoß gebiert", das ist dabei zu allermeist irrelevant.

Allenfalls ist es noch die Unmöglichkeit, sich dauerhaft und gesichert vor den Auswirkungen sozialer Probleme, sozialer Umwälzungen und sozialer Reformen zu schützen, die immer wieder den Blick *auch* auf die Ursachen lenkt. Praktische Konsequenzen hat aber selbst das kaum. Denn wir leben heute in einer Gesellschaft, in der der Blick in die Zukunft zunehmend Angst macht. Und wo die Zukunft Angst macht, da wächst auch die Angst vor denen, die diese Zukunft repräsentieren und gestalten werden – die Jugend! Denn Jugend ist Zukunft! So macht also unsere Gesellschaft ihre Jugend vom Hoffnungsträger zum Risikofaktor! Und Prävention wird dann allzu leicht zu einem Schutz der Gesellschaft vor einer Jugend, die ihr Recht auf Zukunft und Leben einfordert. Das heißt: Prävention wird wichtig in einer Gesellschaft, der der Blick auf die Zukunft und der Blick auf die Träger von Zukunft primär Angst macht, statt Hoffnungsträger zu sein.

Die wohl deutlichste Ausformung dieses Verständnisses von Prävention zeigt sich in den zunehmenden Bestrebungen, in Präventionsräten ausgerechnet der Polizei *eine* oder gar *die* entscheidende Rolle zuzuweisen, oder Präventionsräte gar zu Hilfsorganen polizeilicher Arbeit zu machen – so, als ob die Polizei der eigentliche *Motor* gesellschaftlicher Modernisierung sei (und nicht lediglich dazu da, dafür zu sorgen, dass dieser Prozess in einigermaßen „geordneten" Bahnen abläuft). Auf diese Weise wird letztlich das Recht auf „Sicherheit" dem (Grund-)Recht auf „Lebensentfaltung und Lebensqualität" übergeordnet, statt als *ein* (sicherlich nicht unwichtiger) Faktor davon gesehen zu werden. Und solch eine Ziel- und Werte*umkehrung* verträgt sich letztlich nicht mit den Zielen und den Werten einer demokratischen Gesellschaft, die auch in Krisenzeiten zivilgesellschaftlichen Ansprüchen treu bleiben will und soll.

Zusammenfassen lässt sich der Gehalt der Präventionsdiskussion der letzten Jahre in folgenden zehn Thesen:

Thesen zur Präventionsdiskussion

1. Die aktuelle Jugendkriminalitätsdebatte ist im Kern der Versuch, ein *gesellschaftliches* Problem in ein *Generationsproblem*, in ein Jugendproblem umzudefinieren.
2. Die aktuelle Sicherheitsdebatte *projiziert* Ängste vor weiteren gesellschaftlichen Erosionen und Umbrüchen auf Bevölkerungsgruppen, die (vor allem aufgrund ihres Alters oder aufgrund von Zuwanderung) nicht voll integriert sind.
3. Nicht „die Jugend" ist das Problem, sondern die Bedingungen ihres Aufwachsens sind es.
4. Jugend ist nicht der entscheidende Verursacher wachsender Sicherheitsrisiken in der Gesellschaft. Aber allein jene Sicherheitsrisiken, die von der Jugend ausgehen, lassen sich thematisieren, ohne damit auch gleich die herrschenden gesellschaftlichen Verhältnisse zu problematisieren.
5. Die eskalierenden Bedrohungs*gefühle* in der Gesellschaft haben sich so weit von den tatsächlichen Bedrohungs*risiken* entfernt, dass sie den Blick für reale Probleme nicht schärfen, sondern eher verstellen. Sie werden oft geradezu zum Alibi dafür gemacht, sich mit den realen Problemen *nicht* zu beschäftigen.
6. Prävention scheint zunehmend andere Funktionen von Jugendpolitik und Jugendhilfe in den Hintergrund zu drängen. Die traditionelle Balance von Hilfe und Kontrolle in der Sozialen Arbeit droht damit zu kippen.
7. Die Jugendkriminalitätsdebatte hat eine den Erwachsenen immer mehr fremd gewordene Jugend im Blick, mit der ein Dialog meist nicht einmal mehr *gesucht* wird.
8. Praktisch die gesamte gegenwärtige Krisenbewältigungs- (und Modernisierungs-)diskussion ist getragen von einer Grundhaltung, die Tragweite von Veränderungen gesellschaftlicher Verhältnisse nicht zur Kenntnis zu nehmen – und folglich weiter mit den *Rezepten von gestern* auf die Probleme von heute und morgen zu reagieren.
9. Prävention in den Mittelpunkt zu stellen und ihr alles andere unterordnen zu wollen, das signalisiert letztlich eine resignierte Abkehr vor der Aufgabe, das Leben für alle lebenswert und menschenwürdig zu gestalten.
10. Zusammenfassend lässt sich sagen: Eine Gesellschaft, die der Jugend keine Zukunft, zumindest keine wirklich kalkulierbaren Wege dahin mehr bieten kann, hat guten Grund, sich vor dieser Jugend und vor deren Ansprüchen zu fürchten und zu schützen. Das – und nichts anderes – ist der eigentliche Kern der Jugendkriminalitäts- und der Präventionsdebatte!

205 - 313

8. Aufsuchende Arbeit – wo sind die Grenzen?

Aufsuchende Jugendarbeit insgesamt, ganz besonders aber jene, die sich gewaltauffälligen oder gar rechtsextremistisch auffälligen Jugendlichen zuwendet, wurde und wird immer wieder mit der Auffassung konfrontiert, mit bestimmten jungen Menschen dürfe sie nicht oder nicht mehr arbeiten. Oder es wird die Frage, wo in der Arbeit Grenzen gezogen werden, zur wichtigsten Frage überhaupt erhoben. Die Ausgrenzung bestimmter Zielgruppen gilt vielen immer noch – und immer wieder – als wichtigster Beweis professionell verantwortlichen Handelns, moralischer Reife und politischer Verantwortung. Dabei sagt das KJHG in seinem §1 ausdrücklich: „Jeder junge Mensch hat ein Recht auf Förderung seiner Entwicklung ...". Und jeder heißt natürlich: auch jeder junge Straftäter, auch jeder junge Rechtsextremist zum Beispiel. Denn dieses Recht auf Leistungen der Jugendhilfe kann man laut Gesetz nicht verwirken, selbst nicht mit schlimmsten Auffassungen, Haltungen oder Taten. Und es hört auch da nicht auf, wo gleichzeitig andere gesellschaftliche Interventionen stattfinden oder stattfinden müssten, sei es durch Polizei oder Justiz – oder auch durch Therapie.

1997 brachte das ZDF einen Film über Straßensozialarbeit in Medellin (Kolumbien)[1], einer Stadt, in der seinerzeit schätzungsweise über 400 Jugendbanden und 13 Milizen agierten und in der pro Monat ca. 500 junge Menschen umgebracht wurden, davon etliche durch (fast durchweg unter 18jährige) Auftragskiller. Das Projekt war in einem der extrem betroffenen Stadtteile angesiedelt und verfolgte als wichtigstes Ziel, zumindest erst einmal dazu beizutragen, dass die Zahl der Morde nicht noch immer weiter stieg. Kurz nach Ausstrahlung jenes Films wurde ich eingeladen[2], mit zweien jener Sozialarbeiter die Erfahrungen in der Sozialen Arbeit mit gewaltauffälligen Jugendlichen in Kolumbien und in Deutschland miteinander zu vergleichen.

---

1 „Todesangst und Lebenslust. Kampf gegen Gewalt in Medellin" von Gerlinde Böhm. Berlin 1997 (30Min.), gesendet am 25.2.1997.

2 Zu einer entsprechenden Fachtagung eingeladen hatte die Katholische Akademie Rabanus Maurus in Mainz vom 27.-29.10.1997.

An die Eindrücke von dieser Tagung muss ich immer wieder denken, wenn in Deutschland irgendwo verkündet wird, hier, da oder dort habe Sozialarbeit die Grenzen ihrer Möglichkeiten erreicht. In Erinnerung an jene fachlich hochkompetenten (und keineswegs leichtsinnig agierenden) Sozialarbeiter aus Medellin drängt es mich dann zu fragen, ob an dem behaupteten Punkt wirklich Sozialarbeit *grundsätzlich* ihre Grenzen erreicht hat. Oder haben da lediglich bestimmte Sozialarbeiter, Wissenschaftler oder Politiker ihre aktuelle *persönlich* relevante Grenze erreicht? Was sind es tatsächlich für Gründe, die jene Grenzenverkünder zu ihren Grenzziehungen veranlassen? Und inwiefern decken sich diese Gründe eigentlich mit professionellen Selbstverständnissen Sozialer Arbeit – oder auch nicht?

Das Recht, nicht ausgegrenzt zu werden

Mir wird in all den vielen Debatten um Grenzen Sozialer Arbeit viel zu selten gefragt: Geht es um *grundsätzliche* Grenzen Sozialer Arbeit? Oder geht es um die Grenze dessen, was man momentan als Soziale Arbeit anbieten *kann* oder *will?* Denn dann würde sich zeigen, dass es in der Praxis eigentlich immer um die zweite Ebene geht. Argumentiert wird dann meist vom Grad der Auffälligkeiten und Anstößigkeiten der Zielgruppe her, oder von den eigenen personellen oder institutionellen Belastungsgrenzen. Relativ selten dagegen wird ernsthaft grundsätzlicher nach Grundverständnissen, nach professionellen Selbstverständnissen Sozialer Arbeit gefragt. Vieles, was als unabdingbare Grenze ausgegeben wird, widerspricht – wie schon erwähnt – den gesetzlichen Vorgaben im KJHG. Denn danach hat jeder ein nicht verwirkbares Recht auf solche Angebote der Jugendhilfe, die seine Entwicklung und Erziehung fördern können. Ob solche Angebote dann allerdings *tatsächlich* bereit gestellt werden, ob überhaupt die Bereitschaft dazu besteht, solche Angebote zu machen, ob dafür notwendige personelle Kompetenzen oder materielle Ressourcen verfügbar sind, das alles sind dann keine Fragen mehr an das Selbstverständnis Sozialer Arbeit *an sich*, sondern Fragen an ihre institutionalisierte und personelle Ist-Situation – einschließlich deren Entwicklungs- und Veränderungsbedarfs.

Zum Zweiten ist jene Vorgabe des KJHG – wie ebenfalls schon angedeutet – auch nicht vereinbar mit der viel diskutierten Frage, *ob* sozialarbeiterische Angebote parallel oder ergänzend zu anderen gesellschaftlichen Interventionen, zu Interventionen von Polizei und Justiz etwa (oder – auf ganz anderer Ebene – zu spezialisierten Therapieangeboten) erfolgen können, sondern *wie.* Die einzige Grenze, die jener §1 des KJHG beinhaltet, die liegt bei den Adressaten. Denn ihnen wird ein *Recht* zugesprochen, Angebote wahrzunehmen, aber keine *Pflicht* dazu auferlegt. Wo also junge Menschen von Sozialer Arbeit nicht angesprochen werden *wollen* (und wo daher wirklich keine Ebene des Zugangs zu ihnen zu entfalten ist), da scheint Soziale Arbeit tatsächlich auf eine Grenze zu stoßen. Die Diskussionen um niedrigschwelligere Angebote zeigen aber, wie sehr selbst diese Grenze letztlich zu einem Gutteil von der institutionalisierten Sozialarbeit geprägt ist. Trotzdem kann immerhin unterstellt werden, dass es selbst bei der tollsten Sozialarbeit immer noch Leute geben wird, die darauf „keinen Bock haben".

Grenzsetzungen – zwischen Leistungs*verweigerung* und Leistungs*unmöglichkeit*

Soziale Arbeit muss sich immer wieder davor hüten, Lebenswelten kolonialisieren zu wollen, sich für alles zuständig zu erklären – oder umgekehrt sich die Zuständigkeit für alles zuschieben zu lassen. Sie hat daher zunächst einmal ganz grundsätzlich ihre Grenzen dort erreicht, wo eine Leistung erwartet wird oder wo eine Leistung für notwendig erachtet wird, die nicht zu den Aufgaben Sozialer Arbeit gehört (sei es z.B. Therapie, sei es Ordnungspolitik oder Ermittlungstätigkeit, oder sei es auch die verbreitete Erwartung, Soziale Arbeit solle stellvertretend Konflikte bewältigen oder lösen, die nicht ihre Konflikte, sondern die Konflikte anderer sind). Gerade in solchen Kontexten muss Soziale Arbeit immer wieder deutlich machen, was sie kann und will (z.B. Konfliktberatung und Konfliktmoderation) – und wo andererseits Allmachtsphantasien (sei es der Auftraggeber oder der handelnde Sozialarbeiter) adäquate Realitätswahrnehmungen verstellen und daher geradezu unweigerlich zum Scheitern, zum Misserfolg, zum Versagen führen (z.B. immer da, wo ein Problem, das im Kern außerhalb des Einflusses Sozialer Arbeit liegt, durch Soziale Arbeit *bewältigt, gelöst, aus der Welt geschafft* werden soll).

Daraus ergibt sich allerdings auch, dass konkrete Grenzen kaum fixe Grenzen sind, sondern dass sich diese präziser meist erst aus dem Kontext jeweils konkreter Aufgabenkonstellationen ergeben. Als grundsätzlicher relevante Aspekte lassen sich allerdings dabei vor allem folgende herausheben:

1. Soziale Arbeit gerät da an ihre Grenze, wo kein sozialer Raum für professionelles sozialarbeiterisches Handeln vorhanden ist – und wo ein solcher auch nicht erschlossen werden kann. Das muss allerdings nicht immer heißen, dass dieser soziale Raum institutionell, räumlich oder zeitlich klar abgegrenzt ist oder gar exklusiv genutzt werden kann. Spätestens seit den Diskussionen um Lebensweltorientierung müsste eigentlich auch professionelles Handeln in anders definierten sozialen Räumen zum selbstverständlichen Repertoire gehören. Dass die Realität meist noch ganz anders aussieht, dass sich bis heute z.B. viele Sozialarbeiterinnen und Sozialarbeiter professionelles Handeln ausschließlich innerhalb ihrer *eigenen* Räume vorstellen können, ist hinlänglich bekannt.
2. Soziale Arbeit selbst hat umgekehrt dort eine Grenze zu ziehen, wo ihre Angebote und Leistungen nicht mehr ihren Zweck erfüllen können, weil

sie von anderen erfolgreich instrumentalisiert werden (ob nun von einer rechtsextremistischen Organisation oder ob z.B. von der Polizei, ist dabei vom *Prinzip* her zweitrangig!).

3. Auf eine andere Art von Grenze treffen Angebote Sozialer Arbeit da, wo bei potenziellen Zielgruppen keine Bereitschaft zu einer sich gegenseitig respektierenden Kommunikation vorhanden ist oder geschaffen werden kann. Denn die Akzeptanz der Adressaten kann und darf keine Einbahnstraße sein.
1. Schließlich ist eine Grenze natürlich da zu ziehen, wo sozialarbeiterisches Handeln nicht ohne unverhältnismäßig hohe Risiken für die physische und psychische Unversehrtheit der Sozialarbeiterinnen und Sozialarbeiter möglich erscheint. An diese Grenze wird immer sehr schnell gedacht, wenn es um Soziale Arbeit mit gewaltauffälligen jungen Menschen geht. Allerdings macht die Praxis dieser Arbeit auch immer wieder deutlich, dass zwischen tatsächlichen Risiken und den von Außenstehenden beschworenen Ängsten und Befürchtungen oft Welten liegen. Wo solche Ängste benutzt werden, um sich von vornherein und pauschal gegen Annäherungen an eine schwierige Zielgruppe Sozialer Arbeit zu sperren, da mangelt es allerdings an Bereitschaft, professionelle Kompetenz und Leistungsbereitschaft zu entfalten. Da werden dann Grenzen persönlicher oder institutioneller Engagementbereitschaft legitimatorisch umdefiniert in Grenzen der Profession. Von solchen Grenzziehungen ist die Soziale Arbeit allerdings voll! Man denke nur an die riesige Menge staatlich geförderter Jugendräume in kirchlichen Gemeindehäusern, die nicht genutzt werden, nur weil dort keine Jugendarbeit zustande kommt, die dem Kirchenvorstand gefällt. Oder an die gängige Praxis, sich jene Klienten und Klientengruppen einfach „vom Hals zu schaffen", an deren Auftreten oder Verhalten man massiv Anstoß nimmt und die nicht bereit sind, sich „erst mal" anzupassen und unterzuordnen.

Quellen fachlich unbegründeter Grenzziehungen

Aus all dem ergibt sich als zentrale Schlussfolgerung: Letztlich geht es bei der Definition von Grenzen Sozialer Arbeit wohl nie um *grundsätzliche* Festlegungen, sondern immer um Punkte, an denen konkrete Personen oder Institutionen nicht (mehr) die *Bereitschaft* haben, ein adäquates Angebot zu machen – oder wo sie sich dazu nicht (mehr) imstande fühlen. Was die jeweiligen Gründe dafür sind, das hängt letztlich weit mehr von dem jeweiligen Selbstverständnis der Träger und/oder der Mitarbeiter ab als von ihrem Klientel. Träger und Mitarbeiter haben in der Hinsicht zwar keinen Freibrief, aber in der Regel kaum überschätzbar große Entscheidungsspielräume. Begünstigt wird das vor allem durch folgende Faktoren:

1. In der Sozialen Arbeit hat sich bis heute erst in Ansätzen eine eigenes professionelles Selbstverständnis herausgebildet, jedenfalls oberhalb
   – der Ebene der Aneinanderreihung von Fachdisziplinen in der Ausbildung und
   – der Ebene der Addition von Arbeitsfeldorientierungen in der Praxis.
2. Der gesellschaftliche Auftrag für die Soziale Arbeit ist stets ein doppelter: Hilfe und Kontrolle. Und das Verhältnis beider Ebenen zueinander ist nicht festgelegt, sondern permanenten Veränderungen unterworfen.
3. Jene instabile Doppelfunktion Sozialer Arbeit macht es außerordentlich schwer, eindeutige Bezugspunkte für die Definition von Selbstverständnissen, Aufgaben und Grenzen zu finden. Im Alltag führt das dazu, immer wieder genau das, was man selbst macht (und was man selbst gewohnt ist zu machen), zum eigentlichen Bezugspunkt hochzustilisieren: Als *die* Praxis gilt dann – in selbstreferentieller Weise – die *institutionalisierte* Praxis *etablierter* Träger und Einrichtungen. Die *Lebens*praxis des Klientels aber ist bei diesem üblichen Praxisbegriff nur Nebensache.
4. Der unterschiedliche Grad an Freiwilligkeit, der für unterschiedliche Angebote von Jugendhilfe gesetzlich vorgesehen ist, wurde und wird in der Praxis immer wieder auch oder vor allem als Freiwilligkeit von Trägern und von Mitarbeitern interpretiert, zu entscheiden, ob und inwieweit man sich auf unbeliebte Klienten überhaupt einlässt.

Je nachdem, wie Soziale Arbeit ihr Selbstverständnis entwickelt und verändert, verändern sich natürlich auch entsprechende Grenzziehungen. Einige zentrale Aspekte dazu:

1. Eine Gesellschaft, die seit Jahrzehnten erhebliche Defizite in der Auseinandersetzung mit dem Rechtsextremismus aufweist, produziert auf der anderen Seite Bedürfnisse nach demonstrativer (und ritualisierter) Kompensation jener Defizite. Dazu scheint sich vielen vor allem erst einmal die grundsätzliche Ausgrenzung rechtsextremistischer Jugendlicher von Angeboten Sozialer Arbeit anzubieten, zumal sich damit gleichzeitig eigene „political correctness“ demonstrieren lässt.
2. In der Jugendhilfe erleben wir gegenwärtig einen tiefgreifenden Perspektivenwechsel. Aus der (sozialgeschichtlich stets instabilen) Balance von Hilfe und Kontrolle wird zunehmend eine identifikatorisch mitvollzogene Subsumierung der Jugendhilfe unter ein Primat der Prävention. Wo aber vorbeugender Schutz der Erwachsenengesellschaft vor Teilen der Jugend (und allem, was an ihr subjektiv als störend empfunden wird) im Mittelpunkt steht, wo umgekehrt die Aufgabe der Förderung junger Menschen in den Hintergrund rückt, da lebt auch jener alte Diskurs über Resozialisierung oder Strafe wieder auf – mit dem Effekt, bestimmte Klienten als resozialisierungsunfähig oder -unwürdig auszugrenzen.
2. Wo sich auch bei uns längst Tendenzen jener Entwicklung abzeichnen, die für die USA als Weg vom Sozialstaat zum Sicherheitsstaat (Wacquant) beschrieben werden, da sind andererseits Teile der Sozialarbeit

immer mehr darauf bedacht, sich nicht entsprechend instrumentalisieren zu lassen. Andererseits wird die Instrumentalisierungsabwehr auch immer wieder dazu missbraucht, sich Legitimationen dafür zu konstruieren, sich ungeliebter Aufgaben zu entledigen oder zu entziehen. Denn die Frage zum Beispiel, ob Sozialarbeit offen ist für bestimmte schwierige Zielgruppen, ist eine fundamental andere als die, ob sie sich dabei von der Polizei, von Präventionsräten oder anderen instrumentalisieren lässt. Die Unterscheidung dazwischen verschwimmt allerdings immer wieder.

Klienten oder Kumpel in der Jugendarbeit?

Teilweise wird die heutige Auseinandersetzung um Grenzen aber auch von einigen geschichtlichen Entwicklungen geprägt, die teils schon weit zurück liegen, die aber trotzdem bis heute ihre Wirkungen zeigen. Insbesondere denke ich da an folgende:

1. Der in den 70er Jahren durchgesetzte Verzicht auf offen repressive Muster traditioneller Jugendfürsorge (u.a. in Form geschlossener Heime) führt *heute* immer häufiger dazu, die Grenzen der Jugendhilfe früher erreicht zu sehen.
2. In der Jugendarbeit wird – im Unterschied zu anderen Bereichen Sozialer Arbeit – bis heute vielfach eine grundsätzliche Übereinstimmung von Anbietern und Zielgruppe vorausgesetzt. Diese Auffassung hat zwei Wurzeln: eine in den Traditionen der bürgerlichen Jugendbewegung mit ihren charismatischen Führerfiguren und ihren „gekeilten" (das heißt, von der Gruppe ausgesuchten) Mitgliedern, eine zweite in dem (auch nach 1945 gegen alle Demokratisierungsbestrebungen wieder durchgesetzten) Anspruch weltanschaulicher Gebundenheit staatlich geförderter Jugendverbandsarbeit. Willkommen ist jeweils nur, wer „zu uns passt", wer sich mit den Verbandszielen identifiziert, wer die jeweilige weltanschauliche Gebundenheit akzeptiert oder wer ansonsten als Zielgruppe anvisiert oder genehm ist.
3. Die Jugendarbeit (insbesondere die Jugendverbandsarbeit) hat sich immer wieder gegen „Zumutungen" abgegrenzt, über jene eigenen Selbstverständnisse hinaus „sozial in die Pflicht genommen" zu werden und sich für *alle* jenen jungen Menschen zuständig zu sehen, für die Angebote von Jugendarbeit für wichtig gehalten werden.
3. Entsprechend ist die aufsuchende Jugendarbeit fast überall mit eigenständigen Strukturen oder Trägern entstanden, weil für sie, ihre niedrigschwelligen Methoden und ihre Zielgruppen in etablierten Strukturen konventioneller Jugendarbeit meist kein Platz war.

Grenzziehungen als Vermeidungsstrategien

Gerade da, wo Soziale Arbeit es heute mit besonders auffälligen, anstößig wirkenden jungen Menschen zu tun hat, da wird immer häufiger behauptet, hier habe Soziale Arbeit die Grenzen ihrer Möglichkeiten erreicht. Meist erfolgen solche Feststellungen sehr pauschal und grundsätzlich. Dabei können die Gründe für solche Feststellungen auf sehr unterschiedlichen Ebenen liegen (und entsprechend eher leicht oder eher schwer veränderbar sein):

1. Da *fühlt* sich vielleicht das konkret vorhandene Personal überfordert,
   - oder es ist nicht *bereit,* sich auf die Zielgruppe einzulassen,
   - oder das Personal gilt – von außen betrachtet – als nicht qualifiziert genug,
   - oder der für erforderlich gehaltene Qualifikationsbedarf wir absichtlich so hoch gesetzt, dass er realistischerweise allenfalls von Ausnahme-Mitarbeitern erfüllt werden kann.
2. Da fühlen sich Einrichtungen oder Träger außerstande,
   - sei es aufgrund des eigenen Selbstverständnisses und entsprechender Prioritätensetzungen,
   - sei es aufgrund unzureichender oder unzweckmäßiger Ausstattung,
   - sei es, weil ihnen nicht jene gesellschaftliche Einflussnahme und Wirkungsmöglichkeit eingeräumt wird, die sie für angemessen halten,
   - sei es aufgrund unzureichender Akzeptanz(-erwartung) der lokalen Umgebung oder anderer Zielgruppen,
   - oder sei es, weil *innerhalb* des bestehenden Systems etablierter Arbeitsfelder (und deren Abgrenzungen untereinander) kein ausreichender Handlungsrahmen erkennbar scheint.
3. Da scheint eine eindeutige Distanzierung von anstößigen Haltungen und Taten potentieller Zielgruppen nur dann möglich und durchhaltbar zu sein,
   - wenn man mit denen nichts zu tun haben will,
   - wenn man sich durch Kontakttabus von jedem bloßen Verdacht frei hält, durch ein Zugehen auf solche Menschen noch deren Anstößigkeiten zu fördern,
   - wenn man jene Gruppierungen konsequenterweise als nicht (mehr) beeinflussbar hinstellt und
   - wenn man die eigene Reaktion auf solche Jugendlichen auf die Reaktion auf deren Anstößigkeiten reduziert.

Immer wieder zeigt sich dabei, dass Entscheidungen zur Grenzziehung nicht am *Ende* differenzierter Bemühungen um die Herausarbeitung spezifischer Handlungsgrundlagen für eine Arbeit mit dieser oder jener Zielgruppe stehen, sondern meist schon die Aufnahme solcher Bemühungen *ersetzen.* Es wird oft gar nicht erst damit *begonnen*, darüber nachzudenken, was denn in der

Arbeit mit dieser oder jener besonders anstößigen und/oder schwierigen Zielgruppe zentral sein muss. Stattdessen wird z.B. immer wieder unterstellt, man könne besonders anstößige Zielgruppen nur erreichen, wenn man sich bei ihnen anbiedere und sich auf deren Ebenen einlasse. Oder es wird behauptet: Hauptsache, wir holen die Jugendlichen von der Straße. Dass wir derartig unprofessionelle und naive Prämissen dann auch tatsächlich allzu oft in der Praxis mit extrem anstößig wirkenden Jugendlichen finden, das empfinden jene Beschwörer enger Grenzziehungen dann noch als Bestätigung für eigene Untätigkeit. So schaukeln sich beide Richtungen in der Sozialen Arbeit immer wieder hoch, die Verharmloser und die Abgrenzungsdogmatiker. Nirgendwo wurde das in den letzten Jahren so deutlich wie in den Kontroversen um Jugendarbeit mit rechtsextremistischen Jugendlichen: Gerade die schärfsten Kritiker vorhandener Projekte mit jener Zielgruppe verweigern sich jeder Mithilfe bei der Entwicklung vielleicht geeigneterer Ansätze. Denn vielfach läuft ihre Kritik – offen formuliert oder implizit – darauf hinaus, nicht *andere* Ansätze zu wollen, sondern gar keine! Wo Ausgrenzung zum einzig angemessenen Erfolgsmaßstab erklärt wird („Nazis raus", Jugendeinrichtungen als nazifreie Zonen usw.), da wird die *Verweigerung* sozialarbeiterischer Einmischung zum zentralen Leistungskriterium umdefiniert. Gleichzeitig soll damit dann Sozialarbeit auf diejenigen beschränkt werden, die ihrer für *würdig* erachtet werden. Potentielle Klienten einzuteilen in würdige und unwürdige, dagegen allerdings muss sich professionelle Soziale Arbeit wehren – immer und überall!

Grenzziehungen als Lernprovokationen einsetzen

Angesichts all der angesprochenen Aspekte und Zusammenhänge ist es kaum verwunderlich, wie wenig (z.B. in Bezug auf die Arbeit mit extrem auffälligen Jugendlichen) die Frage erörtert wird, welche Bedeutung Grenzen *innerhalb* pädagogischer Prozesse haben. Dabei gehört die personal vermittelte Konfrontation mit Grenzen, das Sich-Reiben an entsprechenden Grenzen und die Verarbeitung entsprechender Konfrontation mit anderen Grundauffassungen zu den entscheidenden Elementen Sozialer Arbeit mit anstößig auftretenden Zielgruppen. Statt entsprechende Handlungsmöglichkeiten näher zu ergründen, ist es stattdessen typisch, zu unterstellen, in der Interaktion mit solchen Jugendlichen ließen sich keine Grenzen setzen, ohne gleichzeitig den gesamten Fortgang eines Projektes zu gefährden. Kommt solch eine Unterstellung von außen, dann geraten dadurch entsprechende pädagogische Bemühungen unweigerlich in Verruf; kommt solch eine Prämisse von innen, von den jeweiligen Sozialarbeiterinnen und Sozialarbeitern, so stellen sie damit letztlich ihre pädagogischen Ansprüche zur Disposition, „um wenigstens den Kontakt nicht zu verlieren". Beides lässt keinen Raum für professionelle Soziale Arbeit mit jenen Zielgruppen.

Bei allen Debatten um Grenzen und Grenzziehungen geht es also letztlich immer um Grenzen der Zuständigkeit und der Handlungsbereitschaft. Wo angeblich unverrückbar und unumstößliche Grenzen beschworen werden, ist das letztlich nichts als Ideologie und Selbstrechtfertigung, mit denen man sich schwierige und ungeliebte Anforderungen und Aufgaben vom Halse zu halten sucht. Und das wiederum führt dazu, dass mit Grenzsetzungen meist scheinbar selbstverständlich verbunden wird, ab solch einem Punkt alle weiteren Bemühungen einzustellen. Grenzziehungen dürfen aber nicht das *Ende* pädagogischer Interaktionen sein, sondern müssen als Beginn einer neuen *Qualität* pädagogischer Interaktionen genutzt und entfaltet werden. Wo also ein Team, eine Einrichtung oder ein Träger meint, die Grenze eigener Möglichkeiten sei erreicht, da ist man das Problem nicht los, sondern da fängt das Problem erst an – jedenfalls für verantwortungsvolle professionelle Soziale Arbeit: Nämlich, sich tatsächlich auf die Frage „Wie weiter, wenn es *so* nicht weiter geht?“ einzulassen.

In diesem Sinne Grenzen als Lernprovokationen zu begreifen, als Lernprovokationen für *beide* Seiten, das bietet eine professionelle pädagogische Alternative – nicht aber jener dogmatisch geführte Streit darum, wo denn genau eindeutige, prinzipielle und unverrückbare Grenzen zu setzen seien. Dogmen machen nicht praxisfähig – sie dienen bestenfalls der Selbstinszenierung von *Gutmenschen*! Und das ist allerdings ein Mitarbeitertypus, den kaum ein anderes Berufsfeld so sehr anzieht und produziert wie die Soziale Arbeit. Nur sollte diesen nicht überlassen werden, die Grenzen der Profession zu definieren.

Literatur

Das Aktionsprogramm gegen Aggression und Gewalt – AgAG. 5 Bände. Hrsg.: Fuchs, Jürgen/Kreft, Dieter/Löhr, Rolf-Peter. Münster 1997.

Allerbeck, Klaus R./Hoag, Wendy J.: Jugend ohne Zukunft? Einstellungen, Umwelt, Lebensperspektiven. München 1985.

Amerikanische Verhältnisse. Lebenssituationen Jugendlicher und Modelle Sozialer Arbeit mit marginalisierten Jugendlichen. Dokumentation einer Studienreise nach New York/ USA, 3.-14.September 1996. Bericht im Auftrag der Körber-Stiftung, Hamburg. Autoren: Krafeld, Franz Josef/Welp, Wolfgang/Hafke, Thomas/Müller, Andrea. Hrsg.: Jugendbildungsstätte Bremen LidiceHaus. Bremen 1997.

Beck, Ulrich: Risikogesellschaft. Auf dem Weg in eine andere Moderne. Frankfurt 1986.

Beck, Ulrich: Das „eigene Leben" in die eigene Hand nehmen. In: Pädagogik, 48.Jg., H.7-8/1996, S. 41-47.

Becker, Gerd/Simon, Titus (Hrsg.): Handbuch aufsuchende Jugend- und Sozialarbeit. Weinheim 1995.

Becker, Helmut/Hafemann, Helmut/May, Michael: „Das ist hier unser Haus, aber ..." Raumstruktur und Raumaneignung im Jugendzentrum. Frankfurt 1984.

Bodenmüller, Martina/Piepel, Georg: Streetwork und Überlebenshilfen. Entwicklungsprozesse von Jugendlichen aus Straßenszenen. Weinheim 2003.

Böhnisch, Lothar: Gespaltene Normalität. Lebensbewältigung und Sozialpädagogik an den Grenzen der Wohlfahrtsgesellschaft. Weinheim 1994.

Böhnisch, Lothar: Grundbegriffe einer Jugendarbeit als „Lebensort". Bedürftigkeit, Pädagogischer Bezug und Milieubildung. In: Jugendarbeit als Lebensort. Jugendpädagogische Orientierungen zwischen Offenheit und Halt. Hrsg.: Böhnisch, Lothar/Rudolph, Martin/Wolf, Barbara. Weinheim 1998, S. 155-168.

Böhnisch, Lothar: Abweichendes Verhalten. Eine pädagogisch-soziologische Einführung. Weinheim 1999.

Böhnisch, Lothar: Männlichkeit in sozialpädagogischer Perspektive. In: Zeitschrift für Sozialpädagogik. 1.Jg., H.2/2003, S. 173-194.

Bruhns, Kirsten/Wittmann, Svendy: „Ich meine, mit Gewalt kannst du dir Respekt verschaffen" – Mädchen und junge Frauen in gewaltbereiten Jugendgruppen. Opladen 2002.

Brumlik, Micha: Missverständnis „Integration". In: Die Tageszeitung, 23./24.Juni 2001, S. 13.

Buber, Martin: Ich und Du. Heidelberg 1958.

Bundesarbeitsgemeinschaft Streetwork und Mobile Jugendarbeit: Fachliche Standards für Streetwork und Mobile Jugendarbeit. Gelnhausen 1999 (vervielfältigtes Papier; überarb. Fassung 2000).

Damm, Diethelm: Politische Jugendarbeit. Grundlagen, Methoden, Projekte. München 1975.

Damm, Diethelm: Die Praxis bedürfnisorientierter Jugendarbeit. München 1980.
Deinet, Ulrich: Sozialräumliche Jugendarbeit. Eine praxisbezogene Anleitung zur Konzeptentwicklung in der offenen Kinder- und Jugendarbeit. Opladen 1999.
Deinet, Ulrich: Sozialraumorientierung. Ambivalenzen eines populären Begriffs. In: Jugendarbeit im Aufbruch. Selbstvergewisserungen, Impulse, Perspektiven. Hrsg.: Rauschenbach, Thomas/Düx, Wiebken/Züchner, Ivo. Münster 2002, S. 61-82.
Deinet, Ulrich/Krisch, Richard: Der sozialräumliche Blick der Jugendarbeit. Methoden und Bausteine zur Konzeptentwicklung und Qualifizierung. Opladen 2002.
Dollase, Rainer: Fremdenfeindlichkeit verschwindet im Kontakt von Mensch zu Mensch. Zur Reichweite der Kontakthypothese. In: Diskurs, 11.Jg. H.2/2001, S. 16-21.
Fachliche Standards für Streetwork/Mobile Jugendarbeit 2000. Hrsg.: Landesarbeitsgemeinschaft Streetwork/Mobile Jugendarbeit Bayern e.V. München 2000. (Bezug über: Bayrischer Jugendring, Herzog-Heinrich-Str. 7, 80336 München)
Farin, Klaus: generation-kick.de: Jugendsubkulturen heute. München 2001.
Fiege, Jürgen (Hrsg.): Jugendverbände ohne Jugend? Fälle, Widersprüche, Analysen. Frankfurt 1981.
Figueroa, Dimas: Paulo Freire zur Einführung. Hamburg 1989.
Freire, Paulo: Pädagogik der Unterdrückten. Bildung als Praxis der Freiheit. Reinbeck 1973a
Freire, Paulo: Politische Alphabetisierung. Einführung ins Konzept einer humanisierenden Bildung. In: betrifft: erziehung, 6.Jg., H.7/1973b, S. 15-21.
Galuske, Michael: Methoden der Sozialen Arbeit. Eine Einführung. Weinheim 1998.
Gangway e.V.: Qualitätsentwicklung in der Straßensozialarbeit. Hrsg.: Gangway e.V. Berlin. Berlin 2001.
Gender Mainstreaming — neue Perspektiven für die Jugendhilfe. Hrsg.: Ginsheim, Gabriele v./ Meyer, Dorit. Sozialpädagogisches Institut Berlin. Berlin 2001.
Geschlechtersequenzen. Dokumentation des Diskussionsforums zur geschlechtsspezifischen Jugendforschung. Hrsg.: Ginsheim, Gabriele v./ Meyer, Dorit. Sozialpädagogisches Institut Berlin. Berlin 1999.
Giesecke, Hermann: Die Jugendarbeit. 5., völlig neu bearb. Aufl.. München 1980.
Girtler, Roland: Randkulturen. Theorie der Unanständigkeit. Wien 1995.
Gorz, André: Wege ins Paradies. Thesen zur Krise, Automation und Zukunft der Arbeit. Berlin 1983.
Graeßner, Gernot: Weiterbildung. In: Handbuch Sozialarbeit Sozialpädagogik. Hrsg.: Otto, Hans-Uwe/Thiersch, Hans. 2. völl. überarb. Aufl., Neuwied 2001, S. 1951-1960
Grunwald, Klaus/Thiersch, Hans: Lebensbewältigung. In: Handbuch Sozialarbeit Sozialpädagogik. Hrsg.: Otto, Hans-Uwe/Thiersch, Hans. 2., völlig überarb. Aufl.. Neuwied 2001, S. 1136-1148.
Habermas, Jürgen: Die neue Unübersichtlichkeit. Politische Schriften V. Frankfurt 1985.
Hafeneger, Benno/Jansen, Mechtild M.: Rechte Cliquen. Alltag einer neuen Jugendkultur. Weinheim 2001.
Haubrich, Karin: Mobile Jugendsozialarbeit für junge Menschen ausländischer Herkunft zwischen Aufsuchen und beruflicher Integration – Erfolge und Perspektiven. In: Mobile Jugendsozialarbeit für junge MigrantInnen zur Jahrtausendwende. Ergebnisse und Konsequenzen aus dem BMFSFJ-Modellprogramm. Hrsg.: BAG-JAW Bundesarbeitsgemeinschaft Jugendsozialarbeit. Bonn 1999, S. 17-22.
Hentig, Hartmut v.: Ach, die Werte! Über eine Erziehung für das 21. Jahrhundert. München 1999.
Herriger, Norbert: Empowerment in der Sozialen Arbeit. Eine Einführung. Stuttgart 1997.
Hollstein, Walter: Männlichkeit und Veränderung. In: sozialmagazin, 25.Jg., H.7-8/2000, S. 78-82.
Horstkemper, Marianne: Gender Mainstreaming als Prinzip geschlechtsdifferenzierender Arbeit in der Jugendhilfe – Auftrieb für geschlechterbewusste Pädagogik oder Kon-

kurrenz für bereits entfaltete Reformkonzepte? In: Gender Mainstreaming — neue Perspektiven für die Jugendhilfe. Hrsg.: Ginsheim, Gabriele v./ Meyer, Dorit. Sozialpädagogisches Institut Berlin. Berlin 2001, S. 41-56

Hütten, Buden, Bauwagen ... eine Arbeitshilfe. Hrsg.: Arbeitsgemeinschaft der Kreisjugendreferentinnen und -referenten beim Landkreistag Baden-Württemberg. Stuttgart 1998.

8. Jugendbericht. Bericht über Bestrebungen und Leistungen der Jugendhilfe. Hrsg.: Der Bundesminister für Jugend, Familie, Frauen und Gesundheit. Bonn 1990.

10. Kinder- und Jugendbericht. Bericht über die Lebenssituation von Kindern und die Leistungen der Kinderhilfen in Deutschland. Hrsg.: Bundesministerium für Familie, Senioren, Frauen und Jugend. Bonn 1998.

11.Kinder- und Jugendbericht der Bundesregierung. Hrsg.: Bundesministerium für Familie, Senioren, Frauen und Jugend. Bonn 2002.

Klönne, Arno: Jugend im Dritten Reich. Die Hitler-Jugend und ihre Gegner. Düsseldorf 1982.

Klönne, Arno: Rechtsextremismus in der „zivilen" Gesellschaft. „Kein Spuk von gestern". Münster 2000.

Krafeld, Franz Josef: Geschichte der Jugendarbeit. Von den Anfängen bis zur Gegenwart. Weinheim 1984.

Krafeld, Franz Josef: Umorientierungen. Zum Funktions- und Bedeutungswandel von Jugendverbandsarbeit. In: deutsche jugend, 39.Jg., H.10/1991, S. 429-434.

Krafeld, Franz Josef: Cliquenorientierte Jugendarbeit. Grundlagen und Handlungsansätze. Weinheim 1992.

Krafeld, Franz Josef/Möller, Kurt/Müller, Andrea: Jugendarbeit in rechten Szenen. Ansätze – Erfahrungen – Perspektiven. Bremen 1993.

Krafeld, Franz Josef: Plädoyer für eine geschlechtsspezifische Jugendarbeit in heterogenen Zusammenhängen. In: deutsche jugend, H. 10/1994, S. 442-445.

Krafeld, Franz Josef: Cliquenorientierte Jugendarbeit mit zugewanderten Jugendlichen – unter besonderer Berücksichtigung von Aussiedlerjugendlichen. In: deutsche jugend, 47.Jg., H. 1/1999, S. 13-20.

Krafeld, Franz Josef: Die überflüssige Jugend der Arbeitsgesellschaft. Eine Herausforderung an die Pädagogik. Opladen 2000a.

Krafeld, Franz Josef: Akzeptierende Jugendarbeit- was ist gescheitert? Zum Umgang mit rechtsextremistischen Jugendlichen. In: sozial extra, 24.Jg., H.9/2000b, S. 17-20.

Krafeld, Franz Josef: Jungen und junge Männer – Jungensozialarbeit. In: Handbuch Jugendsozialarbeit. Geschichte, Grundlagen, Konzepte, Handlungsfelder, Organisation. Hrsg. Fülbier, Paul/Münchmeier, Richard. Münster 2001a, Bd. 1, S. 559-570.

Krafeld, Franz Josef: Lebensweltorientierte Pädagogik in der Jugendhilfe. In: Jugend Beruf Gesellschaft, 52.Jg., H.1/2001b, S. 20-25.

Krafeld, Franz Josef: Für die Zivilgesellschaft begeistern statt nur gegen den Rechtsextremismus ankämpfen. Arbeitsmaterialien zum Konzept der gerechtigkeitsorientierten Jugendarbeit. Hrsg.: Bundesarbeitsgemeinschaft Kinder- und Jugendschutz, Reihe: Modelle, Dokumente, Analysen. Berlin 2001c.

Krafeld, Franz Josef: Der gerechtigkeitsorientierte Ansatz – ein offensives Konzept gegen den Rechtsextremismus. In: Wippermann, Carsten/Zarcos-Lamolda, Astrid/Krafeld, Franz Josef: Auf der Suche nach Thrill und Geborgenheit. Lebenswelten rechtsradikaler Jugendlicher und neue pädagogische Perspektiven. Hrsg.: Bundesarbeitsgemeinschaft Kinder und Jugendschutz e.V.. Opladen 2002, S. 187-228.

Krafeld, Franz Josef: Gescheiterte Projekte aufsuchender Jugendarbeit. Eine Analyse typischer Ursachen und Gründe. In: deutsche jugend, 51.Jg., H.5/2003, S. 210-218.

Krafeld, Franz Josef: Lebensweltorientierte Jugend(berufs-)hilfe. Alternative zur aktivierenden Arbeitsmarktpolitik ohne Arbeit. In: sozialextra, 28.Jg., H.1/2004, S. 20-24.

Krause, Fred: Streetwork in Cliquen, Szenen und Jugend(sub)kulturen. In: Jugendhilfe, 30. Jg., H. 3/1992, S. 98-107 u. H.4/1992, S. 146-158.

Kraußlach, Jörg/ Düwer, Friedrich W./ Fellberg, Gerda: Aggressive Jugendliche. Jugendarbeit zwischen Kneipe und Knast. München 1976.

Kraußlach, Jörg: Aggressionen im Jugendhaus. Wuppertal 1981.

Lenz, Hans-Joachim (Hrsg.): Männliche Opfererfahrungen. Problemlagen und Hilfeansätze in der Männerberatung. Weinheim 2000.

Lessing, Hellmut: Jugendarbeit zwischen Bewegung und Institution. In: Was bewegt die Jugendarbeit? aej- Studientext 21. Hrsg. Arbeitsgemeinschaft der Evangelischen Jugend. Stuttgart 1982, S. 78-91.

Lessing, Hellmut: Jugendarbeit als Wi(e)deraneignung von Arbeit, Umwelt und Kultur. In: deutsche jugend, 32.Jg.,H.10/1984, S. 450-459.

Lex, Tilly: Berufswege Jugendlicher zwischen Integration und Ausgrenzung. Arbeitsweltbezogene Jugendsozialarbeit, Bd. 3. Hrsg. Deutsches Jugendinstitut München. München 1997.

Liebel, Manfred: Cliquen und informelle Gruppen. In: deutsche jugend, H. 5/1990, S. 214-221.

Liebel, Manfred: Cliquen und informelle Gruppen. In: Handbuch Jugendverbände. Hrsg.: Böhnisch, Lothar/Gängler, Hans/Rauschenbach, Thomas. Weinheim 1991, S. 304-312.

Lutzebäck, Elke/Schaar, Gisela/Storm, Carola/Krafeld, Franz Josef: Mädchen in rechten Szenen. Erfahrungen aus der Praxis akzeptierender Jugendarbeit. In: deutsche jugend, H. 12/1995, S. 545-553.

Matthyssen, Roland: Szenen verletzter Würde. Strategien gegen Gewalt und Entwertung unter der sozialpsychologischen Lupe. Diplomarbeit im Studiengang Psychologie der Universität Bremen. Bremen 1999 (unveröffentlicht. Im Internet unter: www.formaat.org/english/yellowpg/biblio/htm).

Meyer, Dorit: Die Dimension des Geschlechts im Kontext des Strukturwandels der Jugend und Jugendphase. In: Geschlechtersequenzen. Dokumentation des Diskussionsforums zur geschlechtsspezifischen Jugendforschung. Hrsg.: Ginsheim, Gabriele v./ Meyer, Dorit. Sozialpädagogisches Institut Berlin. Berlin 1999, S. 13-24.

Meyer, Dorit: Gender Mainstreaming: Bedeutung – Entstehung – Kontexte einer neuen politischen Strategie. In: Gender Mainstreaming — neue Perspektiven für die Jugendhilfe. Hrsg.: Ginsheim, Gabriele v./ Meyer, Dorit. Sozialpädagogisches Institut Berlin. Berlin 2001, S. 25-40.

Mobile Jugendarbeit Stuttgart. Ziele und Handlungsperspektiven. Hrsg.: Arbeitskreis Mobile Jugendarbeit Stuttgart. Stuttgart 1991.

Mobile Stuttgart. Das Fachmagazin der Mobilen Jugendarbeit Stuttgart. Ausgabe 2002.

Möller, Kurt: Rechte Kids. Eine Langzeitstudie über Auf- und Abbau rechtsextremistischer Orientierungen bei 13- bis 15jährigen. Weinheim 2000.

Möller, Kurt: Jungenarbeit in der Mobilen Jugendarbeit. In: sozial extra, 26.Jg., H.11-12/2002, S. 26-36.

Montada, Leo: Konfliktmediation und Gerechtigkeit. In: http://www.uni-potsdam.de/putz/okt98/14.htm

Müller, Andrea/Schwartz, Michael: Aufsuchende Jugendarbeit mit Cliquen als Konzept. In: streetcorner, 10Jg., H.2/1997, S. 98-116.

Müller, C. Wolfgang/Nimmermann, Peter: In Jugendclubs und Tanzlokalen. München 1968.

Negt, Oskar: Marxismus und Arbeiterbildung – Kritische Anmerkungen zu meinen Kritikern. In: Arbeiterbildung. Soziologische Phantasie und exemplarisches Lernen in Theorie, Kritik und Praxis. Hrsg.: Brock, Adolf/Müller, Hans Dieter/Negt, Oskar. Reinbek 1978, S. 43-86.

Negt, Oskar/Kluge, Alexander: Öffentlichkeit und Erfahrung. Zur Organisationsanalyse von bürgerlicher und proletarischer Öffentlichkeit. Frankfurt 1972.

Permien, Hanna/Zink, Gabriele: Endstation Straße? Straßenkarrieren aus der Sicht von Jugendlichen. München 1998.

Prengel, Annedore: Pädagogik der Vielfalt. Verschiedenheit und Gleichberechtigung in Interkultureller, Feministischer und Integrativer Pädagogik. Opladen 1995.

Qualitätsmanagement-Handbuch Mobile Jugendarbeit Stuttgart. Hrsg.: Evangelische Gesellschaft Stuttgart. Stuttgart 2002. (als CD veröffentlicht)

Reich, Wilhelm: Massenpsychologie des Faschismus. 2.Aufl. Kopenhagen 1934.

Rose, Lotte: Mädchenarbeit und Jungenarbeit in der Risikogesellschaft. Kritische Überlegungen zur geschlechtsbewussten Qualifizierung in der Jugendhilfe. In: neue praxis, 30.Jg., H.3/2000, S. 240-253.

Rose, Lotte: Gender Mainstreaming im Feld der Kinder- und Jugendarbeit. In: Gender Mainstreaming — neue Perspektiven für die Jugendhilfe. Hrsg.: Ginsheim, G. v./Meyer, D. Sozialpädagogisches Institut Berlin. Berlin 2001, S. 109-120.

Roth, Lutz: Die Erfindung des Jugendlichen. München 1983.

Scherr, Albert: Subjektorientierte Jugendarbeit. Eine Einführung in die Grundlagen emanzipatorischer Jugendpädagogik. Weinheim 1997.

Scherr, Albert: Gender Mainstreaming – Chance und Herausforderung für die kinder- und Jugendhilfe. In: Gender Mainstreaming — neue Perspektiven für die Jugendhilfe. Hrsg.: Ginsheim, Gabriele v./Meyer, Dorit. Sozialpädagogisches Institut Berlin. Berlin 2001, S. 17-24.

Scherr, Albert: Gender Mainstreaming als Lernprovokation – Anforderung an die Ausbildung, Fortbildung und Personalentwicklung in den Organisationen der Jugendhilfe. In: Gender Mainstreaming — neue Perspektiven für die Jugendhilfe. Hrsg.: Ginsheim, Gabriele v./Meyer, Dorit. Sozialpädagogisches Institut Berlin. Berlin 2001, S. 81-94.

Scherr, Albert: Migration. Das Ende der Marginalisierung? In: Jugendarbeit im Umbruch. Selbstvergewisserungen, Impulse, Perspektiven. Hrsg.: Rauschenbach, Thomas/Düx, Wiebken/Züchner, Ivo. Münster 2002, S. 109-132.

Scherr, Albert: Subjektbildung in Anerkennungsverhältnissen. Über „soziale Subjektivität" und „gegenseitige Anerkennung" als pädagogische Grundbegriffe. In: Pädagogik der Anerkennung. Grundlagen, Konzepte, Praxisfelder. Hrsg.: Hafeneger, Benno/Henkenborg, Peter/Scherr, Albert. Schwalbach 2002, S. 26-44.

Schröder, Achim/Leonhardt, Ulrike: Jugendkulturen und Adoleszenz. Verstehende Zugänge zu Jugendlichen in ihren Szenen. Neuwied 1998.

Schröder, Helmut: Jugend und Modernisierung. Strukturwandel der Jugendphase und Statuspassagen auf dem Weg zum Erwachsensein. Weinheim 1995.

Seidenspinner, Gerlinde/Burger, Angelika: Mädchen '82. Brigitte-Studie. Hamburg 1982.

Sichtermann, Barbara: FrauenArbeit. Über wechselnde Tätigkeiten und die Ökonomie der Emanzipation. Berlin 1987.

Spiegel, Hiltrud v. (Hrsg.): Jugendarbeit mit Erfolg. Arbeitshilfen und Erfahrungsberichte zur Qualitätsentwicklung und Selbstevaluation. Ein Modellprojekt des Landesjugendamtes. Münster 2000.

Spielraum für Spielräume. Zur Ökologie des Spiels 2. Hrsg.: Zacharias, Wolfgang. Materialienreihe Spiel- und Kulturpädagogik. Pädagogisch e Aktion. München 1987.

Standards im Streetwork/Mobile Jugendarbeit zwischen Ansprüchen und Wirklichkeit. 14. StreetworkerInnen-Treffen 1999 im Burkhardthaus Gelnhausen. Gelnhausen 1999.

Straßensozialarbeit. Eine Methode für heiße Praxisfelder. Hrsg.: Steffan, Werner. Weinheim 1989.

Streetwork und Mobile Jugendarbeit in Europa. Europäische Streetwork-Explorationsstudie. Hrsg.: Klose, Andreas/Steffan, Werner. Münster 1997.

Streitschlichter im gelben Trikot. In: Toleranz – (k)ein Thema? Hrsg.: Stadtjugendring Wetzlar und Magistrat der Stadt Wetzlar. Wetzlar 2001, S. 6-9.

Thiersch, Hans: Zur Situation der Jugendarbeit: Lebensraum, kulturelle Aneignung, besondere Hilfen. In: Wohin entwickelt sich die offene Jugendarbeit? Hrsg.: Landeswohlfahrtsverband Württemberg-Hohenzollern. Stuttgart 1985, S. 5-18.

Thiersch, Hans: 25 Jahre alltagsorientierte Soziale Arbeit – Erinnerung und Aufgabe. In: Zeitschrift für Sozialpädagogik. 1.Jg., H.2/2003, S. 114-1340.
Thole, Werner: Kinder- und Jugendarbeit. Eine Einführung. Weinheim 2000.
Wagner-Winterhager, Luise: Die friedfertigen Mädchen – Zur Rolle der Mädchen in der gegenwärtigen Jugendkultur. In: deutsche jugend, H. 12/1986, S. 527-532.
Winter, Reinhard: Männliche Sozialisation und Jungenarbeit. In: deutsche jugend, H. 4/1993, S. 153-164.
Wippermann, Carsten/Zarcos-Lamolda, Astrid/ Krafeld, Franz Josef: Auf der Suche nach Thrill und Geborgenheit. Lebenswelten rechtsradikaler Jugendlicher und neue pädagogische Perspektiven. Hrsg.: Bundesarbeitsgemeinschaft Kinder und Jugendschutz e.V.. Opladen 2002.
Zinnecker, Jürgen: Jugendkultur 1940-1985. Opladen 1987.

Register